传统数术名家精粹

【一叶知秋、一针见血、胸罗千载、面转乾坤】

刘保同◎著
杨金国◎点校
刘保同◎主编

图注传统环境学图文百科

传承中国悠久文化，弘扬华夏璀璨文明

一本详尽讲述传统风水文化的知识全书

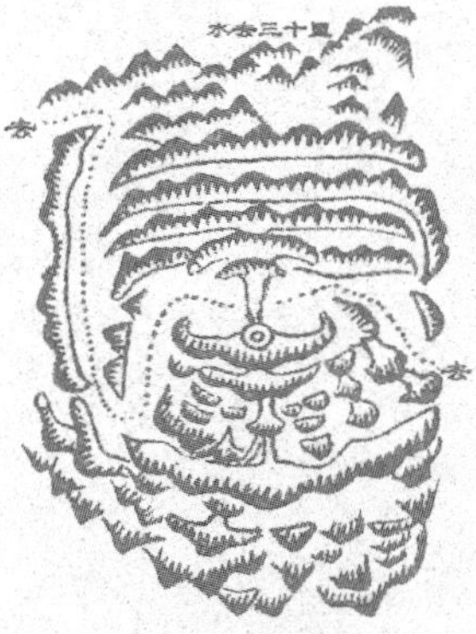

骑龙穴贵无敌

平安辟邪麒麟

罗盘
经天纬地的罗盘是堪舆风水的必备工具

群山环抱的穴场图。龙脉堂局密不透风，但穴场四周驯顺，雍容不迫，真可谓是一块地臻全美，景物天成，难得一遇的“风水”宝地。

内蒙古人民出版社

图书在版编目(CIP)数据

传统环境学图文百科/刘保同著. -呼和浩特:内蒙古人民出版社, 2010.5(2021.1 重印)

(传统数术名家精粹/刘保同主编)

ISBN 978-7-204-10492-5

Ⅰ.①传… Ⅱ.①刘… Ⅲ.①风水-基本知识 Ⅳ.①B992.4

中国版本图书馆 CIP 数据核字(2010)第 090304 号

传统数术名家精粹

传统环境学图文百科

刘保同 著

责任编辑 王继雄
封面设计 宋双成
出版发行 内蒙古人民出版社
地　　址 呼和浩特市中山东路 8 号波士名人国际 B 座 5 层
网　　址 http://www.impph.cn
印　　刷 呼和浩特市圣堂彩印有限责任公司
开　　本 710×1000 1/16
印　　张 16
字　　数 220 千字
版　　次 2010 年 12 月第 1 版
印　　次 2021 年 1 月第 3 次印刷
书　　号 ISBN 978-7-204-10492-5
定　　价 29.80 元

如出现印装质量问题,请与我社联系。

联系电话:(0471)3946120 3946173

出版前言

五千年的文化长河中，有一支渊源流长，而且历代备受推崇，充满神秘色彩的术数文化，一直是中华传统国学文化的重要组成部分。在我国历史的社会生活中占有很重要的地置，对中华民族的和谐发展有着不可磨灭的贡献，它所包含的内容体系博大精深，大至宇宙天地，小至一草一木，上至治国安邦，下至百姓生活。风水就是术数文化的一个分支。

风水的起源，可以追溯到远古洪荒时代。先民们面对洪水的泛滥，开始运用智慧择地而居。此后，风水的发展演变，大致经历了先秦孕育时期、秦汉萌芽时期、魏晋发扬时期、唐宋成熟盛行时期、元代低落时期、明清流传繁荣时期。

“葬乘生气”这一风水理论精髓，也成为几千年来各派风水学家们保持不变的运用原理和宗旨。魏晋之前，相地、相宅、相墓主要在士大夫、达官贵族等上层阶级流行传开，广大百姓无缘问及，风水作为皇家术只为官僚阶层服务。随着郭璞《葬书》的问世，风水理论的提出，风水术开始大行其道，已不再是上层官宦阶层的专利。

风水领域，名人辈出，著述甚多，为风水理论的形成和发展作出了重大贡献。

学风水以峦头为体，理气为用，峦头真理气自验，峦头假理气难凭。所以理气不合，而峦头真者，虽有瑕疵，不因为理气不合而不发富贵，理气合而峦头假者，定不因为合理气而发福禄，因为峦头为理气之本。阅读此书，你就如得风水奥秘的钥匙，必将顺利地进入地理环境学即风水的殿堂。本书以《人子须知》为本，综合名家龙穴砂水四科峦头知识，汇集经典口诀，看地捷径方法，引经据典，名家名言，致力打造一本风水经典峦头初级讲义，当你翻开此书时，你就会发现本书打破古人，传书不传诀，传诀不传书的禁规，倾囊而授，是风水研习者不可多得的一部典籍。

天人合一，阴阳调和，人与自然的和谐相处，这是中国术数的理论核心。风水作为中国独有的哲学思想产物，是祖先由实践积累起来的经验，所形成的人居环境选择优化的实用方法，而这也正是中国几千年来思想沉淀的精髓，也是我们要传承的部分。我们肯定风水在人类生存发展过程中的积极作用，但也不可对风水的作用无限地夸大，并掺杂个人功利目的。中国传统文化日渐式微，而作为一种倍受争议的学术更是沦为边沿学科，作为中华民族的子孙，我们每个人都有责任去了解它，学习它，发扬它。

回首我与中国传统术数文化的缘分，回想我走上术数研究、应用的人生道路，感慨万千。让古老的术数文化福佑天下百姓，福惠千家万户，造福子孙后代的心愿时时在我的心中生荡漾，产生了我人生为之而奋斗的精神力量。感念我数十年生根于心中的这个愿望，也正是这个愿望陪伴着我走过坎坷，走向辉煌。也由于这种愿望，我和我的同仁们在学习、研究中完成了这套书的的点校编写工作。由于世间仓促和本人水平所限，在成书之际，难免会存在一些问题，在此，欢迎各界朋友和业界同仁望能及时反馈联系，以利再版修订完善。愿博大精深的中国术数，能够为你带来吉祥；愿国学经典术数著作，为你打开新的人生之门！

目 录

第一章：传统环境学概况篇

中华瑰宝风水术

中国风水，流传数千年，为中华传统文化之瑰宝，也成为今人生活中之一部分。古贤今智，传承演绎，积累推广，为风水国学做出了杰出的贡献。但因风水理论浩繁精奥，始触风水，如读天书，既入门道，如堕迷宫，让人深感此道之难，不下一番功夫，是不容易登上风水大堂的。中国的“风水”一词，最早见于晋代郭璞所著的《葬书》：“气，乘风则散，界水则止；古人聚之使不散，行之使有止，故谓之风水。”这其实就是有关风水的最早定义。风水学的根本基础和核心思想，来源于《易经》的阴阳哲学思想。是中国古代先人关于选择居住环境的一种实用而朴素的技能，结合五行、八卦、十二时辰、二十四山向等宇宙图谱式的编码，作为理论基础和操作方法，以中国人特有的关于宇宙的吉凶观念，体现了人与自然，人与外部世界和谐、平衡与循环的理念。

风水的基本取向，与中国数千年“天人合一”的宇宙观和审美观，保持着根本一致。所谓“宅者人之本，人以宅为家。居若安，即家代昌吉；若不安，则门族衰微”。由此可见中国古人为了安居乐业和世代昌盛，就不能不注重风水，并千方百计寻找风水宝地。风水术又称为堪舆，“堪，天道；舆，地道。”又名地理、青乌、青囊，是用于观察阳宅、坟墓的地形、环境、气运变化以评断吉凶休咎的方术。尊重天地顺应自然，是华夏先民安身立命的基本准则。

中国的风水学源远流长，自从河图洛书问世，数千年来历代地理大师不断涌现，其典籍著作浩如烟海，汗牛充栋。门派也是百家争鸣，派别林立，在发展过程中，风水学逐渐形成了两大宗派，即峦头派和理气派。峦头派注重峦头方位组合上的信息，理气派坚持时运生克方面的原理，两者互为表里，各有所长。但上升到一定层次，其结果、效应却是一致的，可谓是殊途同归。

1、最现实的峦头派

峦头派其学说重于观测山川地势和外在的自然环境，一般以肉眼看到的为主。它的核心理论是讲“龙、砂、水、向、穴”五字，即觅龙、察砂、观水、点穴、立向，影响最为深广。峦头派的理论比较成熟，所以没有更多的分派，一派沿用至今，即人们常说的峦头无假书。清代以后，理气派与峦头派理论同时并重。近代以来，主张天道为理气，地道为峦头，峦头为体，理气为用，或认为峦头重于理气。

（1）峦头派阴阳宅选址偏重自然之法，宅的形体结构与布局合乎自然之法。选择的规律主要表现为，觅龙要起伏屈曲活动为主；察砂要缠护抱穴朝案分明；点穴要藏风聚气为要；观水要逆朝横收平净为佳；立向要合乎自然所立。从而达到趋吉避凶，求财纳福的目的。

（2）峦头书自郭璞《葬经》后，有唐杨筠松的《撼龙经》《疑龙经》、曾文遄《寻龙记》、吴景鸾《望龙经》及张子微《玉髓真经》、李默斋《地理辟径集》、明朝刘伯温《堪舆漫兴》徐善继与徐善述兄弟《地理人子须知》、明朝周景一《山洋指迷》、蒋大鸿《水龙经》、章仲山《心眼指要》及《地理统一全书》等著作。

2、最有争议的理气派

理气派是根据阴阳、河图、洛书、先天八卦、后天八卦、五行及一至九星数学说，以定生克之理，去勘察阴阳宅风水，其起源无可穷究，大约起于秦、汉，至宋代始集其大成，理气派纳入的理论体系十分复杂，重推算而轻地形观测，颇为玄虚附会，所以在流行面远不如峦头派广泛。正因为理气派过于繁杂，又分出许多门派。如八宅派、命理派、三合派、翻卦派、飞星派、五行派、玄空大卦派、八卦派、九星飞泊派、奇门派、阳宅三要派、二十四山头派、星宿派、金锁玉关派等十多个小门派。

在众多的派系中理论最系统，目前使用最广泛的首推玄空风水。玄空风水的理论核心是“形理兼查”。形，即观察内外之形；理，即考察理气凶吉。主要表现在两点上：

（1）玄空派风水其法重视砂水与方位的组合，以时间和空间的选择术为依的，专主阴阳配合生克制化，符合唯物辩证法的，以罗盘定空间方位阴阳，并取八卦五行、飞星翻布定生克吉凶，亦即通过年运与宅墓的坐向推算主人命运的时空因素，占测最佳选择。

（2）玄空派风水自古以来传承极为神秘，所谓父子虽亲不可说，故真书传世较少。玄空地理代表图书有蒋大鸿《地理辩证》、华湛恩《天心正运》、章仲山《心眼指要》、《天元五歌阐义》、朱旭轮《宅法举隅》、马泰青《三元地理辨惑》、沈绍勋把理气之法归纳成玄空二字，其著作《沈氏玄空学》、《地理辨正抉要》可说是近代理气风水术的集大成著作，其子沈祖绵《沈氏地理疑义答问》、谈养吾《地理辨正新解》、《大玄空路透》、尤雪行《宅运新案》、范宜宾《地理乾坤法窍》、荣柏云《二宅实验》、尹一勺《地理四密全书》、孔昭苏《孔氏玄空宝鉴》。还有《天元五歌》、《玄空秘旨》、《玄机赋》、《飞星赋》及《紫白诀》等名篇。

风水学是一种传统文化现象，一种广泛流传的民俗，一种择吉避凶的术数，一种有关环境与人的学问，一种有关阴宅与阳宅的理论与实践系统的理论，是人们长期实践经验的积淀，是各种信息学合一的综合性科学。

有关风水派别，严格地说起来就是形势派和理气派。它们的理论也是彼此渗透、互相融通的，这正是万法归宗之意。所以，学习风水学要对两派的精华兼收并蓄。既要精通理气派，也要吸收形势派的精髓。去伪存真，去粗取精，不要走入风水学的误区。明白天地之理，顺应自然规律，善于利用自然规律，改造命运中不利的因素，达到趋吉避凶的目的，抱着积极的态度去认识天地间的道理，以道理指引来不断努力，创造自己的完美人生。但本书的特点，因讲的传统环境学图文百科，所以只讲风水理论最精髓的峦头部分。用一种讲义的形式将峦头派的理论精深玄妙处一一道来。

学风水峦头的基础功夫

自古以来风水都是神秘的一门学问，风水选择的方式方法虽然众多，然归纳起来其精髓为龙、穴、砂、水四大要素。其原理是“龙真”、“穴的”、“砂环”、“水抱”四大准则。古今万事万物，有阴必有阳，有诸内必有形诸外，有其形则必有其势，风水的龙穴砂水的概念，就是据此原理建立起来的。

天下的山川形势，千变万化，无一相同。可是风水中讲的的龙、穴、砂、水是天地生成的，而人为的理气则是后天性的补救。天地生成的山川形势的好坏对人的影响占80%以上，而后天人为的理气对人之祸福只20%左右。学习风水也是一样，必须先经过基础的龙、穴、砂、水这四种功夫的训练；然而龙、穴、砂、水所包括的内容太广泛，太杂乱了，说起来很简单，真正要掌握很难。但万变不离其宗，若不是思路清晰的人，实在是茫无头绪，因此在学习风水峦头之前，我们先简明扼要有个重点的做个认识。

中国人是龙的传人，龙是中华民族的图腾。我国先民很早就开始有了对龙的崇拜。传说中的龙，雄峻非凡，气势磅礴，忽而直插青云，云烟缭绕；时而奔腾起伏，千姿万态，时而舒展缓落，伏首苍田；或而隐踪匿迹，身形不见。风水上将逶迤奔腾，形象万千的山脉称之为龙脉故而人们常常把山比做龙。

现根据风水理论的四个流程寻龙、点穴、察砂、观水、依次进行峦头方面的简释。

第一、寻龙篇

1. 龙脉从何地来？少祖山是何山？此龙到此地，起什么祖山？分多少枝龙？各枝龙分布于何区？主干龙又去何地？

2. 那枝是富龙？那枝是贵龙？那枝是贫龙？那枝是贱龙？这样就知道去那条龙点富穴；那条龙点贵穴。

3. 龙脉行走中，要判断是生龙或是病龙？是强龙或是弱龙？是进龙或是退龙？知道和了解这些，可以预知前去的形势和概况。

4. 这里有几条龙？过去名师点过的穴，是在重重开帐，一直入首的直龙？或是结穴在横龙？或是结穴在田野和平坡的潜龙？或在高山结穴的飞龙？或是顾祖、或顾子的“回龙”？明白了这些，就对该地方结穴的形势有所明白，于寻龙、点穴，会事半功倍了。

第二、点穴篇

1．寻找到龙脉以后，找出准确的穴位，看符合窝钳乳突何形，再选出相应的做法。

2．名墓验证：观察古代名人的出生地之环境及阳宅，甚至其祖坟风水的联系研究。搜集名墓的名称、地点情况，其次，名墓的左、右、前、后砂水，及奇峰秀气，一一记录。交线定针，坐向与气卦爻线度、个人观感、名墓后人如何？也要记录论证。

3．查找穴场的穴证，做到龙真，穴的，万无一失。

第三、察砂篇

1．砂的分类：前后左右护砂，有情意或无情意？有无发贵的奇峰、秀砂。

2．水口砂交锁情形，或下手砂兜抱状况，有无罗星？

3．朝山、案山或官星，有与无？贵净或清秀否？有无破坏与崩塌？

4．来龙有无开帐，展肩开面，或成“华盖”、“三台”，或尖峰挺起，一一辨明看清楚。

5．穴左右，或明堂左右，有无“对称峰”或“夹耳峰”。

6．旗鼓、仓库、印绶、天马、诰轴、牙笏、华架、粉盒、妆台、衙刀、剑戟、曜星……均要一一搜索与鉴别。

第四、观水篇

1．站在穴场看堂局内是否“天门”开，和“地户”闭？

2. 有无之、玄字样水来朝或过堂？九曲来朝，定出当代宰辅。九曲过堂，职近君皇。

3. 水的深、浅、缓、急、流量：水深，福厚，荫久；水缓流，财聚；水急流，财聚易散，享福不久。

4. 明白观水第一法，以抱身弯曲有情为吉，斜侧反跳无情为凶。

5. 水口有无乱石或交牙之砂？成九曲流去，内局定有威名远播之人材辈出。

总体来说看地，要用心去体悟。爱山川的人，心内有山川，其心灵与山川之间，自然有一种默契，富有夙慧灵气的人，即使没有学过堪舆，其天性也能感受自然环境中的山水灵秀。明白上述的各点，峦头功夫才能登堂人室。

论地理以峦头为本

峦头，不专指星体而言，凡龙、穴、砂、水，有形势可看见者，皆峦头之内的事也，《青囊经》上说："理寓于气，气囿于形"。因为理者阴阳五行之理，气者阴阳五行之气，形则山峙水流之形也，山之所以峙，水之所以流，不管阴阳五行之气怎样，而其中有道理存焉，朱熹所谓："气以成形，而理亦赋焉"者也，但是气有吉凶，不以理推之，则不可得而知之，故圣贤用说卦以明道理，用卦以推气，凡先天后天，双山四经，三合玄空，穿山透地，坐度分金，休囚旺相，气运岁时，皆理气内事也。（理气诸说各有所用，恐人无所适从，特举最要数者为后学指南）所以峦头理气，二者孰重。

峦头真理气自验，峦头假理气难凭。故理气不合，而峦头真者，虽有瑕疵，不因为理气不合而不发富贵，理气合而峦头假者，定不因为合理气而发福禄，是因为峦头为理气之本也，明此矣，学者必须待峦头精熟，地之真假大小，穴之吞吐浮沉，卓然有见于胸，然后再讲求理气，就会明白乘气立向，控制消砂纳水，征岁运之用亦不可废，假如峦头还未熟，而先学理气，虽知道贵阴贱阳，来生去墓诸说，确确可据，而吉凶休咎，似与峦头无太大联系，但往往求福而致祸者，舍本逐末故也。故曰：看山之法，以势为难，而形次之，方又次之。又曰：有体方言用，光有用则失其体，可不知所先务哉。

论风水有夙缘

得到好的风水宝地，自有缘定，不可强求，但人子送终，不敢不自尽其心，怎能有坐待之理哉！求而得之，即所谓缘。惟不可强求。

蔡西山尝同友人刘二人闲步四处转。乡人嘲笑说："蔡季通，蔡季通，出门指西又指东，山中既有王侯地，何不归家葬祖宗！"季通愀然说："山中具有王侯地，争奈不在我山中。"文简悯之说："使我山有地，即可以奉。"季通谢说："君山诚有美地！"刘文简果以山与之。葬后，季通以孙贵，赠太傅。子文正公沈，以子贵，赠太师，进崇安伯。孙文肃公杭拜相，果然符王侯之职。鄱阳余方伯佑曰："地理之验，无如蔡氏者。牧堂父子寿地得地，贤贵迭出，海内莫之与伦，孰谓好地不获见乎？彼不得者，贪大求全。不知大地有神所司，且多怪异，欠缺不齐。以贪高图大之心求全责备，安可得乎？明地学者，当知深省云。"

地理十不葬

地理之学，尽是人力胜天之事，地理之术，习至精明之人，不可轻为人卜葬，主要因为不应该葬的而乱葬，是发泄天机，反损自身福禄，所以先师有十不葬之说，不可不知。

一）素不孝者不葬

其人之天良久丧，何不养之于生前，乃慎之于死后，所谓欲得佳城以安亲者，实欲谋吉壤以佑身耳，如此等人，而与之言地理，先已不知不理矣。

二）积世怙恶者不葬

居乡而至积世怙恶，其所损阴隙，不知凡几，其不绝灭者，已属万幸，矧敢逆天而与之以地也。

三）心地不善者不葬

世如土豪讼棍，肆恶致富，也思图谋风水，为永远之计，此乃人面兽心之流，倘与之以地，何以彰天讨而为世戒。

四）心术不测者不葬

宦家世族，根基非不深厚，至于存心，或贪黩酗淫，或阴险刻毒，外貌虽善文饰，内实为富不仁，是心地已坏，阴地何可得哉。

五）出身下贱者不葬

或为厮仆，或为隶卒，或为娼优，尝有拥赀居积，重币相邀者，试思其财如何而来，徒污我名，若使得地，则良贱又何分也。

六）古坟旧墓者不葬

恒有无知之人，觑觎无主古坟，或在人家旧墓之傍，以为尚有余穴，因之破冢毁圹而葬，似此伤天害理之事，决不能为也。

七）私用公山者不葬

人有误信庸师之言，欲酷嗜风水之家，遇人不卖之山，多方谋干，串买成交，往往兴讼酿命，似此等事，谢绝不往，并劝令勿为。

八）信任不专者不葬

名家看地，所弃取，与诸家之用法，迥乎不同，其立向消水，亦大相悬隔，若其人朝信此而暮信彼，必有矛盾，不可往也。

九）接待无礼者不葬

今人送子入学就师，尚知具衣冠，备贽敬，足恭尽礼，而犹惴惴焉，谓不如此，恐不尽心教吾子也，独于求师葬亲，或道相邀，或邂逅相约，词组投机，即向求指地，直以市侩待之，推原其故，皆无业游民，毫无学术，望门求售，相习成风，故富豪家竟忘其教子之与葬亲，孰为轻重，吾道每于德行不足之人，尚不轻施其技，况并礼貌俱无者，纵以千金为饵，亦难往也。

第二章：经典名著导读

《发微论》

宋朝蔡西山用辩证观念所著的《发微论》，在讲解风水原理时，强调事物的二面属性，旁征博引，条分缕析，字字珠玑，真知灼见时得而出，开拓了风水的新境界。全文大旨主于地道一刚一柔，以明动静，观聚散，审向背，观雌雄，辨强弱，分顺逆，识生死，察微着，究分合，别浮沈、定浅深、正饶减、详趋避、知裁成，凡十有四例，递为推阐，而以原感应一篇，明福善祸淫之理终。其说不悖于道，推究以儒理。如云水本动，欲其静，山本静，欲其动。聚散言乎其大势，面背言乎其性情，知山川之大势，默定于数理之外，而后能推顺逆于咫尺微茫之间。善观者以有形察无形，不善观者以无形蔽有形。皆能抉摘精奥。论述风水时，用一对对哲学范畴说明山形地势，反映出辩证法的世界观。在众多的风水书籍里，就数此书的辩证思想最丰富，以其理论与实践同辉的非凡造诣成为无可置疑的旷古大师。此书一问世，便成为风水实践中具有指导意义的不朽名著，对后世的风水师产生了深远影响。全书虽然操作实例不多，但出手不凡，其著述中显露出对风水的认知深不可测，理论高度让后人惊叹不已。

蔡西山自卜寿藏

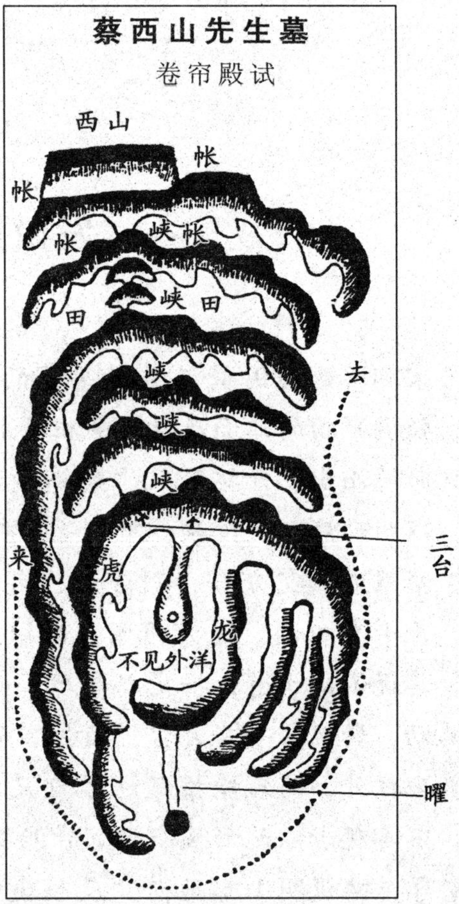

地在福建建阳翠风山。其龙起自西山，开帐出身，奔行雄伟，重重渡峡；至翁田，复大断，自青苗中过而起，又开帐，成“卷帘殿试”之格，复列三台帐，正脉中落，透迤细嫩，势若生蛇，两畔重叠抱卫；入首，成太阴金星结穴，穴挂左角，右畔抱曜；只是穴低；而送关一臂太近且高，当前为案；无开畅明堂，不见外洋，内水斜流似倾泻，外重下手山不短缩。以俗眼论龙虎、明堂、朝对，皆一无可取，反似穷源僻坞。殊下知大龙奔行数千里，于此融结，正是尽龙，而溪水环远，拦截包转，穴极周密，脉甚奇巧，虽不见外洋，而数千里间山水皆暗相朝拱，真至贵之地也，非西山先生之明见，孰能识此？西山先生自卜寿藏，葬后其孙蔡杭拜相，贤贵叠出，人丁大旺。

第一章：刚柔篇

易曰：立天之道阴与阳，立地之道柔与刚。

邵氏曰：天之道阴阳尽之矣，地之道刚柔尽之矣。故地理之要莫尚于刚柔。刚柔者言乎其体质也。天地之初固若漾沙之势，未有山川之可言也。既而风气相摩，水土相荡，则刚者屹而独存，柔者汹而渐去，于是乎山川形焉。凡山皆祖昆仑，分枝分脉愈繁愈细，此一本而万殊也。凡水皆宗大海，异派同流愈合愈广，此万殊而一本也。山体刚而用柔，故高耸而凝定。水体柔而用刚，故卑下而流行。此又刚中有柔柔中有刚也。邵氏以水为太柔，火为太刚，土为少柔，石为少刚，所谓地之四象也。水则人身之血，故为太柔。火则人身之气，故为太刚。土则人身之肉，故为少柔。石则人身之骨，故为少刚。合水火土石而为地，犹合血气骨肉而为人，近取诸身，远取诸物，无二理也。若细推之，凡涸燥者皆刚，坦夷者皆柔。然涸燥之中有夷坦，夷坦之中有涸燥则是刚中有柔，柔中有刚也。凡强急者皆刚，缓弱者皆柔。然强急之中有缓弱，缓弱之中有强急，则是柔中有刚，刚中有柔也。自此以往，尽推无穷，知者观之，思过半矣。

按：刚柔天地本源也。形峦相对，体用相对，阴阳相对。在此专论方位理气之说，盖用卦之妙也。

第二章：动静篇

其次莫若明动静。动静者，言乎其变通也。

故凡天下之理，欲向动上求静，静中求动，不欲静愈静动愈动也。古语云水本动欲其静，山本静欲其动，此达理之言也。夫山以静为常，是谓无动，动则成龙矣。水以动为常，是谓无静，静则结地矣。故成龙之山，必踊跃翔舞，结地之水，必湾环悠洋。若其偃硬强勒，冲激牵射，则动不难动，静不难静，山水之不融结者也。然一动一静互相循环，山亦有动极而静，水亦有静极而动，不可执一而论，又在人融化之为妙也。

第三章：聚散篇

其次莫若观聚散。聚散者，言乎其大势也。

夫山川融结自有天造地设，障空补缺，不陷不跌。故小聚则地小成，大聚则地大成，散而不聚，不可以言地矣。何谓聚？山之所交，水之所会，风气之常藏也。何谓散？山之所去，水之所难，风气之所散也。今之言地理，往往多论地形之巧拙，而不明聚散。大势若聚，则奇形怪穴而愈真正。大势若散，则巧穴天然而反虚假。历观古人之葬，大抵穴多巧怪，非好怪也。良由得山水之正，则怪穴所为常也。今人于大聚之中，或乃拘于形穴而不葬者陋矣。然有大势之聚散，有穴中之聚散。大势之聚散见乎远，穴中之聚散见乎近，是二者有相须之道焉。

按：聚者吉，散者凶。聚散有龙之聚散，有气之聚散。故立穴之法，当察其气之聚处扦之。然聚散有二：有大势之聚散，有穴场之聚散。必先审其大势之聚散，然后审穴场之聚散。

第四章：向背篇

其次莫若审向背。向背者，言乎其性情也。

夫地理之与人事不远，人之性情不一，而向背之道可见。其向我者必有周旋相与之意，其背我者必有厌弃不顾之状。虽或暂焉矫饰，而真态自然不可掩也。地理亦然。故观地者必观其情之向背。向者不难见，凡相对如君臣，相待如宾主，相亲相爱如兄弟骨肉，此皆向之情也。背者亦不难见，凡相视如仇敌，相抛如路人，相忌如嫉冤逆寇，此皆背之情也。观形貌者得其伪，观性情者得其真，向背之理明而吉凶祸福之机灼然。故尝谓地理之要，不过山水向背而已矣。

按：向背是讲地理性情，感情。地理之事与人事不远，人之情性不一，而向背之道可见。向我者有情意；背我者，必无意。龙穴宾主、奴从也是深层次的向背。故审穴之法，凡宾主相对有情，龙虎抱卫，无他顾外往之态，水城抱身无斜走，堂气归聚无倾泻，毡褥铺展无陡峻，皆气之融结，而山水之情相向也。

第五章：雌雄篇

其次又当看雌雄。雌雄者，言乎其配合也。

夫孤阳不生，独阴不成，天下之物莫不要相配对。地理家以雌雄言之，大概不过相对待之理。何以言之？山属阴，水属阳，故凡山之融结，必遇水之湾环，势虽顺水而来，形必逆水而就，此山水相对有雌雄也。然山之与水又各有雌雄焉。阳龙取阴穴，阴龙取阳穴，此龙穴相对有雌雄。阳山取阴为对，阴山取阳为对，此主客相对有雌雄也。其地融结，则雌雄必合，龙穴砂水，左右主客，必相登对。若单雌单雄不相登对，则虽或结地，必非真造化也。经曰：“雌雄相喜，天地交通”。又曰：“雌雄不顾不劳看”，古人多以此为要妙，亦天地自然之理也。

第六章：强弱篇

其次又当辨强弱。强弱者，言乎其禀气也。

夫天下之理，中而已矣。太刚则折，故须济之以柔。太柔则弱，故须济之以刚。刚柔相济，中道得矣。论地理者，必须论其禀气，禀偏于柔，故其性缓。禀偏于刚，故其性急。禀刚性急，此宜穴于缓处，若复穴于刚急之处，则必有绝宗之祸。禀柔性缓，此宜穴于急处，若复穴于缓弱之处，则必有冷退之患。强来强下则伤龙，弱来弱下则脱脉。故立穴之法，大概欲得酌中恰好的道理，不得倚于一偏，偏便生出病来。然非权衡有定，则亦未易语也。

第七章：顺逆篇

其次又当分顺逆。顺逆者，言乎其来去也。

其来者何？水之所发，山之所起也。其去者何？乃水之所趋，山之所止是也。知来去而知顺逆者有矣，不知来去而知顺逆者未之有也。夫顺逆二路，如盲如聋，自非灼然有见，鲜不以逆为顺，以顺为逆者矣。要知顺山顺水者顺也，所谓来处来者是也。逆山逆水者逆也，所谓去处去者是也。立穴之法，要逆中取顺，顺中取逆，此一定之理，不可改易。若又推而广之，则龙有顺逆，脉有顺逆。顺龙之结穴者必逆，逆龙之结穴者必顺，此亦山川自然之势也。大抵论逆顺者，要知山川之大势，默定于数里之外，而后能辨顺逆于咫尺微茫之间，否则黑白混淆，以逆为顺，以顺为逆者多矣。

第八章：生死篇

其次又当识生死。生死者，言乎其取舍也。

夫千里来龙，不过一席之地，倘非以生死别之，则何所决择哉？生死之说非一端，大概有气者为生，无气者为死，脉活动者为生，粗硬者为死。龙势推左则左为生右为死，龙势推右则右为生左为死。又有瘦中取肉，则瘦处死而肉处生。饱中取饥，则饥处生而饱处死。凡此之类在人细推之，生则在所取，死则在所舍，取舍

明而后穴法定，穴法定而后祸福应。若生死难辨，取舍何当，则非真着造化矣

按：生死者，言乎其取舍也。一句话点明，寻龙点穴的全部出发点，是实践山、水龙法的点窍真言。言简意赅，好文至理，其旨似显实奥，且变化深浅不一，惟识见高者始能明白文内玄义。地理有两截工夫，寻山居半点穴葬法居半，寻得好山，而向坐不宜，高下浅深不中，亦不发福。

第九章：微着篇

其次又当察微着。微著者，言乎其气脉也。

夫气无形者也属乎阳，脉有形者也属乎阴，阳清阴浊，故气微而脉着。然气不自成，必依脉而立。脉不自为，必因气而成。盖有脉而无气者有矣，未有无脉而有气者也。经曰：气乘风则散，脉遇水则止。无脉无气者，水害之也。有脉无气，风害之也。善观气脉者，以有形察无形。不善观者，以无形蔽有形。盖无形只在有形之内，但智者所见实，故于粗浅而得其精微。愚者所见昏，故荒忽茫昧而不晓。岂知四水交流则有脉，八风不动则有气，此有目者所共见，有心者所共知，而术之至要，初不外是也。

第十章：分合篇

其次又当究分合。分合者，言乎其出没也。

夫脉之为脉，非徒然而生，顿然而有。其出也，必有自然之来，则有分水以导之。其没也，必有所止，则有合水以界之。郭氏云：地有吉气，土随而起。支有止气，水随而比。又曰：支之所始，气随而起。支之所终，气随而钟。此古人论气脉之源流也。气随土而起，故脉行必有脊。气随水而比，故送脉必有水。气起于支

之始，故上有分，气钟于支之终，故下有合。无分有合，则其来不真，为其内无生气可接也。有分无合，则其止不明，为其外无堂气可受也。有分有合，则有来有止，有出有没，斯龙穴融结的定无疑，然后为全气之地也。然有小分合、大分合。其地融结，有三分三合。穴前后一分合；起主至龙虎所交，二分合；祖龙至山水大会三分合也。小合则为小明堂，大合则为大明堂，合于龙虎内则为内堂，合于龙虎外则为外堂，其合一一不相乱，如此是又不可不知也。

第十一章：浮沉篇

其次又当别浮沉。浮沉者，言乎其表里也。

夫脉有阴阳，故有浮沉。阳脉常见于表，所以浮也。阴脉常收于里，所以沉也。大抵地理家察脉与医家察脉无异，善医者察脉之阴阳而用药，善地理者察脉之浮沉而定穴，其理一也。夫三阴从天生，以其阴根于阳也，故阴脉必上小而下大，其出口也必圆。三阳从地出，以其阳根于阴也，故阳脉必上大而下小，其出口也必尖。后之观脉者不必问其何如，但见口尖者皆阳，其脉浮于表，口圆者皆阴，其脉沉于里，此一定不易之法。若又推而广之，则凸者脉浮，凹者脉沉，微细者脉浮，粗重者脉沉，众高一低者脉浮，众低一高者脉沉，于此相乘，则阴阳之理得矣。

按：浮沉篇，高低也，阴脉阳脉的表征也。在此不多说，就讲一下更小的地方着眼，此处实际也隐含了山龙平洋龙的看法。

第十二章：浅深篇

其次又当定浅深。浅深者，言乎其准的也。

夫浅深得乘，风水自成。故下地者，必以浅深为准的。宜浅而深，则气从上过，宜深而浅，则气从下过。虽得其地而不应者为此故也。大概先观来脉之阴阳，次看四山之从佐，且如来脉入首强，作穴凹，出口尖，此皆脉浮而属阳也。来脉入首弱，作穴凸，出口圆，此皆脉沉而属阴。故曰：浅深得乘，风水自成。深浅之法多端，至理莫过于是也。切要辨认入首阴阳，虾须界合明白，若当深而浅，当浅而深，差于咫尺之间，反吉为凶矣。经曰：地吉葬凶，与弃尸同，正此义也。世俗装卦例而九星，向法以定尺寸者，大谬也。

按：此篇重点讲操作地理时的心得独见。乃是千锤百炼而成的真言，极有精辟的见解。关于浅深主要是做法，他和浮沉有至关重要的联系。

第十三章：饶减篇

其次又当正饶减。饶减者，言乎其消长也。

夫龙虎左右各有饶减，然饶减龙虎者何哉？此消长阴阳之义也。饶减之法，大概以先到者为主。龙山先到则减龙而饶虎，其穴必居左。虎山先到则减虎而饶龙，其穴必居右。盖山水关锁，必须交固，然后气全。穴左，则取左山为关，须右边水过宫锁断，所谓阴锁阳关也。穴右，则取右山为关，须左边水过宫锁断，所谓阳锁阴关也。惟有朝山朝水，则顺关顺锁不妨。若横水过宫，则逆关逆锁方善，断不可改易也，毫厘差谬，祸福大远，可不审哉。

按：作者把深奥的风水理论，操作准则，化繁为简，层层剥来。所提出的观点不但容易被人们理解和接受，并且能够以点带面，深入之中，还给人们提供了许多具体可行的操作方法，使初学风水的人不但容易理解、明白，还能够融会贯通，很快就能学会相度风水的基本方法。饶减也是定穴的主要依据。

第十四章：趋避篇

其次又当详趋避。趋避者，言乎其决择也。

夫天下之道二，吉凶善恶常相半，不能皆吉也而必有凶，不能皆善也而必有恶。故人之所遭有不齐也，既所遭之不齐，则必有以处之。趋吉避凶，去恶从善是也，地理亦然。夫山川之所钟，不能皆全纯粹之气，不能无所驳杂。既不能无所驳杂，则妍媸丑好，纷然前陈，亦其宜耳。然而山川之变应不一，咫尺之移转顿殊，或低视而丑，或高视而好，或左视而妍，或右视而媸，或秀气聚下而高则否，或情意偏右而左则亏。

按：趋避，言乎其决择。事无完美，定有趋避，此也是趋吉避凶定穴之原则也。

第十五章：裁成篇

其次又当知裁成。裁成者，言乎其人事也。

夫人不天不因，天不人不成，自有宇宙卽有山川，数不加多，用不加少，必天生自然而后定。则天地之造化亦有限矣。是故，山川之融结在天，而山川之裁成在人。或过焉，吾则裁其过，使适于中。或不及焉，吾则益其不及，使适于中。裁长补短，损高益下，莫不有当然之理。其始也，不过目力之巧，工力之具。其终也，夺神功改天命，而人与天无间矣。故善者，尽其当然，而不害，其为自然。不善者，泥乎自然，而卒不知其所当然。所以道不虚行，存乎其人也。

按：裁成是人事所为也。结穴之地，各具天然之局，即有自然之向，是在得诀。风水裁成之法定然，就连一般的穿凿填塞都是祸福两重天，比方我们会常遇到裁成池塘水。

第十六章：感应篇

其次又当原感应。感应者，言乎其天道也。

夫天道，不言而响应，福善祸淫皆是物也。谚云：阴地好不如心地好。此善言感应之理也。是故，求地者必以积德为本。若其德果厚，天必以吉地应之，是所以福其子孙者必也，而地之吉亦将以符之也。其恶果盈，天必以凶地应之，是所以祸其子孙者亦本于心也，而地之凶亦将以符之也。盖心者气之主，气者德之符，天未尝有心于人，而人之一心一气，感应自相符合耳。郭氏云，吉气感应，鬼福及人。人之于先骸，固不可不择其所而安厝之，然不修其本，惟末是图，则不累祖宗者寡矣，况欲有以福其子孙哉。地理之微，吾既发明之，故述此于篇终，以明天道之不可诬，人心之所当，谨噫观是书者其知所戒哉。

按：大富大贵之地是天地山川灵气所钟，必是有缘有福之人才可享用，否则，便是违天不祥，正所谓“江山藏佳穴，留与有缘人”。有缘人是指祖上积福深厚而自己又行善修德的人。这些人获得“天命”眷顾，在机缘巧合下，自然获得佳穴而致大富大贵。地师泄漏天机，故此与佳穴福薄缘悭，所以明知有佳穴在前，亦无法享用。

第三章：论龙篇

论天下龙脉

中国是一个多山的国家，中国整个地形的概况是西北高，东南低。整个山势由西北向东延伸。古人尊西北的昆仑山为“万山之宗”、“龙脉之祖”、“龙山”、“祖龙”，蔡牧堂《发微论》曰：“凡山皆祖昆仑。”

今以中国山川考论，昆仑山确实是诸山之祖，在中国之西北。

中国的气，是沿地势由西流向东方的。由于气的灵妙，气聚之地大都出现许多大人物，通常把这种地方称之为人杰地灵。而气的源头便是昆仑山。对于昆仑这座大山，人们只知道它的高大雄伟，实际上它是中国乃至世界龙脉的发源地和鼻祖。古时便被看作为产生源气之所。黄河由它发祥而出，它是生气之源，物本之源。气脉从昆仑山向全世界扩展，所发端出的五支龙脉，其中三支在中国，两支向欧洲方向延伸出去，因而成为天下的主山。

中国的三支龙脉，从北方开始，以北干、中干、南干的形式，在中国的大地上流动，与黄河、长江等大水系有着密切的关系。自古以来，地理的基干龙脉对三支干龙的分法为：

北龙：沿黄河通过青海、甘肃、山西、河北、东三省等北部地区，延伸至朝鲜半岛而止。

中龙：通过黄河、长江之间的地区，包括四川、陕西、河北、湖北、安徽、山东，到达渤海终止；西安、洛阳、济南等，均为中龙气聚之所。

南龙：沿长江通过云南、贵州、广西、湖南、江西、广东、福建、浙江、江苏等南部地区入海而停止，通常把香港、广州、福州、南京、上海等城市划为南龙。

这三条龙的干脉生出支脉，支脉又生出支脉，犹如人体血管和经络一样，遍布于中华大地。山在地上行，气在地下走。人类有国家之分，而地气却不会因国家间的分隔而断行，只是像人身上的经络各走一脉而已。气随山行。中国的三大干龙，从西向东相生的山脉中，大干生出小干，小干生出支干；支干生出大支，大支生出中支和小支，支又生支，每一处都有龙的支脉存在。

总论干龙枝龙

龙居地理四科之首，风水家论龙而不知天下大干龙，则所见者近而不远，所研究者浅而不深，所窥者狭而不广。中国自古有三大干龙之说。古人按长江与南海所夹的山脉为南干龙，尽于东南海。黄河与长江所夹的山脉为中条，尽于东海。黄河与鸭绿江所夹的山脉为北干龙，尽于渤海。

有干龙，自然会有枝龙。干龙枝龙是讲龙有大有小之分，打个最恰当不过的比喻就像树木有干有枝。

龙之枝干，形势不一，所结穴的力量也不一，所以说辨龙脉的枝干，乃学习地理的第一关键。不知道这些，就没法学习地理了。

龙脉一般讲究正出为干，有大干小干之不同。旁出为枝，有大枝小枝之别。或为干中之干，更有干中之枝，枝中之枝，枝中之干之说。干龙受气浑厚力量大，结穴发可数十人，兴可数十代，枝龙脱脉清奇力量小，结穴发只一二人，兴只一二代。

所以寻龙点穴时，论龙不可不辨枝干，论枝干又不可不辨大小，以审龙脉力量之轻重。然审辨之法，以水源为定。大干龙则以大江大河夹送，小干龙则以大溪大涧夹送，枝龙则以小溪小涧夹送，小枝龙则惟田源沟洫夹送而已。杨筠松说“水源也自有长短，长作军州短作县”说的就是这个道理。所以观水源长短而枝干之大小见。

1、论干龙

干龙有二种，即大干龙、小干龙。

所谓大干龙，即干中之干。其祖皆出名山，跨州连郡，延袤几千百里，乃正气所聚，钟灵孕秀，颢异殊常，在远方看去每有云雾发现。因为干龙之祖极高大，所以每有云雾生其巅。此察识干龙祖宗之方法。知其祖，又当于离祖分行，审其出身。干龙耸拔雄伟，气势宏大，规模尊重，如王者驾出而百职随从，如大将赴敌而三军听命，巍峨卓异，不是像枝龙之出身，惟以细嫩活动，逶迤磊落为美可比！

谚语云“好地如闺中美女”。又说：“大地皆从腰里落，回转余枝作城廓。”范越凤说“大贵大富之地，必不在大穷尽处。大穷尽处多是风吹水刦”。所以干龙气势雄盛，结穴之外，必有余气之山，或去数十里，或去数里，皆暗拱，为正穴用神，或作下手，或作托乐，或反绕于身为关峡，或奔走于水口为门户之类。其间又各有小穴，随其力量，都能发，但没法与正结比。但此等干龙正结之穴，天珍地秘，多是丑拙隐怪，或在高山而结仰高天巧穴，或落平地而结藏龟没泥穴，或为骑龙穴，或为石巧穴，奇踪异迹，隐晦殊常。或有沙水飞走，或有煞气错杂，或有曜星奔窜，或有毡褥铺展，或有元辰直长，所以多有不利初代，以及公位不均，离乡远去等事。惟龙真而不可舍，穴的而不可移，乃是造化无全功，也须扦葬，不必以小嫌而失大地。但此又当详审精察，切勿被图大地所惑。

一般的庸师多以龙真穴拙之说当做借口，乱下有龙无穴凶恶假地，误人最很。大致上说干龙真穴，虽是隐怪，却是颖异，如玉蕴山辉，珠藏渊媚，自然秀气迸露，门户迥别。或龟蛇交结，或狮象盘旋，或日月捍门，或剑戟罗列，或罗星重叠，或旗鼓把截。或华表耸于云霄，北辰镇居地户；或楼台鼓角列于罗城，金箱玉印塞于水口；或石笋游鱼之忽见，平湖秀水之汪洋；或禽星兽星蹲居于水口，天关地轴布置于局内。自有许多贵秀证佐，异于寻常。识者见之，则知其中融结不凡有大地。但此等正干大龙，其所结作，力量极大，或为都城，或结禁穴，或结省城藩镇，或为名贤墓宅。虽然有遗穴，天珍地秘，鬼神呵护，以等有德之人，不可强求，不可妄指，况切非时师所能寻晓。

小干龙，即干中之枝。其龙身行度，大略皆与大干龙没有什么区别。

综合以上所说，干龙虽然有大干龙小干龙之不同，然其体势也多相似，都以水源夹送之长短而验其大小。

凡是干龙入局之际，山水大聚，或结为垣，或结为局，大者为京都，为禁穴，为圣贤之地；次者为省城、藩镇，为郡邑市井，为王侯极贵之穴。所谓阳宅则立郡建都，阴地则分茅胙土，惟干龙为然，枝龙之地断然无此力量。

2、论枝龙

干龙虽然力量之大。然山脉分枝分派，干龙最少，枝龙极多。所以论地只可以真伪辨，不可以大小拘。“大地难得小易求”，然枝龙也有大枝小枝，不可不辩。所谓大枝龙，即枝中之干。须要成星体，合龙格。枝龙结穴多在尽处，则要天然明白为上，多是得水处结穴，龙之贵的，则有贵应。若安扦得法，主翰苑尚书侍从，方面文武之职，以及富冠乡邑，一时荣盛，朱紫满门。

其次又有小枝龙，即枝中之枝。其大龙行去尚远，而于行龙身上，或大龙峡边，分落一枝，自起星辰，峰峦磊落，远的三五里，近的十数节。须要成星体，合龙格，有起伏，有夹送，而龙虎、应案、堂气、水城、下关、门户皆合法度，穴情十分明白，始为真结，也主富贵。若此龙虽是枝中之枝，来龙甚短，富贵不大，然发越极快，所谓寅葬卯发的，惟此为然矣。但是此等龙气结作力量轻，虽富贵也不久远。

还有小枝中之尤小的，称作旁枝。结为小小形穴。若星辰秀美，穴情明白，明堂平正，下手有力，四山团聚，水口关拦，也能发福，但不长久，也无大富贵。

上枝龙虽然有大枝、小枝、旁枝之不同，然均禀于造化而有融结，则也不可弃。惟要星峰秀丽，穴情明白。

已上所论干龙枝龙详矣。却又有种美地，只数节即结形穴，既非干龙，又非枝比，称作随龙穴。依近省郡城市，即大干结作，山水大聚处结穴，龙气大旺，寸寸是玉，只要穴真，又不必拘。虽来龙或只数节，也结大地，以其与大干龙共祖同宗，朝应固已贵秀，局面也自繁华。犹之近帝贵人，所以叫做随龙穴，不可以长短论。但要结穴处自立门户为真矣。

论龙脉分支龙、垄龙

1、总论支垄龙

高山平地，形势不同，所以山龙、平地龙之说不可不辩。即常说的支龙，垄龙。风水上所讲的支龙，即平地之龙；垄龙，即高山之龙。龙脉融结为地，力量轻重，大小贵贱，不以支龙垄龙而分优劣好坏，但形体有高山、平地之不同，所以察识龙脉情性的方法也各有异。

垄龙有星峰形势，脉络分明，易于寻索。支龙千里平夷，一望无际，难于追求。垄龙则以磊落起伏、逶迤奔走为美，软弱、瘦削、丑恶、崚嶒为凶。支龙则以相牵相连、隐隐隆隆、界水明白、脊脉分晓为妙，高低不明，来势断截，分水模糊为假。凡是垄龙欲峙于地上，支龙欲伏于地中；垄龙最忌于风吹，支龙尤嫌于水劫断；垄龙结穴于山麓，支结穴于巅顶。

2、论垄龙

垄龙即山地龙。

山垄之龙，祖宗欲其高大，来势欲其雄伟，星峰欲其秀丽，剥换欲其相生，过峡欲其周密，枝脚欲其蕃衍，送欲其重叠，行度欲其活变，护从欲其稠密，穴场欲其藏聚，四势欲其和平。此皆山垄寻地之要诀。

垄龙势险宜于险中求平，所谓高山葬窝。葬当避煞乘生，

《经》曰“垄葬其麓”，为正统的方法。却又有种以垄为体，而得支之情性的，则大山垂脉，落下平地，变为支体。此阴中含阳之义也，时师往往粘葬山麓，而以前拖平地为裀褥余气。殊不知龙势未住，微有龟脊，隐隐隆隆，穴落平地，正法当枕球而葬。然脉阴为强，宜避球凑檐扦。刘氏葬法所谓“垄缓则入檐而凑球”是。假若用垄法扦之，则败绝立应。此是高垄龙最难认的，不可不察。

3、论支龙

支龙即平地之龙。

平地之龙，其祖宗父母、剥变过峡，与枝脚、缠托护从，大段与垄龙没有什么区别。吴景鸾《口诀》有云“卧倒星辰竖起看”，所以支龙也有开帐穿心，也有华盖、三台、御屏、玉枕等格，但龙行地中，皆平面，倒地多阔大，难于一眼看清，惟以相牵相连步其龙脉。高一寸为山，低一寸为水，察其隐隐隆隆之脊，或直或曲，动辄数十里，或数里，始有水分八字之峡，或有石骨微露踪迹，或有银锭束气之脉。若前面遇水界截，则审随龙之水，以及诸水聚处为明堂，以求穴向。其结穴处自然气聚，或平中有突，或开钳口，或吐唇毡，或微有靥，如鸡窝，如旋螺之状。支龙行龙必有龟脊牛背、草蛇灰线之脉，入首束聚结穴。而此处须要高低分明，有水缠绕，或水溶注，或水朝入，才为的实。又须审其来历，有珠丝马迹、贴地梅花、落地金钱等格，决是美地。

扦得穴真，葬得如法，富贵悠久。若来历不明，切勿妄下，平地无气，易于绝灭。所谓来历不明的，乃来脉龙势一坦平阳，无脊可据，高低不分，全无界水，无过峡，无石骨证脉，无银锭束气，无龟背分水，无草蛇灰线、藕断丝连之脉入穴；或已经断而不相牵连，散漫无气，必无融结。其父母兄弟之脉各自分飞，平地之上，虽或忽起墩埠，孤单无应，必作他龙之用神；或是龙脚所带之秀气，为印，为笏，为金箱、环佩之类，或是水口罗星、游鱼等砂。所以廖金精说“走珠墩阜在平地，三个五个是。”若孤单一突，又无分水度脉来历，不可便作平中之突而有融结。卜应天说：“星散孤村，秀气全无半点”；又说：“滚浪浮花，随风落叶，皆是无蒂无根，未必有形有气。”此皆平地龙寻地之要诀。

然支龙平坦夷旷，所以于散中求聚，所谓平地之突就是说的这个道理。盖当揭高就脉。《经》曰“支葬其巅”为正统的方法。

已上所论即是支龙、垄龙正统方法。但垄龙之星峰易辩，支龙之脉络难明，前辈谓支龙难于垄龙，尤当细察。所以收录几位名师关于支龙之说于下，以供大家参：

《葬书》说：山贵平夷，土贵有支。支之所起，气随而止；支之所终，气随而钟。观支之法，隐隐隆隆，微妙玄通，吉在其中。

杨筠松《龙经》说：坪中还有水流坡，高水一寸即是阿。只为时师眼力浅，到彼茫然无奈何。便云无处寻踪迹，直到有山方始识。如此之人岂可言，有穴在坪先自失。只来山下觅龙虎，又要乳头始云吉。不知山穷落平处，穴在坪中贵无敌。痴师误了几多人，又道藏埋畏卑湿。不知穴在水中的，如此难凭怕泉沥。盖缘水涨在中间，水退即同干地力。且如两淮平似掌，也有军州落窠沥，也有英雄在彼中。岂无坟墓与宫室，只将水注与水流，两水夹来是龙脊。

杨公《画筴图》说：平地之脉，如草中之蛇，灰中之线。只看水分水聚之中，便是真气融结去处。又曰：临田观穴，不问大小八字，只看上面形势，分晓下面证佐。或唇或口，便为真气正穴。又曰：平坡之脉如掌窝，水聚交而不流，锁断真气，便是关门立穴之处。仰看上面脉，必有翅翼，如灯影穿壁，轻薄而不动，自有高卑。又曰：高山落落平田，若有火嘴，要看尖尽处；若开钳口，谓暗火开红。此是火放灰中，似见火红。如尖嘴不开钳口，称作死火带煞，不可葬。又曰：龙到平洋临田结穴者，上有来，下无出脚，但见田塍面前兜转，似带，似娥眉拱护，此上是穴。又曰：龙落平坡，日久年深，人开成田地，要看两边形势，田塍一层低一层，如急浪下滩。细寻前面水势回环，两田如月角兜转，始是真龙作结之处，称作浪花里滚月。又曰：高山行龙，势落平地，无踪无迹无龙虎，形如铺毡展席，散如碧玉之纹、浪花滚月、雪里飘梅，如灰中之拽线，如草里之寻蛇，详加目力，细辩阴阳。切要诸水聚堂，朝对尊严，球檐下合分明，气脉自然融结，沙水来去得位，门户重重关闭，坐下宾主有情；又要明堂如锅底，四围不倾泻，水口不通舟，可谓吉地矣。

陶公《捉脉赋》说：支阜平夷，如灰拽线，悠悠而缩瓜藏形，隐隐而无头无面。岂知遇水为真，乘风则散。又曰：大地平洋回环，四顾得水藏风，时人罕遇。又曰：鸡鸣犬吠，闹市烟村，隆隆隐隐，孰探其原？若乃断而复续，去而复留，奇形异相，千金难求。折藕贯珠，真机茫漠。临穴坦然，诚难拦摸。帐空补缺，天造地设，留与至人，先贤难说。

张子微说：中原平地及湖乡，行龙入地至难详。寻得龙来无穴下，茫茫阔远何相当？此名天平只看水，水绕回环是穴中。若还舍水去寻穴，望望皆平无定踪。龙如逢水穴方止，无水拦断去不穷。诸公记此水龙诀，不与冈山一例同。

吴景鸾《口诀》说：平洋之地，坦荡迥野，踪迹隐伏，散涣依稀。虽无峰峦之可证，也有脉络之可求，须要辨其来历祖宗，以看出身。降势撒落平洋，分毫之高的即为山，分毫之低的即为水。或隆隆似有，或隐隐如无。以及至落穴之际，也必微有形势之可指。山水趋迎，气脉藏聚，如露珠注在荷叶之中，乃为真结作。

永和周氏说：平洋则山不拘于高，水不拘于深。但遇有尺寸高低，即可以辨。又说：在山的颇易看，在平洋的最难识。陶公所谓“顿起则时人晓会，牵连非达士难言”就是说的这个道理。盖如灰中拽线，草里寻蛇，沙里拣金，泥中藏鳖，云中腾雁，盏里浮酥，隐而不露，断而复续，并以两边导送之水为验。

廖金精穴法中有没牛吹气穴诗说：没牛吹气失来踪，隐隐伏真龙。昂头些子如吹气，没牛泅水势。左回右抱脉微高，大则公侯小富豪。又说：龟鱼螺蚌形，宛如水中生。水中自有真龙聚，此地传千古。

梁箬溪说：龙势洋洋落大坪，连天接野不分明。隆隆隐隐寻踪迹，曲曲弯弯断复生。忽然有突联三五，认取开钳是穴情。定要水来环抱穴，砂如牛角两边迎。

以上各种家之说，虽各有所指，但也至精至微，慢慢读来，自会明白风水堂奥。大概平洋龙法，以高一寸为山，低一寸为水，隐隐隆隆，看两边分水，以认来龙之过度，突起支阜，以认穴道之融结。又须有四畔罗城秀峰，前应后照，如列屏铺帐，相与拥护，乃为尽善。大致上说以得水为上。卜应天说“如在平洋，先须得水”，兼阴阳二宅言之矣。平支龙穴最难辩认，所以引证诸家之说以使明白，当详察焉。

论龙脉上的名称

龙身行度过程中，龙脉上的名称，有太祖、少祖、以及父母、胎息、孕育、入首诸格，皆观龙之大旨。审龙于此而判断，一定要详细辨别。

1、论太祖山

寻龙之法，当原其所始，所以先察祖宗山。《经》书上说：“寻龙须寻祖与宗，不辩祖宗何足语。”山之有祖，也犹木之有根，水之有源。根大则枝远，源深则流长，自然理。所以说寻龙之法，必先究祖宗。知其祖宗，则龙之远近长短，气之轻重厚薄，力量大小，福泽久暂，皆可于此而察识之矣。既能认太祖山，以次审其出身行度，以及父母胎息，以至受穴之山，皆于此原其始矣。

2、论少祖山

少祖山，即近祖次宗之主山。

寻龙之法，须究祖宗。然太祖远宗犹恐未真，又当于少祖察其来历，审其美恶，所以不可不论少祖山。

龙行既长，离祖已远，各分枝派。将结穴处，忽起高大山峦，不过数节，即结穴场。其高大山峦，称作少祖山。若其山分枝尚多，结穴尚远，不能叫少祖，乃是远祖。若是少祖山，则自此山下，不过数节就结穴。如节数太多，便谓离主星远，力轻气弱，又须再起主星方好。

所以凡是美地，必起近穴少祖山。而少祖之山，必然奇异特达，秀丽光彩，或开大帐，或起华盖宝盖，或作三台、玉枕、御屏样样贵格，或成冲天木、献天金、涨天水、焰天火、凑天土等星辰。既有此少祖山合星体，成龙格，必不虚生，定有融结。若此少祖山倚斜不正，孤露崚嶒、瘦削破碎、臃肿粗恶、巉岩带煞、丑陋委靡、软弱困顿，种种凶恶之形，不成星体，不合龙格，则无融结。纵有穴场、堂局样样可爱，也为不吉，都主凶祸。或误下此地，行至此节，各以类应，祸不爽矣。

太祖少祖山图式

左图：此则将结穴，先起高大星辰作少祖山。自少祖山下，数节即结穴，极有力，为吉地。

少祖不吉图

右图：则虽然有少祖山，而丑恶不成星体，不合龙格。出脉又是偏落受风，纵有形穴，也不可下，的主败绝。

不论后龙长短，只要入局忽起少祖，高大尊严，挺秀冠乎群山，以作主星。自此山下，只一节或二三节即结穴，而穴场正座此星，贴近枕靠有力者，其地力量大，发福速，少祖山近穴，当代出贵，也有说是催官地。

3、论平冈无少祖山

凡是平冈之龙，多只逶迤而来。若行度摆折屈曲，也不必拘其必有少祖山才为大地。只要将入穴时，二三节内跌断束气，结咽过脉，此即同有少祖山。龙脉的起伏是龙的力量旺，所以不必拘于顿起高山为少祖。但其断处的以近穴为贵，一节即入穴尤妙。如清西陵。切忌受风，必须从山相夹护。

平地之龙也是如此，必于穴后有束气脉为妙。而其束处要微高，有分水明白，则束气入穴有力，才为真切。盖平阳气多散漫，贵于收敛。既无墩阜可为少祖，必当以断处束气为准。或成银锭之脉，或有珠丝马迹、草蛇灰线、藕断丝连、龟脊牛背等形，则气束得聚。穴场乘得气之聚处，乃是真融结。否则，散漫无证，纵有平中突窟，也认脉不真，不可下穴。

4、论龙父母胎息孕育

卜应天《雪心赋》上说："胎息孕育，神变化于无穷。"龙之有祖宗父母胎息孕育，然后始成穴。

祖宗父母胎息孕育图

大致上说，龙起身发脉处，必有高山大峦称作太祖。自此而下，辞楼下殿，迢递而行，又起高峰，即称作宗。复行逶迤，奔腾磊落，其间小星峰则不必论。直至龙将及结作，必要再起高峰，迥然耸拔，超异众山，称作少祖。自此少祖山下，或起或伏，或大或小，或直或曲，但以玄武顶后一节之星名父母。父母之下落脉处为胎，如禀受父母之血脉为胎。其下束气处为息。如母之怀胎养息。再起星面玄武顶为孕，如胎之男女有头面形体。融结穴处为育，如子之成，出胎而育。自少祖山至此处最关紧要，须是合诸吉格，束气清切，护卫周密，乃以为吉。

龙脉父母胎息孕育结穴，要尊卑有序，大小有伦，自高落下，自粗变细，自老抽嫩，星辰之生克不逆，桡棹之长短合法，则得祖宗父母胎息孕育之妙。乃有生气融结而钟灵孕秀，造化存焉。依法葬之，福贵应期。但是有的祖宗当高而反低，当大而反小，胎息当细而反粗，当嫩而反老，此则尊卑失序，大小无伦，凶气所集，不可下穴。

5、论龙入首

“未论千里来龙，且看到头融结。”凡是观龙之美恶，以及不论怎样龙格，只于入首穴后二三节、四五节内以至少祖山为紧切。审其龙势，若有起有伏，逶迤走弄，活动栖闪，而头面端正，星峰秀丽，枝脚随身，种种贵格，此为真来。结作真，力量大，发福速。

若少祖至近穴节内并无吉星，不合诸格，虽有好祖宗，也不为好穴。譬如人之远祖，虽为王侯显贵，已在数十代之前。至于其祖父，贫困无聊，遂为贱役。远祖之王侯显贵，不能庇及数十代后之子孙。远祖虽或贫困，至于祖父而崛起，为王侯显宦，则其一二代之子孙或受荫为官，或资产巨富，必能享富贵，远祖虽贫何害？此好龙所以欲其近穴，而远龙虽美，不可恃。

所以凡是观龙美恶及诸贵格，于少祖山以下审之，合吉则吉，类凶则凶，祸福亲切，不差毫末。

图一：此远龙不好，将入首近穴，剥变好龙，是吉地。但年代行到跌断后龙气不好处，即败，宜别求吉地接福。

图二：此则远龙好，将及入首近穴，变得不好，乃为不吉，主凶不可下。

图一
入首吉龙之图

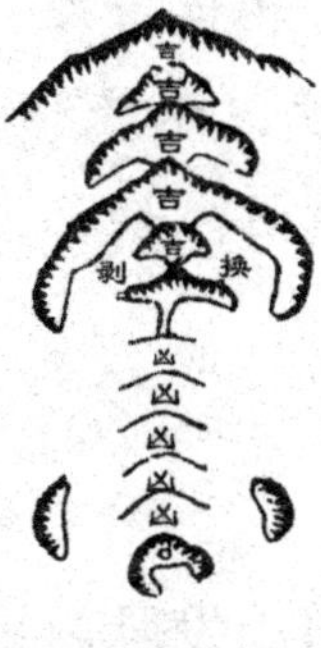

图二
入首凶龙之图

上审龙入首美恶，定地吉凶，乃紧关口诀，甚为简要。大凡美地，皆以入首龙吉而致福应。

如浮梁戴尚书祖地，后龙甚弱，而入首为美，也出尚书。

此地在浮梁东乡，后龙甚弱。惟到头起三台，一节结穴。左右抱卫，明堂平坦，内外应证。葬后初代出恭简公珊，官至尚书。又进士数人，科第不替。出一神仙，名曰铁仙。

戴尚书祖地

论龙出身、剥换、过峡、桡棹、护送

观龙之法，既然知道太祖、少宗、父母，又当审察龙脉的出身、剥换、度峡、桡棹、护送之细节。龙脉自祖而宗，自高而下，迢递奔走，虽奴从之龙，凶恶之山，其势相类。苟无术以鉴之，则吉凶莫辨。所以必于其出身处以原其所始，于剥换处以察其所变，于过峡处以审其所度，于桡棹、护送处以观其贵贱美恶，则龙之真伪吉凶情状自然判然。切记，切记。

1、论龙出身

龙之出身，乃祖山发脉离祖分行处。一祖之下，必分数龙，其间美恶吉凶，开始已经知道。若出身时特异不凡，前去必有穿落传变，融结富贵之穴。若出身不美，纵去结有形穴，也非大吉地，不必追寻。出身吉的，如穿心出脉，如连起数峰而耸拔不凡，如辞楼下殿而磊落，如叠云集蚁而缤纷，如五星聚讲，如七政连班，正穿正出，中起中落，夹护拱照，气象轩昂，枝叶蕃衍，步骤活动。大致上说龙之出身，如人之出处，出身不正，必非贤良，纵有显位，奸邪误国，天下受其祸。出处之光明正大者，必完名全节，天下受其福。龙脉出身何以异此！然又不可拘，固有前出不美，而后复变吉的；也有前出大吉，而后却变凶的。如人之先虽凶恶，而后能改过自新，不害其为君子；先虽正大，而后乃变节做恶，终不免为小人。凡是此之类龙脉，尤当详辨，不可忽略。此而有误，则认凶为吉，指吉为凶，是非颠倒，祸福不定。”

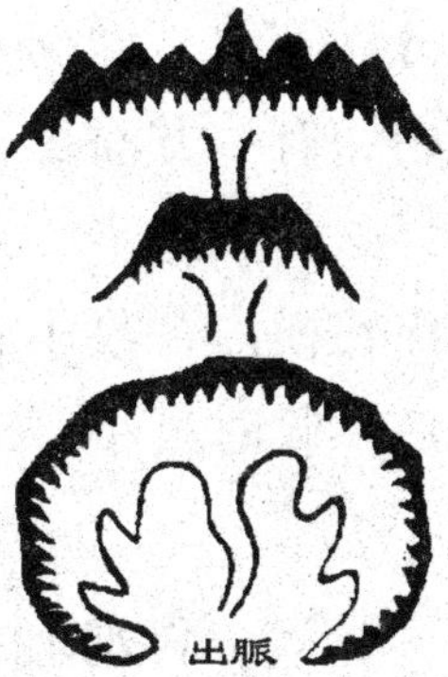

龙脉出身图

上列龙脉出身图，姑以为例，理难定拘，智者触类旁通。

2、论龙开帐

《发挥》说：“大凡开帐穿心，须是旁起而肩末如弓稍，肩如人有肩，稍如弓有稍，横铺阔远，始为正穿心。”所以说龙脉开帐穿心极贵。

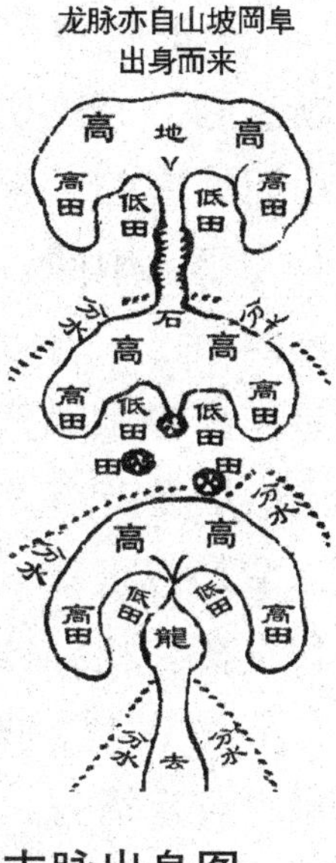

支脉出身图

廖金精曰：“龙开帐而出的，最为有力。金水脑为上，水星次之。要形如幛幙而角分明，有带下垂方是。中出的为上，两角出的次之。巨石在右为天关，在左为地帐。形类龟蛇、串珠、印剑等格尤妙。得此护脉方可。若无，得帐角遮护过也可”。《山洋指迷》关于龙脉开帐，讲的特别精彩。地之真假大小，何以辨之，先观开面之有无，便知真假之概，再观开面之多寡大小，及地步之广狭，而地之大小，亦知其概。

何谓开面？只以分、敛、仰、覆、向、背、合、割八字察之，分而不敛，仰而不覆，向而不背，合而不割者，为开面，四者之中，有一方面反，为不开面。

何谓地步？只以纵、横、收、放、偏、全、聚、散八字察之，纵长横广，收小放大，局全而聚大者，地步广，纵面虽长，横面不广，收时虽小，放时不大，局偏而聚小者，就为地步狭小。

3、论龙剥换

龙脉因剥换才有变化。龙之形体，自老变嫩，自粗变细，自凶变吉，皆天地自然造化之妙。

杨筠松说："一剥一换大生细，从大剥小真奇异。剥换如换好衣裳，如蚕蜕壳蛾脱筐。"廖金精说："脱卸剥换粗变细，凶星变吉气。"卜应天说"星以剥换为贵"。都是说龙贵于有剥换。

凡是远祖高峰是凶星发龙，却跌断过脉，退皮换骨，变出吉星作少祖山而结穴的，也为美地。若后龙节节是吉星，中间一二节吉凶不明的，只小凶而已。若远祖是吉星，而剥出凶星作少祖山结穴者，乃为凶地，不可下。后龙节节是凶星，只退换入首一二节是吉星结穴而葬的，也得一代二代发福。驳到凶星，即主祸败。后龙节节是吉星，只入首结穴一节是凶星，若穴情好，初代虽见退败，至二三代剥到吉处，却又发福久远矣。此以剥换星体吉凶，观前后节

开帐穿心图式

数，占年代、验祸福之大概。若其起祖迢迢，行至入穴，全无跌断过峡，则是无变化，必不融结。虽然有奔走之势，摆折之形，也为伪龙，多是奴从之山，不必寻穴。纵有形穴、龙虎、案对、明堂样样合法，奈何龙无脱卸，无变化剥换，气不全，脉不真，徒有煞气凶恶，乃花假之地。所以凡是寻龙，见无过峡剥变，决无融结造化，不必追寻矣。

4、论龙过峡

寻龙妙诀不难知，但向峡中究隐微。师若肯传峡里诀，倾囊倒箧泄天机。相地之法，固妙在观龙。观龙之方法，尤切于审峡。

峡者为龙之真情发现处。未有龙真而无美峡，未有峡美而不结吉地。审峡之美恶，则龙脉之吉凶、融结真伪，皆可预知也，这是风水名家不泄之秘诀。

因为龙行延长，必须多有跌断过峡，则气脉方真，脱卸方净，力量方全。但是峡有吉有凶，尤当细察。过峡之脉，欲其逶迤嫩巧、活动悠扬，如梭带丝，如针引线，如蜘蛛过水，如跃鱼上滩，如马迹渡河，如藕断丝连，如草蛇灰线之类为美。当然须有送有迎，有扛有夹，护卫周密，分水明白，不被风吹水劫为吉。

真龙过峡有阳过，有阴过，有平地过，有穿田过，有池湖过，有草坪过，有半岭过，有高山过，有正过、斜过、明过、偷过、长过、短过、硬过、直过、大过、小过、远过、阔过。又有双脉过、渡水石梁过，张子微《峡诀》有二十格。蔡西山《峡诀》有五十九格之多。还有很多名家之说，在此不再尽举。

审峡之诀为地学关键，寻龙快捷方式：

大致上说龙之过峡，惟欲其脉之中出，势之飞扬，形之活动，星之秀异，护从周密，分水伶俐，迎送均匀，扛夹照应，高过而不悍硬，低过而无伤残，长过而不受风吹，短过而脉不粗肿，阔过而不懒散，直过而不死硬，远过而有包藏，穿田而无水刦，渡水而有石梁，斯为美矣。若或奇巧异常，有池湖、灵泉、怪石之类，尤贵。其或龙虽可观，而过峡不美，或空缺凹风，懒散死直，偏旁过脉，水刦伤残，太长而无鹤膝蜂腰，太阔而无草蛇灰线，渡水而无石梁，穿田而无正脉，过阪而无珠丝马迹，以及其两旁无迎送，无扛夹，或虽然有护而低不及脉，有夹而低不及峡，前去必无融结，多有伪穴，切不可下。又有一种凶龙，迢迢而来，更不跌断，全无过峡，直至穴场，虽极屈曲奔走之势，然无峡则无脱卸，煞气未除，不知者贪其气势之雄，星峰之美，而误下此地，必主凶祸恶逆。若抽脉落下平地，脱尽煞气，变换而作穴者，不以此论。然平地也有平地峡，与山峡没有什么区别，只看水分为准。若平洋无峡，也非真龙。知此则龙也易辨，穴也易求，美恶吉凶，全在此中求。

这些都是看风水过峡的诀窍。附诸峡图式如下

阳峡	阴峡	曲　峡	直峡	长峡

此为阳峡，凹中出脉，或凹脑坦中出脉。	此为阴峡，其脉自顶有脊而出，或起突。	此为曲峡，其脉屈曲活动，如生蛇渡水，至贵。小的尤佳。	过峡之脉要曲，不宜直。直为死脉，不吉。中间有泡的，虽直也吉。	此为长峡，太长则易受风，宜遮护周密。又忌直长。若长而直，则为死脉，不吉。
短峡	阔　峡	高峡	远峡	穿田峡

此为短峡，峡短虽不受风，也要断跌明白，若模糊则非峡矣。	阔峡气散不聚，要中间有草蛇灰线、微高之脊则美。两边名毡褥，也称作霞帔峡，主大富贵。	高峡者，山大而断处未至平地也，多是人行之岭。凡是高过之峡，要护山周密。	大龙峡也有数十里坦过者，或数里塌过，也叫远峡。要两边迎送护应。此龙去甚远，小龙无此峡。	穿田峡，要两边皆低，中央过脉之田独高，则分水明白。廖金精称作青苗中过骨，此峡最吉。
渡水峡 	渡水峡，要水中有石梁，称作崩洪脉。《葬书》云“脉界水即止”。此谓渡水何也？因为水不界石脉，而界土脉。邵子曰：“水即人身之血，石即人身之骨，土即人身之肉。”所以说血行于肉，不行于骨。血以资肉，肉以养骨以成身。惟气则无往而不通者。			
峰腰  前后大中间小者是	鹤膝  前后小中间大者是	凡是龙脉束聚而成蜂腰鹤膝之形，其处气旺，结穴必近，杨筠松云“蜂腰鹤膝龙欲成”就是说的这个道理。所以凡是见此形，则知龙将结作，可以求索穴场矣。		

以上所论过峡之脉，脉过峡还需要护峡之山。凡是脉离山而出，两臂有护从之山，称作送峡。脉起顶而上，两臂有回转之山，称作迎脉过峡，也叫迎峡。还有两边扛、夹之山，最喜成形，如太阴、太阳、金箱、玉印、龟蛇、旗鼓之类，在左右俱有极吉。

察其情性之真，触类而旁通。大致上说山形之微妙无穷，龙脉之变化不一，可以理推，难以形定。

5、论龙枝脚

龙有贵贱美恶之不同，从枝脚而可见。

枝脚为龙的分气，其形体相似，所以龙之长远的，其枝脚也长远；龙之短小的，其枝脚也短小。龙之吉的，其发为枝脚也起星辰，带贵气；龙之凶的，其见于枝脚也必恶陋。龙气吉凶不同，所迸露发泄于枝脚上，美恶情状也自不可掩耳。所以桡棹枝脚为龙身发泄吉凶之验证！

上龙身枝脚间所带诸贵格。

傅国师说："凡是后龙节节枝脚垂落处，要起星辰，成形像，如天马、仓库、交床、旌鼓、剑印、展帐、列屏、天乙、太乙、文官、武将等件，而顺护龙身，前去必结大地。日月、辅弼主位至公孤，玉佩、文武主王侯极品，男仓、女库主人财富盛，展旗、顿戟主威武，左右侍从主尊荣，旗旄、诰轴、御屏、锦帐、马旗、相台主出将入相，印笏主神童状元。

龙身带诸贵格作朝图

右龙身枝脚所带诸凶格。

《快捷方式》说："凡是后龙枝脚节节垂落处，或尖利带煞，或瘦弱崚嶒，或臃肿丑恶，反背走撺，或拖拽太重，或大小无伦，或长硬如枪，或细绕如索，或如重尸，或如断头，或如烟包，或如投算，种种丑形，则为凶恶，纵有形穴，也不可用。

龙身枝脚带诸凶图

龙身枝脚在形状上的表现又为自身发出均匀、长短、有无等。

龙之枝脚，也如人之手足，固宜其长而忌其短。然也有短而吉者，须是节节均匀，从中出脉，两边护山贴身缠从方可。风水家所谓蜈蚣节龙格。张子微说："两旁有护，极清极贵。"《发挥》说："此格脚短，必假外山缠护周密，而后可以极其清贵。"龙身枝脚之美恶，以及均匀、长短、有无等说，一般初学者讲的浅显小地，或者说为基本方法。但论大龙，不可以枝脚常法一一拘泥。

6、论龙护送

地理像人理，护送多龙的力量大，护送少龙的力量小。名家在此的论述很多，试举如下。《龙经》说："真龙身上多护卫，山水有情来拱揖。"真龙融结，必有护从迎送诸山以卫区之。

《经》书上说："护从多爱到穴前，三重五重福绵延。一重护卫一代贵，护卫十重宰相地。两重也主典专城，一重只出丞簿尉。"又说："寻龙千万看缠山，一重缠是一重关。关门若有十重锁，定有王侯居此间。"

范越风说："大富大贵之地，如大官行衙，前呼后拥之多。小地如小官出入，从者不过数人而已。"又有长短大小之分。龙大则缠护山也大，龙长则缠护山也长。短小之龙，缠护之山也只短小而已。

论龙有旁正、老嫩、长短、真伪、贵贱诸体

因为行龙之形势不同，至其结作之吉凶也异。于此诸体辨别之真，则泾渭以明，而取舍始有定。否则，差之毫厘，谬以千里，而吉凶混淆矣，可不知所察乎？

1、论龙旁正

龙有旁正之分。正龙禀受得正气而行，而其旁受诸山皆来拱卫。所以一祖之下必有数龙，观龙者须审其孰为正龙受穴之山，

孰为旁龙从卫之山，于此分别明白，则取舍有正见，所为旁正要分。

若是正龙，自出身离祖以来，自然尊重。及到过峡处，两旁必有峰峦遮护，不令风吹水射。其行动曲折处，皆活动逶迤；其起伏头面，皆端严秀丽；其手脚桡棹，皆光彩圆净，自与众山不同。或众山高大此独低小，或众山低小此独高大。又且两旁山之形势，皆顾定我身，不敢有离动别去之状。至入穴处，其旁龙山若不是住在正龙穴后作送托、夹照之山，必是绕出穴前，堰取左右数源之水，聚在面前，为正龙穴前聚作明堂，以及作护关、案山，或作捍门、水口。所以正龙自是尊重，而旁龙必为正龙之用神。大致上说正龙之于旁龙，凤凰之于飞鸟，自然出类拔萃，系山川正气所钟，所以融结孕育，多为贤人君子、忠臣烈士、崇儒硕辅。天地间一切正人，皆正龙中出之地所能钟孕。是也气相感召，自然之理。

2、论龙老嫩

龙脉有老嫩之殊。

廖金精说："老是大山毛骨粗，嫩是换皮肤。"这种说法虽发于《穴星篇》内，然论龙老嫩，也不外是。粗大的为老，巧小的为嫩；绵亘的为老，退卸的为嫩。老龙山峦蛮蠢，星体浑浊，枝脚缩短，无有脱卸剥换，径直而不活变，粗饱而不发扬，峻嶒丑陋而无妩媚之态。如老妇形容枯槁，颜色憔悴，无有生育之理，所以不可以求穴。

嫩龙则有起有伏，有大有小，一高一下，一顿一跌，左栖右闪，之东走西，活变百端，奇巧万状，断而复起，起而又断。自粗变细，自凶换吉，脱卸清巧，如树木新发枝柯，自然条畅，开花结实，生意不息。所以此龙可以寻穴。然嫩龙也自老龙变出，所以曰："老龙抽出嫩枝柯，跌断不嫌多。"大致上说老龙如巨家老宿，气象厚重，容貌质朴，不事修饰。然含蓄储峙，养育子孙，皆此人。嫩龙如千金之子，娇脆细腻，承师就保，衣服鲜明，容貌美好，享有厚福。娶名家女，生贵显孙，乃此人。所以老龙多是未经脱卸，可以为祖。而嫩龙则有穿落传变之巧，而为受穴之山。若老龙一向不变细嫩，则为老亢，无生成之理，不必寻地。又有一种真龙，结穴已完，犹有余气山延袤而去也叫老，是又以脉尽气绝为老。李淳风谓“龙有归于老者”说的就是这个道理。此处也不结穴，不须着眼。

3、论龙长短

龙和枝脚龙都有长短之说。

杨筠松说：“寻龙千里非迢递，其次五百三百里。”张子微说：“大龙千里费推寻，一二百里作郡邑。”颜氏说：“干龙住处分远近，千里为大郡。二三百里可为州，过此则封侯。百里只堪为县治，下此为镇市。”是皆言龙之长的结作大，短的结作小，自然之理。

凡是求地，当辨其结穴真伪，不必拘其龙之长短远近。且真龙融结，分牙布爪，其长的多为缠护，为下手，为水口关拦。正穴藏缩居内，又不可一概取长的为贵。《经》书上说“龙无贵贱只论长，缠龙缠过前更强。君若论长不论贵，缠龙有穴反为良”说的就是这个道理。

4、论龙真假

龙有真伪之辨。地理之说无他，大要只在辨得真伪明白。人子求地，上以安父母，下以保子孙，所以辨龙真假，乃地理第一义。

凡是龙之真，祖宗迥异，出身活动。其行度间，或开帐穿心，或星峰秀丽，有桡棹枝脚，有起伏顿跌，有剥换转变，有过峡束脉，有摆布攸扬，有屈曲奔走可爱之势。及其入首，穴情明白下手有力，明堂平正，前案特达，四兽有情，水城水口，俱合法度。皆天造地设，生成自然之妙，初无一毫勉强。才有勉强，便非真结作。惟辨得龙真，扦得穴的，则诸般自然皆应副矣。

奈何天地间凡物有真便有伪，有正即有邪。而假伪之龙乱真眩正，也有祖宗，也有开帐，也有秀丽星峰，也有手脚桡棹，也有起伏顿跌，也有剥换转变，也有过峡束脉，也有摆布攸扬，也有屈曲奔走可爱之势。入首之际，也有下手，也有明堂，也有龙虎，也有朝对，奇峰罗列，逞异献秀，登局快目。昧不察而葬之，往往求福得祸。起而视之，非蝼蚁其棺，则黄泉浸其骨，其故何哉？都是因为不识龙有真伪，不能辨认，为庸师所误。

今辨龙真伪要诀：只入首近穴数节内察之。远龙虽寻常，入穴数节合格，决为真；远龙虽美，入穴数节内不吉，决为假。又须以穴辨之，假龙必无穴，真龙必有穴。

5、论龙贵贱

龙有贵贱之别。观龙贵贱之法，当先察其祖宗父母。如人之祖系贵人贤士，其子孙也多肖其先世。论贵贱龙神之祖宗、父母、行度、关节，形容殆尽

所以凡是贵龙，其祖山必秀丽巍峨，轩昂俊伟。或宝殿龙楼，或御屏负扆，或金銮绮阁，必侵云之高，延袤之广。及其离祖出身，辞楼下殿，精神卓绝，气象尊严。行度之间，重重开帐。自出身至入首结穴处，走弄屈曲，过峡度脉，顿跌飞舞，栖闪万态，自有种种贵格，方是贵龙。

至于贱龙，自出身以来，星峰不见，起伏不明，头面破碎而丑

恶，过脉偏斜而受风，峦头带石而巉岩，枝脚尖利而反逆。或左空右旷，或边生边死。其起，或臃肿粗顽，或崚嶒瘦削。其伏，或散漫无收，或长腰直硬。其过峡之际，出脉偏斜，无迎无送。或长阔散撒而不明，或风吹水劫而多害。其行度之间，无穿落传变之诸体，无台屏盖帐之诸格。护从不随其身，托送不卫其主。或如死鳅死鳝之直长，或如饿马瘦牛之委靡，或粗雄而无脱卸，或分擘而成鬼劫。及至入首，或懒坦无收，或散乱无序，四势不交，八风相射。或如灰囊，或如投算，此皆不入相之龙，不受穴之山。登局之间，砂飞水走，明堂倾泻，下手无力，水口空旷，决无融结，不足观。然此等之龙，本体既贱，或为贵龙作传送，或为贵龙作朝迎，或作护卫关峡，或作门户水口。如奴仆隶卒，奔走供役于贵人而无所取裁。

6、论龙行止

龙其所起，穴乘其所止，必须辨认龙脉止处，方可求穴。

《青囊奥语》说："第一议，要识龙身行与止。"所以说凡是山势奔走不停，水势峻急不环，门户不关，罗城不卫，水山不团聚，皆是龙行之处，未为止息。虽然有奇形巧穴，而山水无情，也不足论。若乃龙之真止，则玄武顶自然尊重不动。下手诸山则自逆水回拦，左右随从之山则自枝枝齐止，不敢他往。朝对迢迢远来，也并止于穴前，如拜如伏。众山咸止，诸水咸聚，是山水大会处，必有真龙融结，宜于此处寻觅真龙受穴之山。

若大地止聚之处，犹必有北辰、华表、捍门、游鱼、禽曜、罗星等象列于水口。必内宽外窄，堂局广而水口狭，重重关锁，方是大地规模。若山水虽然有团聚之状，而门户不关，或有关而低小，或一重远一重，一山低一山，大象似关，而实则旷阔无交锁，则也无大融结。纵有小可结作，也易衰败，不足取。所以审山水之止聚，于水口即可见之。盖水口关锁则内气融聚。所以论龙之行止，于水口也得其大情焉。

7、论龙背面

龙脉背面之说是有情无情之分。有情则面向、无情则背，地理和人理一样。向背论龙的真假，第一秘诀。

开面处自然光彩齐整，秀媚好看，如人面向有情，此处始可寻地。背立处自然巉岩破碎，粗丑不美，如人背向无情，此处不必着目。所以辨背面乃看风水一件紧关，于此一失，万无一用。

《玉髓经》说："人有背面地也然，要须细认乃可扦。"言背面之当可细审。祖有祖之背面，护有护之背面，穴有穴之背面，山龙平地，莫不都一样。以祖山言之，大山行龙，出身顿起星辰，必有背面。

有拥护主龙之情为面向；其突兀崚嶒，或枝脚尖利，或枝脚全无，而本身壁立，即背。凡是此护龙背向，必无结作；护龙面向，始可寻地。

大龙行度之间，分牙布爪，踊跃驰骤，两边均匀，无分背面。惟将及作穴之际，则有背面之分。开面处本身宽平，枝脚交护，内堂平聚，外阳开畅，洋朝迂回，水城环抱。《经》书上说"若是面时宽且平，若是背时多陡岸。面时平坦中立穴，若是面时朝水缓。萦纡环抱入怀来，不似背边风荡散"说的就是这个道理。其背边山水无情，或空缺，或逼窄，或陡峻，或丑陋，或巉岩，多受风吹水劫。所以说凡是正龙，将及结作，必逆向一边而入局，开面结穴，前有毡褥，后有盖托，左右有两山来卫，下手一臂有力，有堂气局面可证，山水翕集有情，自不同。

平地龙脉，也有背面。

师说："平洋不开口，神仙难下手。"既有钳口，自有内堂。堂既正，自有案山。无案山也须有朝水。口诀所谓"穴证朝堂堂证穴”，“无山要水朝”说的就是这个道理。所以平洋地，以开堂辨背面，极亲切妙诀焉。

《龙经》说：“纵饶已能分背面，面得宽平背崖岸。假如两水夹龙来，屈曲翻身时大转。一回顿伏一番身，一回转换一回断。两边皆有山水朝，两边皆有水打岸，两边皆有形穴真，两边皆有山水案。两边朝迎皆可观，两边明堂皆入选。两边缠护一般来，两边下手皆回转。此山背面未易分，心下狐疑又难判。不应两边皆立穴，大小岂容无贵贱？”是言真龙气旺处，两边俱有形穴。但正受旁受，大小贵贱，力量不同，而结作则不异也，不可以背面拘之。然也未尝无背面之分。但认背面，不以龙而以穴，所以曰“真龙无分背面，惟结穴处乃有背面。其外应也各立门户，而有堂局案对以证之。”

8、论龙宾主

龙宾主受穴之山与朝迎之山相对之谓。有宾主才有穴的大小之分。一桌吃饭，宾主自明受穴山为主，朝迎山为宾。最要主宾形势相称，情意相孚。切忌宾山陵主，情性背驰。

蔡牧堂说：“地理与人事不远。人之情性不一，而向背之道可见。其向我，必有周旋相与之意；其背我，必有厌弃不顾之状。虽然有暂时矫饰，而真态自不可掩。凡是相对如君臣，相恋如夫妇，相亲相爱如兄弟骨肉，此皆向我之情。凡是相视如仇敌，相抛如路人，相忌相嫉如仇雠逆寇，此皆背我之情。观形貌得其伪，观情性得其真。向背之理明而祸福之

两岸结地图

几见，此深得宾主相称相乎之意。”若宾主无分，也不可下。

《明堂经》说：“水曲朝南，水北穴明；水曲归北，水南穴情。水湾所掬，此穴堪营。”大致上说寻地大法，凡是到一村一乡，一源一局之间，先看水势归于何处。其水城弓抱，与水势明堂相聚之处，则可寻地；水城反背，与水势明堂倾跌之边，不须着眼。前辈谓“未看山，先看水”；又说“知水之所在，则知穴之所在”，这可谓看地捷法口诀。

两岸皆有龙穴，则水城先抱一家，又转一局复抱一家，才可以扦两岸之穴，如上图。

9、论龙奴从

龙的奴从，即真龙之缠送护托、侍卫朝迎等山。既有真龙融结，自有诸山拥从，如云从龙，风从虎，众星拱极，自然之应。但所处之地不同，名字叫法也不一样。在后叫送，叫托，叫乐。在前叫朝，叫案，叫应，叫对。远抱过前叫缠，奔走相揖叫迎，列于左右叫侍卫、夹辅。如下图。

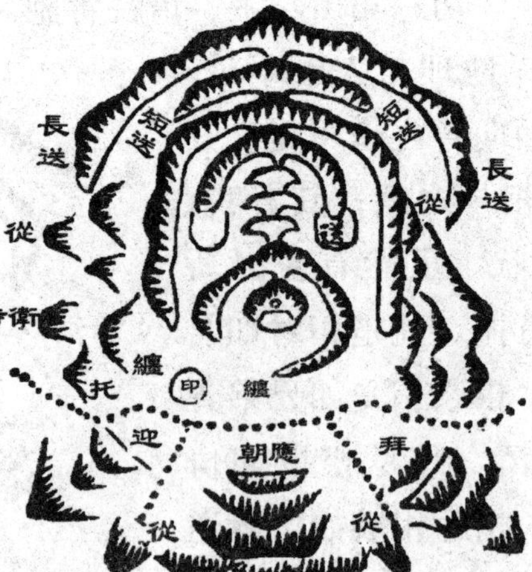

侍卫缠送护托朝应迎拜图

10、论龙余气

凡是干龙大地，龙长气盛，结穴已完，山势难止，必有余气之山，或去数里，或去数十里，其去又多融结小穴，随其力量，皆有发越。切不可认大尽处为正结，以正结穴为腰落。误认则正受旁受无分，力量大小不辨，反以大地为小穴不取，而以小穴为大地矣。世人不识大地，多被余气山所混。彼无真见，必于尽处结穴，才为龙尽气钟。不知大地结作，不在大穷尽处，多在四山拥从之中，结穴后必有余气之山。

杨筠松说："大地皆从腰里落，回转余枝作城郭。"吴景鸾说："余气不去数十里，决然不是王候地。"所以说大龙气盛的，方结此穴，小龙无之。又须详审精察，不可以过龙虚伪之处而误下。

结穴之后，有余气之山奔去数十里。其去因皆为我用神，而却又有结作，但力量一般很轻。务须详辨，不可以正结之穴误认为停驿，为斩关腰结小康之地，而以大尽处余气所结小穴，反认为正结大地。

《地理辟径集》上讲"尽龙"很精彩，摘录如下：

余初看山，见一枝龙，或十节五节，定跟到头乃止，以为穴必在是，不知龙尽则星多散漫硬直，龙虎不包裹，明堂必荡，水口必直，全无吉地，疑龙经曰，君如寻得干龙穷，两水相交穴受风，风吹水劫不是穴，需知此地是疑龙，又曰大地多从腰里落，回转余枝作城郭，又曰大富大贵之地，断不在大穷大尽之处，又曰余气不去数十里，断然不是王侯地，又曰脉尽处需防气绝，皆此谓也。譬之人身，有心腹必有手足，譬之屋宇，有堂厅必有廊庑，善辩者当自知之，余屡格大家祖坟，腰结者甚多，金取诸善，腰结者亦十居八九，然后知古人之言，信不谬也。亦有居尽头者，不可以干龙格局论，终不若有余气之妙也。

论龙有山垄、平冈、平地之不同

龙有山垄、平冈、平地之不同，初落、中落、末落之不一；又有生死、强弱、顺逆、进退、福病、刦煞之殊，出脉受穴，入首结局之异，皆龙脉的细微之处。

1、论龙分三势

龙脉由形状分为三种势态，山垄之势，平冈之势，平地之势。《经》曰："五气行乎地中，发而生乎万物。其行也，因地之势；其聚也，因势之止。是故气囿于形。"

何谓山垄之势？其龙踊跃奔腾，起伏顿跌，磊落低昂，势如万马，自天而下。李淳风名为起伏脉。

何谓平冈之势？其龙逶迤奔走，屈曲摆折，之东走西，活动宛转，宛委自复，回环重复。生蛇之出洞样。李淳风名为"仙带脉"。

何谓平支之势？其龙坦夷旷阔，相牵相连，珠丝马迹，藕断丝牵。平中一突，铺毡展席，隐隐隆隆，微妙玄通，草蛇灰线。李淳风名为"平受脉龙"。

虽变态不一，大都不外此三势。三势不同，其融结力量轻重大小，没有区别。然所谓山谷多起伏格，平冈多仙带格，平阳多平受格，只是大概言之。三格之龙皆起于高山大垄，而分落平冈平地，所以虽山谷也有落平冈平地而结穴。平地中也有墩埠忽然连起而结穴，此则又为奇特。盖山谷以起伏为常，而落平田则脱卸得清；平田以平受为常，而起墩埠则气聚得旺。《经》曰："高山大岭多尖峰，不似平原一锥卓。”是言平地以墩埠为贵。“不知山穷落坪处，穴在坪中贵无敌。”是言山谷以落坪为贵。

<table>
<tr>
<td>起伏图</td>
<td colspan="2">左起伏格：一起一伏，大顿小跌，断而复起，起而又断。或高或下，有低有昂。卜应天说：“一起一伏断了断，到头定有奇踪。”宜星峰磊落，山势奔腾，千峰耸秀，万岭巍峨，为得其本体。</td>
<td>仙带图</td>
<td>左仙带格：屈曲摆折，逶迤活动，如生蛇，如飘练，如之玄，如飘带。卜应天说“脉若带连，何必高昂之阜”说的就是这个道理。宜活动摆折，屈曲悠扬，为得其本体。</td>
</tr>
<tr>
<td colspan="2">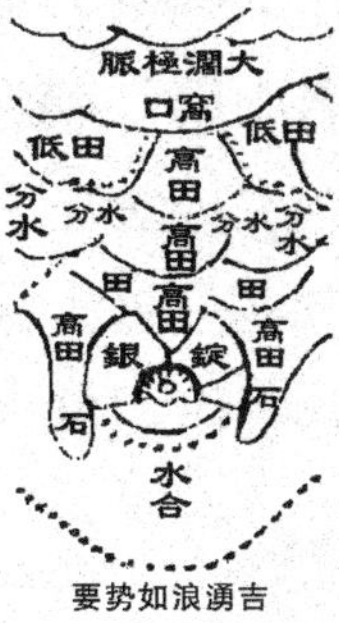平受图</td>
<td colspan="2">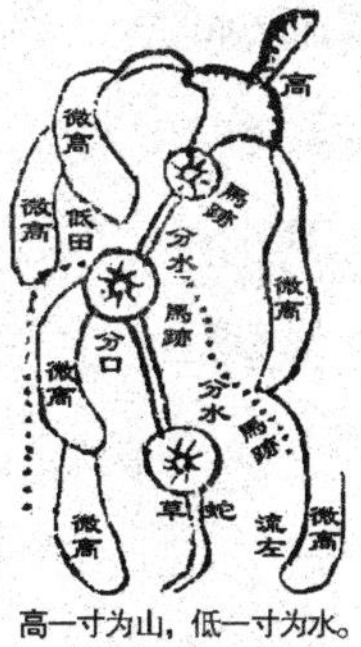平受图</td>
<td>左平受格：脉落平洋，一望无际，相牵相连，微有体势，高一寸为山，低一寸为水。卜应天说“势如浪涌，何须卓立之峰”说的就是这个道理。要平中有突，为得其体。</td>
</tr>
</table>

2、论龙三落

龙脉落局，融结不一，而一般来讲有三种落法：有初落，有中落，有末落。李淳风说：“龙有旺于初，有盛于中，有归于尽。”

需要注意的是，龙脉结穴不以三落分大小，贵在人通变，大小在开帐，占地步分大小。

初落龙

初落龙，龙脉自祖山发下，离祖不远即结顶，降势过脉，起星结穴开局。朝山耸前，托山列后，或祖山作乐作帐，而龙虎护卫，明堂融聚，下手重重，水口周密，四山团拥，骨肉一家，也为真结。但以其离祖未远，所以名初落。顾氏说："初落由来近祖山，局势必须完。"李氏说"龙有旺于初"说的就是这个道理。

中落龙

中落龙，龙脉自祖山发下，去祖已远，迢迢而来，大顿小伏，中间忽起高山以为少祖。自少祖下，或六七节，或十数节，再起星辰结顶，降势过脉，落局束咽融结。其大龙犹自作势远去，而分行却在少祖之前。此处特一关局，未为大尽，所以名中落。朝迎山则拜于前，护从山则帐于后。其分去之山，回作我用，或为下手，为水口，为关拦，为托乐，为城郭，为关锁。杨筠松说："大地皆从腰里落，回转余枝作城郭。"廖金精说："中落余枝作城郭，吉气于斯泊。"李氏说"有盛于中"说的就是这个道理。

末落龙

末落龙，龙脉自祖山发下，迢迢行度，一起一伏，奔东走西，离祖极远。山势将尽，前去或临大江大河，或临大溪大湖，或临田坂小涧，山脉已尽，再无去处。而于将尽未尽之际，顿起高山以为少祖。自少祖而下，或数节即结顶，降势束气，结咽成穴。或据江湖，或据溪涧，或下山一臂横拦，或翻身逆张大局，而有隔水外洋朝拱。或脱落平洋，藏迹隐踪，如蜘蛛坠楼，流星度汉，抛球闪迹，铺毡仰掌，金盘金盆而作平地之穴矣。隔江隔河，远山朝应。

凡是此皆规模宏大，局势广阔，三阳六建，莫不具备。廖金精说："末落名为大尽龙，气势最豪雄。"李氏说"龙有归于尽"说的就是这个道理。然也不必拘于据江临河极穷尽处寻穴，必结穴之外有余气，方是大龙末落之穴。

一般的书都是说初落龙、中落龙、末落龙，也有说少龙、中龙、尽龙，意思都一样。

3、论龙形势十二格

龙脉形成，一路走来所成的格局，大约有十二种，还有些说法，名虽不相同，只不过是形同名异罢了。

生龙格，星峰磊落，枝脚活弄，行度摆拽之谓。其龙自出身以来，一起一伏，有低有昂，分牙布爪，左趋右闪，活动逶迤，如鸾翔凤翥，如鱼跃鸢飞，而皆有生意。《宝鉴》说："自祖山发足而来，大顿小伏，如生蛇之渡水，如啄木之飞空。至降势出身，左右有脚。入穴端正，应案分明，称作生龙。此龙最吉，必结富贵大地，主人丁生旺，弈世富贵。

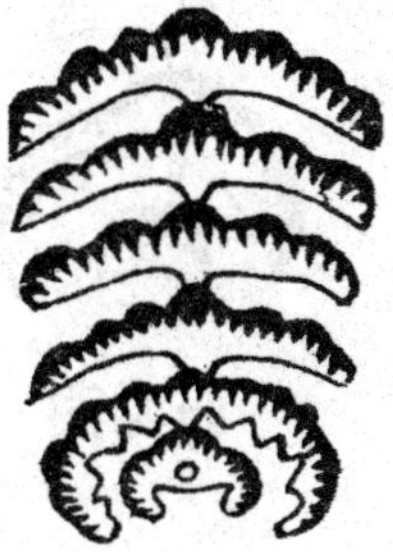

生龙图

死龙图

死龙格，峰峦模糊，脚手仿佛，本体直硬之谓。《入式歌》曰"死是无起伏"，盖其龙自离祖以来，粗顽臃肿，无起伏，无摆折。其势如鱼失水，如木无枝，如顺水随流，如死鳅死鳝，而皆无生意。此格最凶，不能融结。纵有形穴，必为虚伪。若误下此地，主穷苦下贱，遂以死绝。虽作神坛社庙，也不显灵。

强龙格，星峰迥异，枝脚撑拏，体格雄健之谓。《入式歌》云“强是奔走势力弘”。盖其龙自离祖以来，形势轩昂，力量盛大，摆折横阔，行度自由，如猛虎出林，渴龙奔海，指爪攫拏，鳞甲坚立而强盛。此格最吉。如融结成穴，主骤富骤贵，威名掀揭，一时功业强盛。

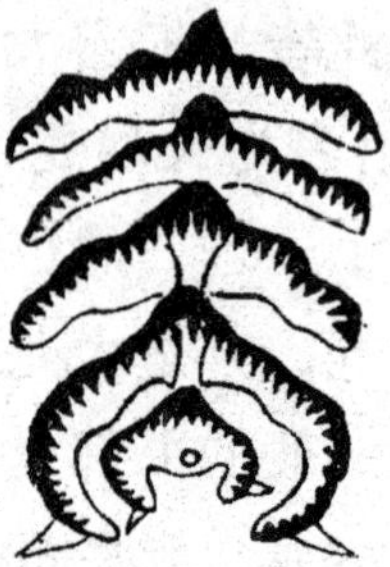

强龙图

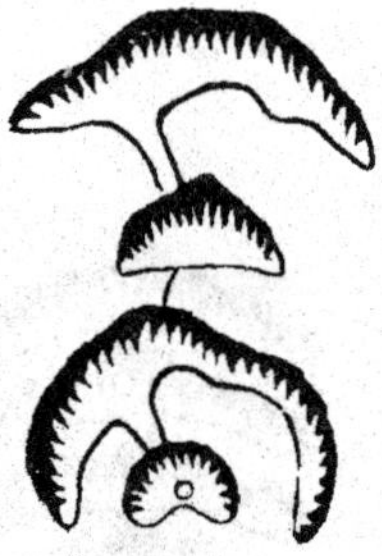

弱龙图

弱龙格，星峰骨瘦，枝脚短缩，本体攸缓之谓。《入式歌》曰“弱是瘦崚嶒”。盖其龙自离祖以来，飘飘散散，全无收拾。险峻嵯峨，浮筋露骨。尖小懒缓，随斜无依。陷削而不充实，虚浮而不光彩。形如鹅头鸭颈，败柳残花。势如饿马伏枥，孤雁失群，而怯弱歆擒。此龙多遭风吹水刦，不能融结。纵有形穴，也为虚伪。若下之，主孤贫伶仃，疾苦困弱。

顺龙格，星峰顺出，枝脚顺布，行度团聚之谓。《入式歌》云“顺是开挣向前往”。盖其龙自离祖以来，尊卑有次，送从趋前，上下照应，左右环抱，有瞻恋之情，有照顾之意。如星拱北，如水朝东，而眷恋不忘。此龙最贵，如融结成穴，主富贵绵远，百子千孙，孝顺和睦，多福多寿。

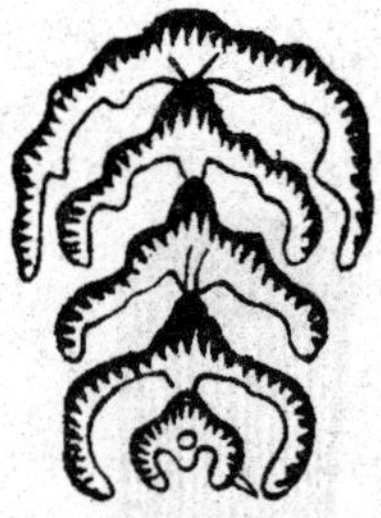

顺龙图

逆龙枝脚往后去

逆龙图

逆龙格，星峰侧立，枝脚逆趋，行度乖戾之谓。《入式歌》曰“逆自望后去”，盖其龙自离祖以来，高下不伦，忘前忽后，行度处桡棹不随，入穴处龙虎不卫，如水之逆行，如鹢之退飞，而肆散背戾。此穴最凶，纵有形穴，也为不吉，主凶暴忤逆，盗寇军配。也有边顺边逆，子微云“一种半逆半顺行，多为反戟祸不轻。长幼吉凶分左右，悖逆爷娘身受刑”说的就是这个道理。所以逆龙切不可下。

进龙格，星辰迭次，枝脚均匀，行度有序之谓。《入式歌》云“进是龙身节节高”。盖其龙自离祖以来，辞楼下殿，精神俊异，起伏低昂，伦序不紊。自粗剥细，由老出嫩，如凤览德辉而下，如鸿戏水而飞，而进趋有渐。此格最吉，如融结成穴，主文华弈世，富贵双全，蛰蛰螽斯，满门朱紫，发福悠长，进益不替。

進是龙身节节高

进龙图

退是渐消條

退龙图

退龙格，星辰失次，枝脚不伦，而行度退后之谓。《入式歌》曰“退时渐消条”。盖其龙自离祖以来，本无正气，勉强行度，始小终大，龙低穴高，如人之踏碓，如船之上滩，而高下失等。此格最凶，纵有形穴，也为不吉，主一发即退，无多力量。

福龙格，祖宗贵而从卫多。其龙自离祖以来，护从稠密，前后相应。枝脚虽不大扬，而有仓有库；星峰虽不卓拔，而不恶不粗。但无大摆布尔。如有福之人，上得前人之荫，下得奴仆之供，而坐享安乐。主发福悠远，富贵康宁和义。

福龙图

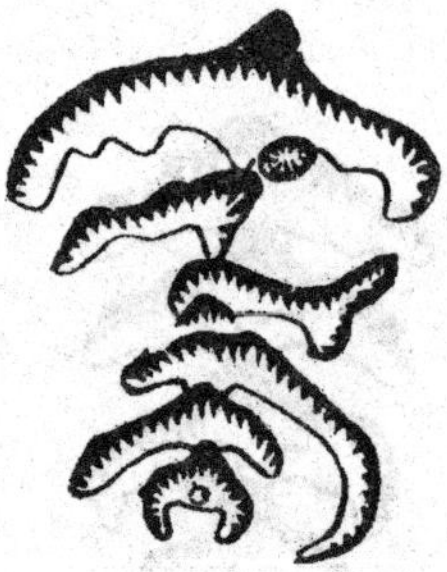

病龙图

病龙格，本体虽美，而有瑕疵。其龙自离祖以来，禀气偏驳，美中不纯。出身行度，起伏顿跌，变动活走，虽皆可观，而枝脚边有边无，边生边死，边美边恶。或一畔周密，一畔陷缺；或一节活动，一节死硬；或一边圆净，一边破碎；或星峰美恶不一；或四山送从不周。凡此之类，皆谓病。虽然有结作，而祸福相半，好中不足，美事不周。

又有一种病龙，离祖以来，星峰秀丽，过峡周密，枝脚，盖送缠护，件件合法。只是龙身当紧要处，或经凿断，或以崩颓，或蛟龙冲坏，或取土取石，或开窟井，或当穴踏路成坑，破损穴相。或穴顶开造寨庙，伤损星头。或前葬已多，而凿损真穴。或误开阳宅而掘垦破坏。凡此之类，皆伤气脉，所以叫做病龙，也叫伤龙、蛀龙、残龙。如人断腰折颈，破面损头，无能再

同病龙过脉被伤害

同病龙图

续之理。纵有样样美处，皆为无益。若误下此地，主凶败废疾，少亡孤寡。

劫龙图

劫龙格，龙身分擘多。自离祖以来，无有正条，东牵西拽，左分右擘，嫡庶不明，旁正莫辨，真气分散，龙脉不聚，全无收拾。《明山论》说：“分枝擘脉，或反或走，或离或析，或欹或侧，或尖或石，或高而枯槁，低而薄弱，皆名鬼劫。”凡是龙以分擘多为劫，少为鬼，在前主官事，在后主疾患说的就是这个道理。此格最凶，纵有形穴，必不可下。主盗贼侵劫，疾病官灾。若劫去而复回，作我用，不以此格拘。

煞龙图

煞龙格，龙身带煞而未经脱卸。自离祖以来，巉岩险壁，丑恶粗雄，露骨带石，枝脚尖利，破碎欹斜，臃肿硬直。或全无跌断过峡，或虽经脱卸，而恶形不改，观之而毛骨悚，步之而心神惊。凡此之类，皆谓煞气凶露，名叫煞龙，最为凶恶。若误下此地，主凶狠强梁，为嗜煞诛夷惨灭之应。

4、论龙出脉三格

凡是龙之穿落皆有出脉，其格有三种：中出脉、左出脉、右出脉。龙脉融结力量大小轻重，皆于此判断。廖金精说：“穴后落脉要中出，中出才为吉。左出为轻右更轻，轻重此中生。”是真伪美恶，祸福吉凶，皆胚胎于此，这也是地学之关键，不可不察。

凡是两畔山形均匀皆是，不论起顶降势，或高或下。中出脉，受穴之龙自离祖、出身、落脉及过峡、落穴等处，脉从中出，左右均匀，蝉翼仙带，夹护齐整。或开帐贯中出脉，称作穿心；或列屏台盖星，而脉从中落；或左右摆布均匀，而脉从中发，皆称作中出脉。若护山周密，不被风吹，则其融结必真，力量必大，主巨富显贵。凡是贤人君子，一切光明正大之士，皆中出脉所孕毓。

左出脉，龙之出身、发脉，以及行度、过峡、入穴等处，脉从左畔而出。山之形势，左少右多，两畔不均。只是蝉翼、仙带及外从皆照应周密，所以前去也有结作。若偏旁出脉，而从山不周，则无融结，不必追寻矣。

右出脉，龙之出身、发脉，以及行度、过峡、入穴等处，脉从右落。山之形势，右少左多，两畔不均。只是蝉翼、仙带及外从皆照应周密，所以前去也有结作。若偏旁出脉，而从山不周，则无融结，不必追寻矣。

以上出脉三格，中出为上，左出次之，右出又次之，若左右全偏则无足取。但山龙变态不常，有前中出而后偏，也有前偏出而后中，又有交互中偏，又有似偏而中，必须详辨，才能看其情性之真。

5、论龙受穴三等

凡是龙脉受穴，初落、中落、末落之外，又分三等。其力量轻重，也有不同。所谓三等，即正受穴，分受穴，旁受穴。正受之穴，力量极大，发福悠久；分受次之，旁受为下。此以力量大小品其优劣。但结作真实，三皆吉，不可以旁受力量之小而专图其正受之地。名师下地，如大匠用木，大为椽，细为桷，各当其宜，岂可以其为小材而弃之？卜应天说“大富大贵而大受用，小福小吉而小宜当”说的就是这个道理。大以成大，小以成小，良师岂可无善裁之方法乎？

正受穴

正受穴，龙势迢迢，虽分牙布爪，万岭千山，皆为我用，千里百里，尽钟于此。而特结正受之穴，其力量最大，其发富最久。《至宝经》说："正龙专受，富贵长久。"

分受穴

分受穴穴，正龙身上分出一枝，起星辰，有枝脚，过峡传变，皆有护卫。自立门户，自开堂局，以结形穴，不为他人作用神。但非正枝，乃分落之龙融结，所以叫做分受穴。力量随龙长短，也能发福，但不如正受之长远。《至宝经》说："挂龙分受，富贵难久。"

旁受穴

旁受穴，多是正龙旺盛，或于过峡处，或于枝脚间，或于缠送护托从龙之上，或龙虎余气、官鬼之所，带有小穴。傍城借势，或别立门户，随其大小，结为形穴。穴情明白，四面登对，也能发越，但易成易败，力量全轻。张子微《玉髓》说："也有一龙生数穴，或轻或重故有诀。"杨筠松说："千里来龙只一穴，正为优旁劣。"蔡西山说："大凡一龙，不专一穴，本身随带，必有小穴。如大官宦必有从官，大衙府必有曹属。第轻重大小不同。"此旁受穴之谓。然此等小穴，发福极速。但正穴下后，夺其龙气，必败。诀说："正龙未下旁龙发，下了正龙旁龙歇。"《捉脉赋》说："真穴未葬，虽边傍而可发；正穴既下，尽气脉以兼收。"此之谓。

6、论龙入首五格

龙之结穴，必于入首之际，过脉结咽，束气入穴，龙脉入首大约有五格：横，直，回，飞，潜。虽然此五格，特举其入首一节言之。所以直龙不必拘其后之屈曲，横龙不必拘其后之不横，学要明白。

直龙入首乃撞背入首，顶对来脉而结穴。此等撞背龙结穴，发福极快，或稍逐元辰也不为害。以其撞背直来，气势雄大，必有余气为毡为褥。

此格最吉

直龙入首

飞龙入首

飞龙入首乃上聚仰高而结穴也。以其势高而昂，故曰飞龙。须四应皆高，立耸上聚，仰势受穴，方为眞结。此穴力量最大，贵重富轻，以其水多不聚故也。必交牙关锁为吉。

横龙入首乃横脉入首而结穴。或从右来，或从左来，须要穴后有乐有鬼。廖金精说“横龙穴后必要鬼，乐星宜后峙”说的就是这个道理。此穴不宜元辰直长。

此格乃上聚，穴前平坦，贵登穴不知高。

横龙入首

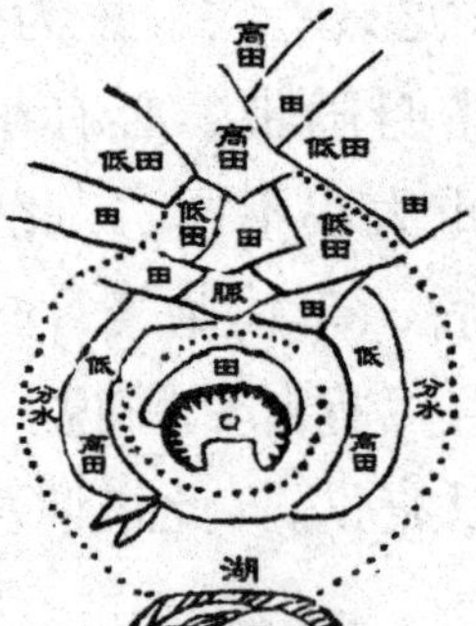

潜龙入首

潜龙入首乃龙气撒落平地而结穴。即所谓平受之脉，高一寸为山，低一寸为水。须要平地有凹，或开钳口，水势环绕，才为真结。

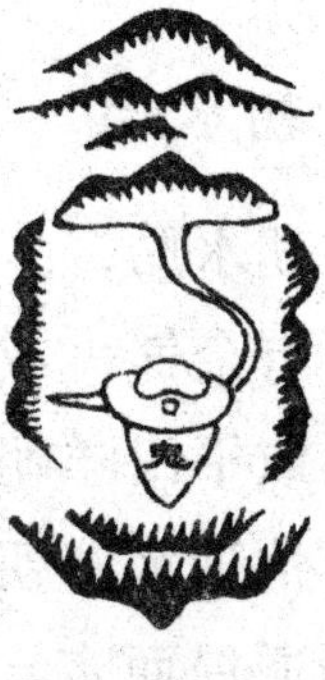

回龙入首

回龙入首乃翻身顾祖而结穴。《经》书上说“宛转回龙似挂钩，未作穴时先作朝。朝山皆是宗与祖，不拘十里远迢迢”说的就是这个道理。然也有大回龙、小回龙及盘龙穴等格，皆是。

以上龙脉入首五格，虽然精当。但龙有藏踪隐迹，还有入首闪侧出于入首一格。

闪龙入首是龙脉栖侧躲闪结穴。山势直去，而脉侧偷闪于侧以结穴。若泥于直步龙神，撞脉取穴，则误矣。吴景鸾云“只泥穿心直串去，不识真龙转身处。真龙闪巧转身多，岂惟直串为可据。俗师不识玄微诀，只向直穿寻正穴。寻到山穷脉尽时，不论有穴并无穴。惟以撞脉顶来龙，下了误人贫与绝”说的就是这个道理。盖顶龙求穴，固是正理。但真龙奇巧处，有闪脉而融结。

闪龙入首之说，前辈已尝论之，但此等龙之穴，实多隐怪。识取决于龙穴，昧徒惑于砂水。所以贪大堂局，爱秀峰，为地理之所当顺；而直串来龙取穴，也或有误，不可执一。

7、论龙结穴五局

龙脉入首结穴共有五种格局，皆以水为准。一是朝水局，乃水自当面洋朝也；二是横水局，乃水城横绕，不拘左右来去。三是据水局，乃穴前诸水融聚为湖也；四是去水局，乃水自穴前流去也；五是无水局，乃穴前全不见水。虽然有五局结穴不同，龙真穴的，皆主富贵。惟去水局不利初年。

朝水局

朝水局，多是翻身逆势结穴，以受当面洋朝之水。要穴星高大，有余气，或有低砂横拦，不使水冲割为吉。又须水流之玄屈曲，或平田洋朝为善。若急流冲射，又反为凶。惟天穴及仰高穴，则不怕远水特朝。若穴场卑弱，星辰低小，山不称水则凶，不可一概为逆局而吉。此穴又多结于水口之间，或下关山短缩，也不为害。但要穴场藏聚，水来缠绕，穴不受风为真。廖金精说："翻身逆势去当朝，不怕八风摇。"乃言其龙势，非言其穴。卜应天说"莫把水为定格，但求穴里藏风"则善矣。大致上说地理之法，得水为上。翻身逆当朝水之局，阴阳交会而有融结，所以为贵。

横水局

横水局，龙之结穴，或水自左来流右去，或水自右来流左去。要水势弯环，抱穴如绕带为美。又要下关山逆土拦水有力，以及水缠玄武，水口紧密为吉。此局极平稳。

据水局

据水局，龙之结穴，前临大湖，或深潭，或大池塘。此局极吉。盖地以得水为上，而水以凝静为佳。今穴居深水，则无冲割穿射之患，而有得水之宜也，何吉如之？龙穴真，此局主大贵大富，绵远荣盛。

顺水局也名去水局

去水局，必要来龙长远，力量宏大，四势周密，水口交固。吴景鸾说："水虽去而山交回则善。"杨筠松说："也有干龙来两水，更不回身直为地。只是两护必不同，定有缠关交结秘。"若水去而山不交回，穴场见水荡然而去，此等局势，决无融结，不必着眼矣。大致上说顺局地，纵有融结，也不发财，主初年退败。纵龙穴吉，有贵，也须卖尽田庐始出官，或离乡始贵。如或龙穴稍有不吉，则立主退败灭绝无救，此局多凶，不可轻取。

无水局也名旱龙局

无水局，穴结干坡，山势盘聚而不见明堂之水。凡是干龙穴，多是左右山横拦，遮却明堂，穴不见水，或穴高在半山，无水可见。俗人不识，必谓有山无水。不知山谷以藏风为贵。只要穴场藏聚，乘得生气，发达极快，何必拘其有水无水？但此等地，多先贵后富，或多清贵不富。若谓有砂无水不登科则非。然也有穴不见水而巨富，要龙神带有仓库。董德彰说："有人无财，须寻仓库之龙；有财无人，莫下孤寒之穴。"确论。

8、论龙结局分三聚

龙之结局有三聚：叫大聚、中聚、小聚。廖金精说："帝都山水必大聚，中聚为城市。坟宅宜居小聚中，消息夺神功。"

大聚局

大聚为都会，数千万里山水大会。次为省城，也不下二三千里大会。其局以宽广愈大愈美。

中聚局

中聚为大郡，千里山水大会。其次为州邑，五七百里，或二三百里大会。又其次，或百里，或七八十里大会。其局以宽广适中为美。

小聚局

小聚为乡村阳宅，以及富贵阴地。大百里，或六七十里山水会集。次三四十里，或一二十里。又次十数里，或五七里山水团聚。其局以紧固为佳。阴地愈固愈好。

以上三聚之局，虽各有大小不同，而都会则愈大愈好，省郡须宽广适中，阴阳二宅以固密为上。其大中二聚，结穴处以收敛为真。或平中有突，或高处开窝，必有小界水、小明堂，或贴近之砂左右交固，或低伏之案以关内气，然后外面却有宽阔之罗城，广大之局势，斯为美矣。

9、寻龙入式歌

爰从重浊凝于地，便有高低势。势来起伏是行踪，前贤呼作龙。龙神高处成楼殿，聚讲星辰见。讲罢辞楼下殿行，行度见精神。迢迢过峡并穿帐，剥换成几样。夹卫辅从两旁生，后送更前迎。枝脚随身无反逆，盘剥多奇特。此是山家作穴龙，定起主星峰。主星大小合龙格，造化便可测。二三节内穴星成，福力实非轻。节数远时福力小，再起星方妙。龙身显着穴隐藏，点穴贵精详。平地龙神因水势，认取原无二。隐隐隆隆正好寻，寻得值千金。凡是入乡村先见穴，须把后龙别。若是眼高先见龙，寻得莫匆匆。此是寻龙神妙诀，是地便能决。试将遍去覆仙踪，端的有神通。

第四章：论穴法篇

穴法总论

地理龙穴之说，乃天造地设，生成自然之妙，无一毫勉强。“既有生成之龙，必有生成之穴。”所以凡是龙穴既皆生成，则砂水没有不应对的，而龙虎、明堂、水城、对案、罗城、水口，自然件件合法。

相地之法，先须察龙。有真龙方有真穴。若龙不真，纵有天然可爱之穴，也为花假虚伪，生气不钟。然辨穴固在审龙，而有龙无穴不葬。有龙无穴，乃假伪之龙，非真龙。所以龙之与穴，不可缺一。

地理之法，虽重于寻龙，更重于扦穴。杨筠松说：“寻龙容易点穴难。”古歌说：“望势寻龙易，须知点穴虽。若还差一指，如隔万重山。”千里来龙，入首惟融八尺之穴。乘生气，注死骨，造化全在于此。苟穴无定准，可以从人作为，可以上下左右，则察识地中生气之法，皆渺茫无据，岂不大谬矣乎！所以说不识穴法之妙，皆是不得传授，地理家穴法，自有一定不易绳墨。一穴之间，数尺之内，真气融聚，不可过高，不可过低，不可偏左，不可偏右，不可太深，不可太浅。

穴法虽多，今分形、星、证、忌来讲明穴法之妙。形状取四象，窝、钳、乳、突之形；穴星，取五星，金、木、水、火、土之星；穴证，则兼取前后左右、龙虎明堂之诸应；穴忌，则汇总先贤之说诸凶宜忌，观其星，究其形，审其证，察其忌，则龙之性情，融结真伪，自不能遁。

论穴形

龙之形状，千姿百态，自然穴之形体，变态万状，不一而足论，但说的简单了只不过穴有阴阳两字。阴来阳受，阳来阴受而已。形状则是表现为凹凸。阴中有阳，阳中有阴，所以有太阳、少阳，有太阴、少阴四种之说。其为形则是窝、钳、乳、突四种。但需要龙真穴的，各得生气，其形始真。所以一言以蔽之，葬穴需“葬乘生气”。盖生气，太极。凹凸，两仪。窝、钳、乳、突，四象。太极两仪，两仪四象，古今之正传，穴法之定论。山川只可以理会，不可以形拘。

1、论窝形之穴

窝穴即开口穴也，也叫窟穴。凡是鸡窝、锅底、掌心、旋螺、金盆、铜锣等形，皆窝穴之别名。乃穴星开口生两掬。

平地高山皆有之，而高山为多。窝形有四格：深窝，浅窝，狭窝，阔窝。皆以左右两掬均匀为正格，左右不同为变格。而各有二体：一是左右交会，名叫藏口窝；一是左右不交会，名叫张口窝。四格之形，又各有俯仰不同。身俯则须窝中微有乳，穴就乳脉安扦；面仰则须窝中微有突，穴就窝心突顶安扦，此为最吉。廖金精说“凡是开口之穴，灵光合聚于中，余气分行于外，雌雄相顾，血脉交通，所以称作吉穴”说的就是这个道理。惟要弦棱伶俐，两掬弯环，口中圆净，窝内冲融；切忌落槽，最嫌偏陷。如误下此地，主淫乱少亡、贫穷绝嗣，不可不慎。若后龙真的，入首明白，星辰合格，证佐分晓，此穴至贵。

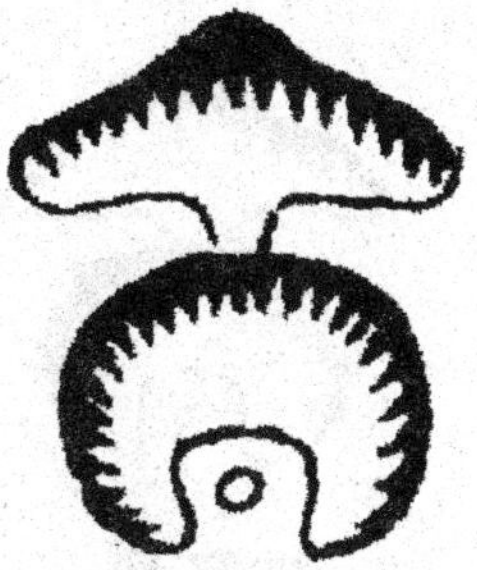

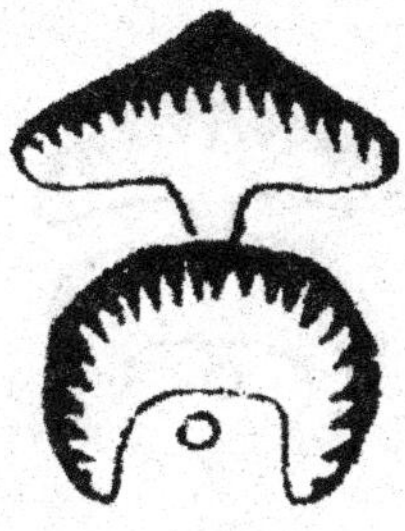

窝穴图式

窝形四格：深窝、浅窝、阔窝、狭窝

深窝图。深窝开口中深藏。然窝既深藏，不宜太深坑陷，须是深得其宜。惟窝中有微乳、微突，称作阳中有阴，虽深不忌。若无乳突，切忌深陷。又须窝中圆净，弦棱明白，两掬弓抱，才为合格。若窝太深陷，又无乳突，弦棱不圆，左右偏颇，即是虚窝，不可下。

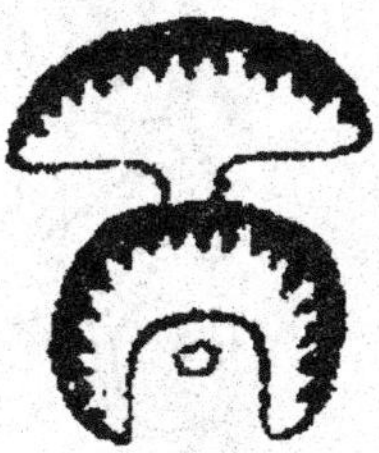

深窝图

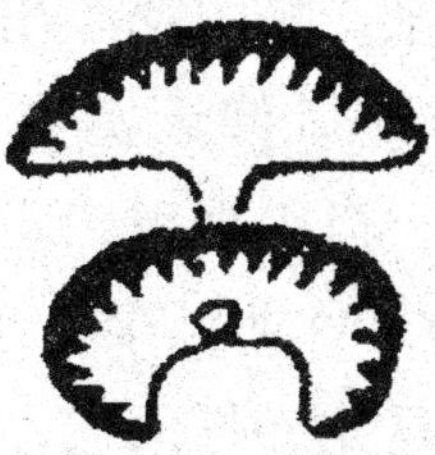

浅窝图

浅窝图。浅窝开口中平浅。不宜太浅，太浅则不明。须是浅得其宜，如金盘，如荷叶之类，而又窝中弦棱明白，两掬弓抱，才为合格。若窝中太浅，弦棱不明，懒坦无情，则非真窝，不可下。

阔窝图。此窝形之阔，开口中宽阔。窝既宽阔，不宜太深，须左右交会。要窝中有微乳、微突，就乳头突顶安扦，才为合格。不然，多是空亡虚冷之窝，气不凝聚。又须窝中圆净，弦棱明白，两掬弯抱，乃为合法。若窝形太阔，又无乳突，弦棱不明，左右偏颇，或两掬不交，则不可下。

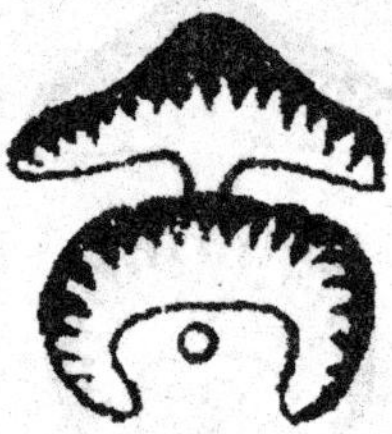
阔窝图

狭窝图

狭窝图。此窝形之狭，开口中狭小。窝虽狭小，也要相停，不可太狭。太狭则恐开口不真。须是狭小得中，如燕窝，如鸡窝之类，而又窝中圆净，弦棱明白，两掬弯抱，才为合格。若窝中太狭小，口内不圆，弦棱不明，左右不抱，则非真窝，不可下。

窝穴名地图。

右地在天台南门外，与县龙分脉后，起五星聚讲，开帐入局，又大断过脉，列芙蓉大帐。帐中穿心出脉，垂落清秀。入首结开口仰天窝穴。窝中圆净，两掬均匀，口中平坦，左右重重包裹，前朝秀丽，明堂融聚，水城绕抱，水口关锁，系艮龙，扦丙向，俗传仰天湖，赖布衣下。后余氏出朝议大夫，数代清贵，至今福祉不停止。

朱国本问：余氏此地，大龙开帐，穿心中落结美穴，明堂、龙虎、朝对、

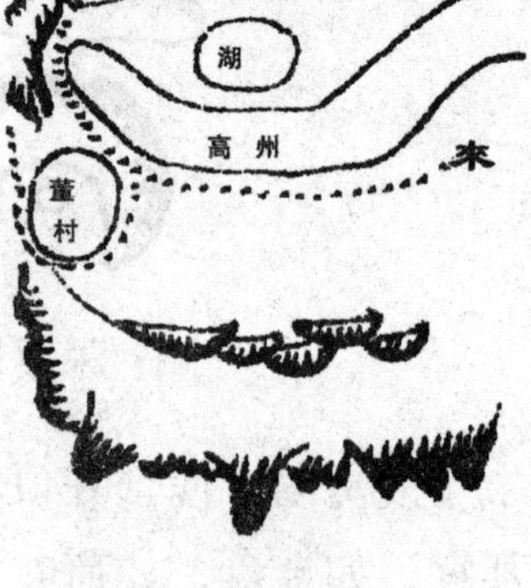

银邑余氏祖地

水城、水口，无一不贵。艮龙丙向，又合天星。赖公所下，葬法又善，宜其贵列三公。为何仅止此，何也？名师回答：善哉！问此地龙穴、砂水俱上格，葬又合法，而不显贵，有二缺点：少余气，无曜星。吴景鸾说："余气不去数十里，决然不是王侯地。"杨筠松说："龙真穴真只无曜，空有星峰重叠照。"所以说大贵须有余气、曜星，此地缺此。

窝穴为穴法第一格，惟要大小深浅适得其宜，不可太小，不可太大，不可太深，不可太浅。大窝、深窝又须窝内有微乳微突，方有化气。其小窝、浅窝，切有弦棱明白，两掬弯抱，窝中平坦天然，此为融结得真。如太小浅，恐开窝不明，又非真结。务宜细察，不可潦草，慎之！慎之！

2、论钳形之穴

钳穴即开脚穴。凡是钗，虎口，合谷，夹穴，单提、双臂、单股、弓脚等形，皆钳穴之别名。

凡是钳中微有乳，宜就乳头扦穴，忌乳头峻急，脚下落槽。凡是钳中微有窝，宜就窝中扦穴。忌漏槽、贯顶、界水淋头。

乃穴星开两脚也，平地高山皆有之。钳之为形凡八格，直钳，曲钳，长钳，短钳，双钳。此五为正格。又有边直边曲的仙官；边长边短的单提；边单边双的叠指。此三为变格。八格各有二体，一是钳中微有乳，乃乳穴之变来，宜就乳头插穴。要两边界水明白，顶头圆正。切忌乳头粗硬，脚下落槽，左右折陷，元辰直长。一是钳中微有窝，乃窝形之变来，宜就窝间扦穴。要弦棱分明，顶头圆正。切忌漏槽、贯顶、界水淋头，不可不审。八格之形，又各有俯仰不同。身俯则须微乳，面仰多是微窝，葬同前推。

钳形八格图：直钳、曲钳、短钳、长钳、双钳，以上五正格也；边曲边直钳、边长边短钳、边单边双钳，以上三，变格。

直钳图

凡直钳，左右两脚皆直。两脚既直，切忌长硬，须是婉媚短小为佳。若近前有案横拦为美。大要顶上端圆，钳中藏聚，才为合格。若两脚直长，拖拽太重，而上不周正，下复陡泻，内气既倾，外无拦截，则非融结，不可下。

凡是曲钳，左右两脚弯曲抱内。两脚既曲，最要弯如牛角，弓抱穴场，左右交牙犹妙。大要顶上端圆，钳中藏聚，才为合格。若两脚虽曲，顶不端圆，界水淋头，则非真结，不可下。

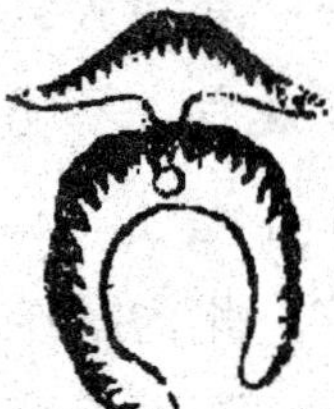
曲钳图

长钳图

凡是长钳，左右两脚皆长。两脚既长，切忌直硬，也不可太长，太长则元辰直泻，牵动土牛。须是长得其宜，而婉媚为佳。惟近有低案横抱，则不忌长。大要顶上周圆，钳中藏聚，才为合格。若两脚长硬，元辰倾泻，内气不收，外复旷野，则无融结，不可下。

凡是短钳，左右两脚皆短。不宜太短，太短则护穴不过，开脚不真。须是短得其中，或外有抱卫，才为合格。若短不护穴，至于漏胎。若外无包裹，穴必孤寒。兼以星头峻急，或不周圆，皆非真结。况短钳之穴，最忌粗大。惟嫩巧婉媚，头面光彩，四应有情为美。若反此则无融结，不可下。

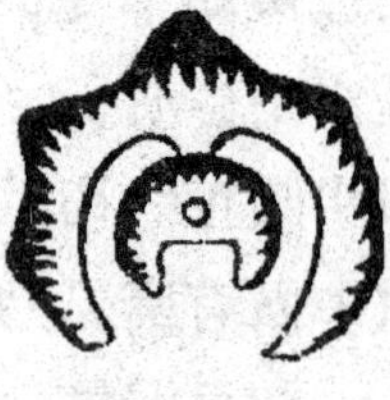
短钳图

凡是直钳、长钳，皆紧夹贴身，入穴抱掬有情。不似龙虎推车，长直无情之比，才为真格。

双钳图一	双钳图二	双钳图三

此两边齐对，一长一短，不相斗竞，乃为吉。	此两宫弓抱，一前一后，穿牙护穴，不相尖射，乃为吉。	此内两臂甚短小，名叫夹势，忌其尖射，名叫夹刃，凶。

凡是双钳，两脚左右皆生双枝。或三或四以上皆同。但钳多必须交牙为美，否则元辰太长，真气不聚。凡是双钳之格，有三体。有左右皆双到，要弯曲有情，不成相斗。有左右一前一后到，要交牙弓抱，不相尖射。有内两臂短小，廖金精称作夹势。不可尖射，尖射则为夹刃。夹势贵，夹刃凶。宜用工锄去尖利，作马蹄形则吉。大致上说双钳，宜左右相护交牙，才为合格。若两宫对射，或闲旷不交，皆非吉穴，不可谓其合双钳而用之。

凡是钳穴，各有二体。一是钳中微有乳，一是钳中惟有窝。

京山王御史催贵地：

在京山县南二十里名欧家冲。来龙远不详述。入局起御屏土星，正脉中落，逶迤数节，到头复束气，起金星，开钳结穴。钳脚掬抱，弯曲有情。下吐余毡平坦，明堂田源之水特朝。前沙天马、贵人、旗鼓、排衙罗列，水口交固，而兑峰卓立特秀，乃催贵之地。王氏葬御史虹塘公，宗茂公女配太史李公维桢，以茂龄膺诰封，是其应。今福祉方隆。

京山王御史地

凡是巽、离、兑三位之峰特秀，主出女贵。此地兑峰独秀，甲于群山，所以女贵应之。

3、论乳形之穴

乳穴即悬乳穴。一名垂乳，一名乳头，乃穴星开两臂，中间生乳是。

平地高山皆有之。乳形穴凡六格：长乳，短乳，大乳，小乳。此四为正格。双垂乳，三垂乳。此两为变格。六格各有二体，一是左右两臂弓抱纽会，一是左右两臂弓抱不纽会。

盖乳穴最忌缺露凹折，所以必有两臂卫区，才为真结作。六格之形，又各有俯仰不同。身俯则须脱煞就粘，面仰又宜凑球接脉，不可不审。若后龙真的，入首明白，星辰合格，证作分晓，此穴极贵。最忌两臂无情，左空右缺，折陷凹亏，水穿风射。《经》书上说“乳头之穴怕风缺，风缺入来人灭绝”说的就是这个道理。

乳形六格图：长乳、短乳、大乳、小乳。此四正格。双垂乳、三垂乳。此二变格。

长乳图	短乳图	大乳图	小乳图

此长乳，两掬中间垂乳长。不宜太长，太长则脉不活。前辈多以长乳分三停立穴，称作天、地、人三才之穴，必须要有宛然平坦处，审前后左右四势情意扦点。不可于峻急、直硬强勉凿穴。大要两弓将抱，一乳正中，不欹不侧，不峻不粗，才为合格。若长而硬，粗而峻，如饱肚肿脚，如竹篙，如掷枪之类，则非真结，不可下。	此短乳，两掬中间垂乳短。不可太短，太短则力微气弱。须是短得其宜，界水明白为佳。大要左环右抱，一乳正中，不粗不峻，才为合格。若太短而急硬粗峻，界水不明，或如覆箕，或如顿钟之类，则非真结，不可下。	此大乳，两掬中间垂乳大。大近于粗。不可太大，太大则必粗顽臃肿。须是大得其中，不粗不饱为佳。大要左右弯环，抱卫有情，一乳正中，不欹不峻，才为合格。若大而粗，硬而急，肚饱臃肿，阔大懒坦，则无融结，不可下。	此小乳，两掬中间有微乳。不可太小，太小则力微气弱。又恐左右两掬雄压欺穴。须是小得其中，乳头光圆，左右相称为美。大要两宫环抱，一乳正中，小而不弱，界水分明，不欹不峻，乃为合格。若太小而甚微，瘦弱尖细，左右欺穴，旁山高压，则非真穴，不可下。

双垂乳图	 雙星  麒麟	此乳形变格之双垂乳，两掬中间垂下二乳。要大小、长短均匀。可下双穴，福力相等。须星辰尊重，双乳齐垂，左右抱卫有情，才为合格。若一长一短，一大一小，一瘦一肥，一斜一正则非。宜审其特异下之。若更不周正，势非自然，必无融结，不可下。

三垂乳图		此乳形变格之三垂，两掬中间垂下三乳。要大小、长短、肥瘦相等。可下三台穴。须是后龙旺盛，气势弘大，方结此穴。必要三乳同垂，左右回环，才为合格。若是三乳不均，偏正美恶有异，宜审中乳合格下之。如中乳又不足观，则非融结，不可下。

乳穴，其乳下又各有出金、出木、出水、出火、出土五格。

乳穴名地图附下。

右地在银邑治南五里，土名桐木坞。其龙来远不述。比入局，开大帐，帐顶起三台，落脉磊落，如群羊出栈奔跃，数峰可爱。入首复大断过脉，转身顿起星辰结穴。中垂长乳，旁开两肩，穴安乳头，不急不饱。前吐余毡，右拖曜气。近案一山，紧关内气，逆收大河。前朝马上贵人，端拱有情。内堂紧夹，外洋开畅。赖布衣记曰：“桐木坞中扦甲向，三代郡侯家富旺。”余氏葬后，果出三郡守，曰述先，其一。皆守磁州，富盛不停止。

余氏三郡侯祖地

4、论突形之穴

突穴即泡穴。《葬书》云“形如覆金，其巅可富”是矣。凡是曰鸡心、鱼泡、鹅卵、龙珠，以及紫微旺龙等形，皆突穴之别名。乃穴星平中起突。

山谷之穴要藏风。所以山谷之突穴，须左回右抱，切忌孤露受风。卜应天说“山谷且要藏风”说的就是这个道理。平洋之穴要得水。所以平洋之突，四畔坦夷，也不为害。但要界水分明，水势注聚，或绕抱为佳。卜应天说“平洋先须得水”。

平地高山皆有之，而平地为多。高山之突，必须左右环抱，两臂周遮，才为真。切忌孤露受风，生气飘散。平洋之地，忽然起突，惟要界水明白，来脉分晓，左右虽皆平坦，也不为害。高山求窟，平洋求突，所以平洋多。俗谓蜘蛛结网、没泥龟蛇等形。盖平地风从地面而过，所以不畏风。

突穴之为形凡四格：大突，小突，二为正格；双突，三突，二为变格。四格之形，又各有俯仰不同。身俯则穴宜凑檐避球，面仰则穴宜凑球避檐，不可不审。若后龙真的，入首明白，星辰合格，证佐分晓，此穴最贵。盖起突之穴，灵光凝聚于中，余气弥漫于外，所以称作吉穴。大要突面光圆，形体颖异。高山切忌风吹，平洋必须得水，乃为至要。又有行龙引脉，水口罗星、关峡墩埠、山脚漏落、神龙仓库及印墩之类，皆有突象，称作假突虚突，务须详辨。如误下此地，主贫穷孤苦，飘荡伶仃，不可不慎。

突形四格大突、小突，此二为正格。双突、三突，此二为变格。图具下：

大突图

此大突，其突高大。平地高山皆不宜太高大。若太高大则近粗顽，不成突格。须是大而相停，不至粗肿顽懒为佳。切要突面光圆，形体颖异，乃为合格。大突多为水口罗星，以及龙身漏落仓库、金箱玉印之属，务宜详辨，不可误。

此小突，微起小突。平地高山皆不宜太小。若太小，则起突不真。须是小而合格，不至微弱无依为佳。切要突面光肥，形体颖异，乃为合格。如或微小，高低不明，界水旷阔，或水割四畔，微弱无依，皆非真穴。凡是小突多为引脉气泡，或关峡几珠，或印墩之属，务须详辨，不可误。

小突图

双突图

此双突，穴星并起双突。昔人称作双星，也有两畔生聊牙歧，昔人称作麒麟，皆可下两穴。切要大小、高低、肥瘦均匀，突面周正，形体颖异，才为合格。若大小不等，肥瘦不匀，高下参差，务须详辨，择特异下之。若彼此似可而不正，狐疑难辨，美恶不分，皆非真结，不可下。

三突图

此三突，穴星并起三突。昔人称作三台，可下三穴。切要大小相等，突面光肥，形体颖异，才为合格。若大小不均，又当审其特异下之。如彼此疑惑，美恶不辨，则非真结，不可下。

下地在江山县南六十里，土名石门龟山。龙脉发自江郎山，落脉下平田，过阔阪一里许，复束聚结咽，成芦鞭格，作银锭束脉，顿起大突，成太阴金星，连气结突穴。突上微开钳口，俗呼龟形，系巽、巳、丙龙入首，扦亥向兼壬。葬后出方泉公镗，登嘉靖丁未进士，入翰林，官至都御史。至今人才迭出，福祉不停止。

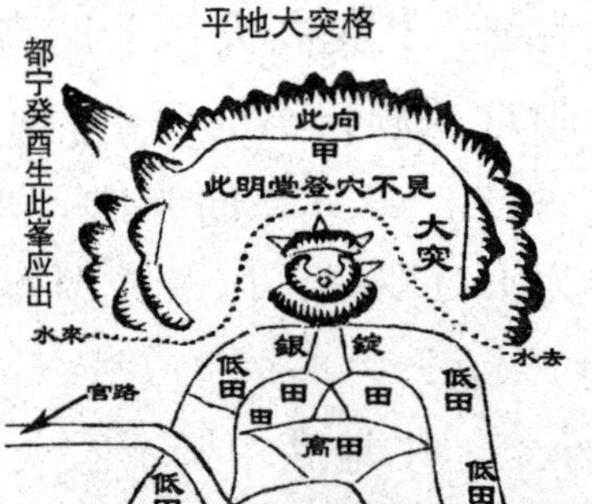

江山赵都宪祖地

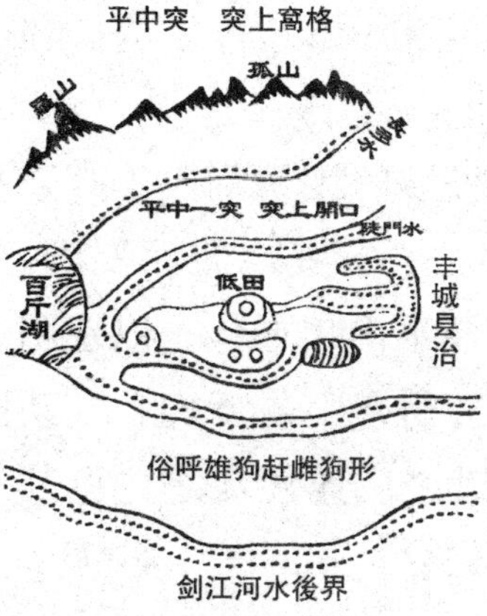

丰城沙湖丁氏祖地

左地在丰城县东半里，土名白沙墩。其龙结县后，余气崩洪过脉，复起平田，铺毡展席，马迹蛛丝。忽起平中一突，平面太阴开口，成天然之窝。但后龙穿凿，失其本体，不易察认。丁氏葬后，科甲迭登。官御史，寺丞富贵不停止。

已上是窝、钳、乳、突，穴形的妙用，举例说明。但造化之机，隐显不一。除正体之外，还有异形，及有窝钳而不葬窝钳，有突乳而不葬突乳数，又其怪体，隐微难辨。非名师传示，历审古格，骤而见之，必骇而疑。此等怪穴，形体虽然有不同，力量没有区别。必得真师传授，始识此格。慎之慎之！因为窝、钳、乳、突，把风水点穴讲的太清楚，所以把这些怪穴罗列出来。

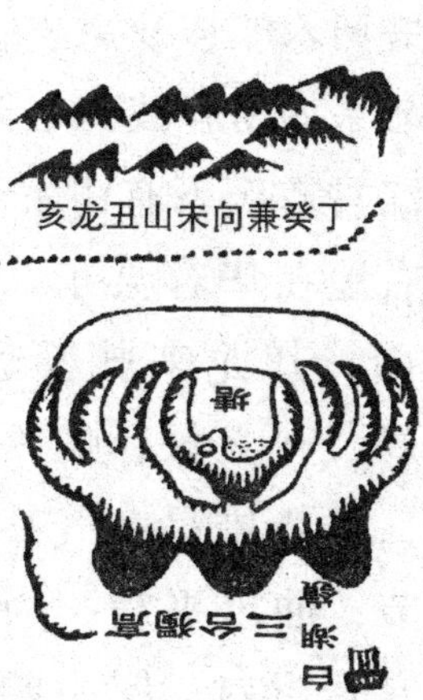

有窩而不葬窩格

有窝而不葬窝穴：左地在南昌白湖岭南。其龙分省龙之旺气，透漏而结穴。自鹤仙冈开金水帐，帐中抽出。至东城门渡峡，复到帐幕岭五星聚讲，横开仙桥大帐，中抽出。至西城门，又大断，起白湖冲天木星，清秀可爱。正脉渡江去结省城。此龙发自白湖侧面，成正体三台。中峰一线小脉抽下，复起太阳金星，老龙抽出嫩枝结穴。但正面夷坦，似窝非窝，乃是空窝，无气。穴闪一边，且落低平，结成下聚。昧或病其龙短。不知此乃大干旺处，寸寸是玉。矧三台一节结穴，为至贵之格。只是穴星有窝而不葬，极为难认。盖真气闪于左畔，略成微突，如老蚌吐珠，颖异非常。左右弯抱有情，面前河水缠绕，奇峰朝揖，真美地。宣德九年刘氏葬后，人财大旺，科甲缠联。何野云钳记录于后。

宣德十年，岁在乙卯，予道经南昌之梓溪，因访刘氏季直，相见如故，朝夕不怠。与论阴阳地理之说曰：“卜其宅兆而安厝之，此人子大事。自古以来，有国有家，莫不择乎山川形势，以定阴阳二宅，为子孙久远之计。”季直很赞同。又旬余，告予曰：“某旧年冬葬先室于白湖岭，愿师一鉴之。”予诺之。遂往观之。见其地诚为千载难逢之地，因留钳为后验云。钳曰：

湖峰美地穴难扦，左畔仙宫汝占先。
二十四神皆揖拱，三十八将尽朝元。
捣药杵声犹未息，此龙杖住老龙眠。
丑山未向坤申水，子息金阶玉殿宣。
先出文林并奉议，南乡北保置庄田。
税钱三万七千贯，金玉盈箱不计年。
三代神童如及第，生成铁树也生烟。
若问人丁多少数？芝麻一石数当添。
兄弟四房俱发福，烧些钱帋玉炉边。

江右雷氏下有钳不葬钳穴：

有钳而不葬钳格

右地在华容县东八十里，土名七峰山。其龙来脉甚远，不详述。比入局，开大帐，顿跌数峰，磊磊落落，龙势雄昂，气甚旺盛。却入首一节，抽出平缓，为芦鞭贵格结穴。穴开钳口，钳中陡峻，不能融结。乃就脉弃钳而点盖穴，沙水也皆应副。此缓来急受，所以不葬钳而挈高取穴，也以避其钳中之峻。此地为江右雷氏所卜。嘉靖已丑年葬，癸巳年生乔桂公，登戊辰进士，官翰林吉士，今福祉不停止。

有乳不葬乳穴：

有乳而不葬乳

右地在天台治南五里，土名长塘。其龙来远不述其龙法背面下。入首工字龙格，霞帔度脉。起土星挂角穴，乃脉从左来，穴以右受，有垂珠倒气，成太阳头脑，开口脑下，合土星角穴正格。所以不取乳，以中乳直硬不受穴，挂角聚气藏风，后有鬼星，前有毡褥，左右夹照，弦棱明白，证得穴真。俗呼眠犬形，怀中气动穴。葬后出肯由公鍧，登嘉靖丙戌进士，官衢州府太守，人丁大旺，巨富，税银千石，应例登仕籍衣冠数十人，福祉方隆。

名师刘永太下有突不葬突穴：

有突不壅突格

左地在永康县西五里。龙脉与邑龙数十里外分脉，逆溪水上奔。复盘转入局，逆田源朝北结穴。穴形奇怪有突。有突而不壅于突，不串龙势，不对明堂、龙虎，俗眼即为死气之处。左砂硬奔，拦在面前，明堂倾斜。殊不知十里田源暗朝，绕过明堂而缠玄武，大溪水交会，真龙尽气钟之吉。先一家壅下，退败迁去。名师刘永太复为徐氏指壅旧所。徐氏曰：“彼既不吉，何为壅旧穴？”刘曰：“浅深不同，乘气有异。且此地本主先凶后吉。今彼既已退败一代，而君壅则凶气已去，吉气将来。”徐如其言，壅之，果出侍郎。又科第数人，富贵不停止。今太守公师夔、师皋诸贵，皆出此地。

刘永太课说：巳山亥向。

一代伶俏二代贫，三代颇有读书生。

四代为官常近帝，五代六代榜联登。

论穴星

凡是点穴，须审入首之山成何种星体。真气融结都合星体。若入首之山不成星体，即是真气不融。杨筠松说：“观星裁穴始为真，不论星辰是虚诳。”但诸家星体，立法殊途，所以美恶吉凶，纷纭不一。徐善述兄弟，张子微以五星为正，杨筠松廖金精以九星为变。但是人不知五星即五行。五行之变，不可胜形。然则九星又不能尽变！惟其融结成穴，虽然有正变不同，而其形体从来没有离开过五星。所以说五星有一定不易之理。今以五星为主，定为穴星三格。分端正为正体，偏斜为侧脑，倒地为平面。加以窝、钳、乳、突四象，风水穴法的道理就容易多了。

1、穴星体三大格

一正体：所谓正体，以其星辰头面端正，而规模尊重。凡是正体穴星，钟五行之正气，融星象之正形，所以其结作，若星体清秀，龙合上格，主极品之贵。星体庞浊，龙非正格，也主小贵巨富。

二侧脑：所谓侧脑，以其星辰头脑偏斜，而形体欹侧。凡是侧脑穴星，头颅虽然有不同，融结本没有什么区别别。但其闪巧奇藏，所以必以乐托为准。若星体清秀，龙合上格，主贵，有威权。若星体庞浊，龙无正格，主悭吝、诡诈、殷富。

三平面：所谓平面，以其星辰倒地，而形体平夷。凡是平面穴星，高低虽然有不同，力量本无二样。若星体清秀，龙合上格，主富贵绵延。若星体庞浊，龙格不明，也主富厚。

穴星不光有此三格，更要在穴星找出窝、钳、乳、突之形，才是有真穴。所以说以正体、侧脑、平面列为穴星三大格，而各贯以窝、钳、乳、突之形，一定要分清。

2、五行穴星诸形

金星形圆，有二体：上下俱圆叫做太阳金，上圆带方叫做太阴金，都有正体、侧脑、平面三格。

金星形圆

正体金星，形圆而端正也，穴结于中；
侧脑金星，形圆而身侧也，穴结于旁；
平面金星，面仰而身圆也，穴结于顶。

木星形直

正体木星，头圆身耸而端正是也，穴结于中；
侧脑木星，头圆身耸而欹侧是也，穴结于旁；
平面木星，面仰而身平长硬是也，穴结节苞。

水星形曲

正体水星，头圆身曲而端正是也，穴结于中；
侧脑水星，头圆身曲而欹斜是也，穴结于旁；
平面水星，面仰身曲而倒地是也，穴结于顶。
火星形尖，所以不结穴。

土星形方

正体土星，头方身平而端正是也，穴结于中；

侧脑土星，头方身平而欹侧是也，穴结于旁；

凹脑土星，头方而中凹身平是也，穴结凹下；

平面土星，面仰而身方倒地是也，穴结于顶。

金、木、水、土诸星结穴，必须皆有窝、钳、乳、突之形，方是有穴，真气融结。若徒有星像，而无窝、钳、乳、突之形，即是无穴，真气不结。盖穴法推其极致，星也为轻。何也？山固有周正光彩，成好星辰而不结地。纵观天下名墓，就是怪穴地，多是穴形合法，只丑不成星，而人遂以为假。此可见星之轻。然舍星则又不可，所以必以形与星合为准焉。形、势二字，即龙、穴二字。审此数语，可知地理之法虽重于龙，尤重于穴。穴若有差，龙吉何益？所以说“望势寻龙易，登山点穴难。若还差一指，如隔万重山。”

论穴有证

真龙结穴，必有证佐。证佐明白，穴才能说是千真万确。所谓证佐，即求之于穴前则朝案美，明堂正，水势聚；求之于穴后则乐山峙，鬼星撑；求之于穴左右，则龙虎有情，缠护俱夹；求之穴下，则唇毡正；求之于穴的四方，则天心十道全；求之于界水，则分合明白。以上所说的种种，皆是穴之证佐。所以点穴之法，必以此数种为标准。于此而精察之，怎能不得点穴要领？

1、论朝山证穴

《撼龙经》说：“真龙藏幸穴难寻，惟有朝山识幸心。朝若高时高处下，朝若低时低处针。”《指南》说：“古人一语值千金，高欲齐眉低应心。”《圆机歌》说：“秀应在左穴居左，秀应在右用右奇。”都是讲朝山定穴之法。

朝山高，穴宜高；朝山低，穴宜低。朝山近，恐凌压，穴必上聚，宜寻天穴；朝山远，则气易散，穴必融结于低处，或就堂气，或就下砂，宜寻地穴。秀应之沙在左，则穴宜向左；秀应之山在右，则穴宜向右。然又有远近不同。其外洋远朝之山虽秀丽，只要面前有，不必拘于登对。登对合法，固是全美。或徒贪外洋远秀，而失坐下穴场气脉，则尤不可。所以朝山证穴之法，必以近案有情为主，其外洋远应之峰，虽不甚登对，也不为碍。大致上说天造地设，必是近案有情。所谓有情，求之水城必美，求之向家必利，求之后乐必对，求之四围必无缺陷。若徒贪外洋，则近身必有不合不利之处。蔡西山说：“秀峰当面，固是嘉美。必不得已，当以近案为据，不可取外洋而弃近案。”卜应天说：“外洋千重，不若就身一案。”又说：“欲求真的，远朝不如近朝。”又说：“多是贪远尖而嫌近小，谁知就近是而贪远非。”大致上说明堂案对，也门户外事，当内以穴中葬法、乘气为主，外立门向，以纳堂案之秀。所谓“内藏黄金斗，外掩时师口。四势任君谈，五行当自守。”龙真穴真，而葬乘于法，变吉为凶，侯虏有间如此，可不慎哉！《葬经》说：“穴吉葬凶，与弃尸同。”杨公谓“地吉葬凶祸先发，名曰弃尸福不来。”卜应天谓：“地虽吉而葬多凶，终无一发。”诸公之言，信不我欺矣！

又有特拜之朝，开面秀媚，真作证。如乐平戴家秦广一公地。

亥龙，转庚酉辛，入丁，作亥向。地名双坑，又名汪坑。

戴广一公地

右地在乐平十六都，土名汪坑口。其龙来脉甚远。入局为平岗。忽磊落数节，龙势大旺。转身逆盘结穴。后托du远。只是当面两水夹送一山，顿起圆整，开面秀媚，拜伏尊重，有情可爱，证得穴真。穴下平坦，明堂融聚，水口交固，也自相应。初年，乐邑名师魏克政为广一公卜以堇子。葬时说：“三朝小凶，一七大凶。凶过而发福攸远，富至万石。”果然三朝而虎伤一马，一七而公病。公遂命把子墓迁出另葬，以此地为己茔。未几时，公卒，遂葬之。葬后人丁大旺，巨富冠乡，积谷数万石。旧有偈说：“獭赶鲤鱼走，走到汪坑口。有人葬得着，量金须用斗。”

2、论明堂证穴

杨筠松说“立穴欲得明堂正”。又说“真气聚处看明堂”。又说“凡是看疑穴观堂局，堂局真处抱身曲。”《琢玉集》说：“斜侧偏正脉真的，更向明堂觅。明堂不背水城弓，扦着产英雄。”《明堂经》说：“斜巧正拙，难可优劣。有情于我，是为真穴。”是皆明堂证穴之说。

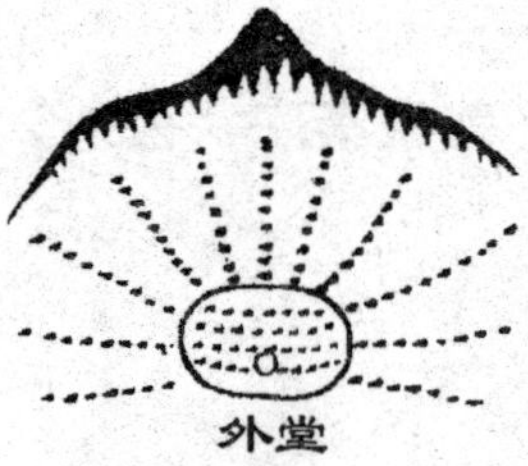

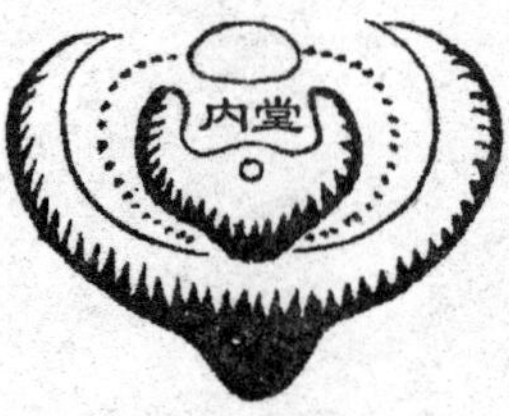

寻龙之法，先求气脉。点穴之法，先定明堂。所以曰“穴证明堂堂证案”。若明堂不正不聚，而倾泻倒侧，则是真气不融，纵有美穴，也须弃置。吴景鸾《口诀》说：“明堂倾倒，休夸穴好。”所以说真穴必有真堂。

明堂有三说：小明堂，中明堂，大明堂。小、大明堂，又称作内、外明堂。小明堂在圆晕下，最为立穴紧要。见此小明堂平正，可容人侧卧，则穴居此，不可左右上下。如误扦，则为失穴。中明堂是龙虎里，立穴要使相交会，否则失消纳。大明堂在案山内，立穴要向融聚处为真，否则非惟失穴，恐结作皆伪。所以明堂定穴之法，不可忽视。

3、论水势证穴

《葬经》云“得水为上”。杨筠松说“未看山，先看水。”又说“凡是有真龙与真穴，必有潮源水合聚。”又说“山随水曲抱弯弯，有穴分明在此间。”廖金精说“真龙落处众水聚。”又说“穴居隐怪却难扦，细把水来辨。”皆谓真穴必然诸水会聚，或绕抱，或潮入。有此水势，穴必在焉。所以曰“不知水，不足以言穴。知水之所趍，则知穴之所止。”是以登山点穴，须看水势。如水势聚于左堂，或水城弓抱左边，则知穴居左。若水势聚归右堂，或水城弓抱右边，则知穴居右。若正中水潮，或正中溶注，或正中水城圆抱有情，则知穴居中。若潮源远，则明堂宽，穴宜高；或元辰长，局势顺，则穴宜低。此皆水势定穴之正法。

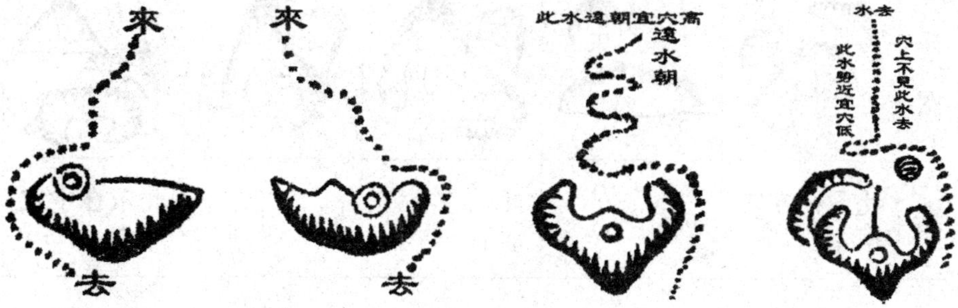

图　例

4、论乐山证穴

乐山是穴后应乐之山。不拘本身山、客山、护从翼蔽之山，或起峰峦，或不起峰峦，或尖或圆，或方或长，或高或大，或暗或显，惟要有此。穴上见为上，明堂中见次之。

凡是横龙结穴，必要枕乐。如没骨、凹脑、侧脑诸穴尤紧，无乐则穴不真。所以枕乐证穴之法，乐山在左则穴居左，乐山在右则穴居右，乐山居中则穴居中。左右俱枕乐山，则必结双穴，或结一穴居中。乐山近则依近，短则取长，少则枕多。以乐而推，一定不易。乐在此，断穴在此住，过则风摇。若撞背特来为乐，力尤大，横来贴穴成星体也美。其或如屏如帐，如华盖、三台、玉枕、帘幕、覆钟、顿鼓等形，又乐山之至贵。虽其乐穴，又不可太高雄耸峙，有凌轹欺压之势，嵯峨可畏之状。如有此，则不可以其为乐而依之，当回避立穴。如左山压穴，则穴居右；右山压穴，则穴居左；前山压穴，穴归后；后山压穴，穴居前。四围山皆均平，穴居中心，切不可取雄强可畏为乐，犯此必凶败。然既称作乐山，则自不欺压，欺压决非真穴。

《俯察》诗说："左高龙气须归右，右耸穴居左畔藏。莫把乐山同概论，压山凶祸寔难当。"

乐穴图		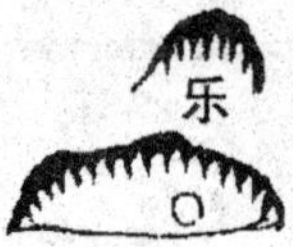			
说明	此乐在左穴居左	同左图	此乐在右穴居右	同左图	此乐在中穴居中

乐穴图	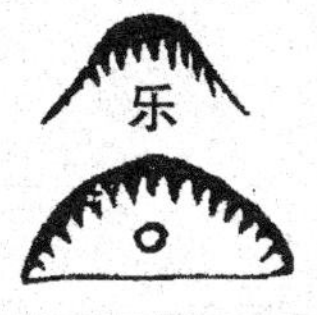				
说明	同右上	此乐在两边穴居中	乐在四应穴居中	此以长为乐	此以多为乐

5、鬼星证穴

鬼星证穴，惟横落偏斜之穴，穴后必要有鬼星。其直来撞背结穴，则不必论鬼。吴香山说：“穴有偏斜处，却有借鬼为证。”廖金精说：“横龙出穴必要鬼。”盖横落偏斜之穴，后宫无鬼则空缺而气不融聚。所以鬼证穴之法，鬼在此止，穴在此住，鬼在彼生，穴在彼处。鬼不抱身而散漫，则不结穴。大要使穴场截得鬼住，以收回鬼气。若立穴稍偏，则鬼夺气去，穴不能收，则为失穴，祸败随至。是故鬼高则穴高，鬼低则穴低。鬼出于左穴居左，鬼出于右穴居右。所谓对鬼坐穴，即鬼星证穴之法。然鬼也不可太长，太长则夺我本身真气。又有横龙天财穴，气蹙于前，宜后宫仰瓦，则取其两边生来之孝顺鬼矣。

此鬼星撑于穴后正中，所以穴安中。	此以鬼撑在左，穴居左。	此以鬼撑在右，穴居右。	此两旁拱抱，名叫孝顺鬼，吉。	此一边逆抱托穴，吉。若顺托，贴身弯抱有情，也吉。	此对穴护托鬼，吉。

6、论龙虎证穴

董德彰《秘诀》说："观龙虎住处，定穴之虚寔；观龙虎先后，定穴之左右。龙有力则倚左，虎有力则倚右。龙虎低则避风，就明堂扦地穴；龙虎高则避压，舍明堂寻天穴。"范越凤说："龙强从龙，虎强从虎。"皆龙虎定穴之大法。诚以龙虎为卫区亲切，穴场取以为证，也至当不易之理。是故龙山逆水则穴依龙，虎山逆水则穴依虎。左单提则穴挨左，右单提则穴挨右。龙虎山高则穴也高，龙虎山低则穴也低。龙山有情穴在左，虎有情穴在右。龙虎山皆有情，不高不低，则穴居中。此皆龙虎证穴之要诀。复有龙山欺穴，宜避其龙而依虎，虎山压塚，须避其虎而依龙。龙山先到则收龙，虎山先到则收虎，皆莫不以龙虎二山而取则焉。其有无龙虎，则卜应天有云"无龙要水绕"。左宫无虎要水绕右畔，此不易之论。穴依其有，不依其无。

7、论缠护证穴

缠护，譬若贵人之有奴隶。奴隶之侍卫，不敢远离于贵人之侧，也不敢近逼于贵人之身。是故缠护证穴之法，护于此拱，穴于此立；缠于此绕，穴于此取。毋敢或离，毋敢或背，此缠护证穴之大法。葛溪氏说"凡是地有三塔两塔，当以送山定之。送短穴在内，送长穴在尽，送偏穴也偏，送尽穴即止"说的就是这个道理。

8、论唇毡证穴

唇毡，穴下余气之发露。大曰毡，小曰唇。毡如毡褥之毡，唇谓嘴唇之唇。凡是真龙结穴，必有余气吐露而为唇毡。所以毡在此铺，穴在此住；唇于此吐，穴于此扦。天造地设，自然之应。无此即非真结作。横龙之穴，尤须认此，不可忽。杨公《龙经》说：“贵龙落处有毡唇，毡唇之穴富贵局。问君毡唇如何认？穴下有坪如鳖裙。譬如贵人有拜席，又如僧道毡具伸。真龙到穴有裀褥，便是枝龙也富足。”

	此横结穴，直仿此。	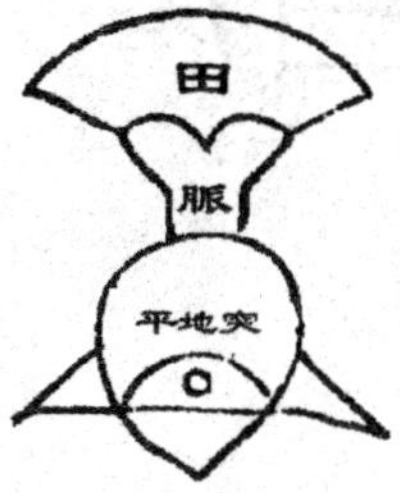	凡是穴下铺毡，宜平坦圆正。大曰毡褥，小曰吐唇。有此则穴真。

9、论天心十道证穴

天心十道，前后左右四应之山。穴法得后有盖山，前有照山，左右两畔有夹耳之山，称作四应登对，盖照拱夹。所以此证穴，不可有一位空缺。凡是真穴必有之。点穴之际，须宜详审，勿使偏脱。纔有偏脱，即为失穴，吉地变为凶地。所以左右夹耳之山，不可脱前，不可脱后。前后盖照之山，不可偏左，不可偏右，如十字登对为美。《琢玉集》说：“发露天机真脉处，十字峰为据。”

十道吉图

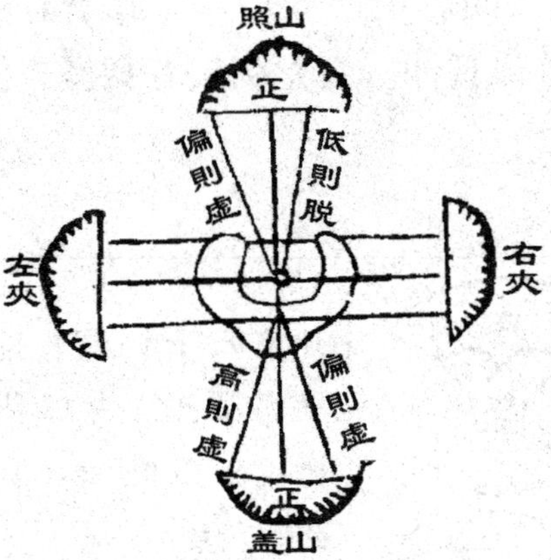

十道不吉图

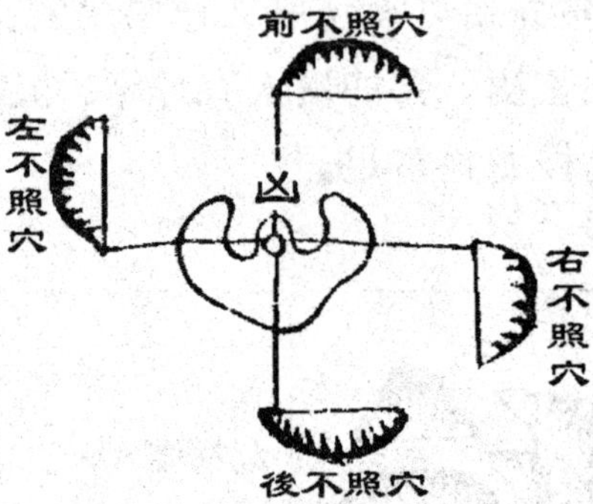

此天心十道不应，不是真地也，不可下。

下地在顺昌县，土名沙口下，金盘形，珠上穴，乃郭子云下。其龙开帐，自帐中抽下，大顿小伏，左栖右闪。将及结穴，撒落平田。田中复起一突，前后左右四金相照，有合天心十道，穴甚清巧可爱，真美地。葬后出廖元，官副宪；廖忠，为县令。科第数人，迄今荣盛不替。

十道证穴格

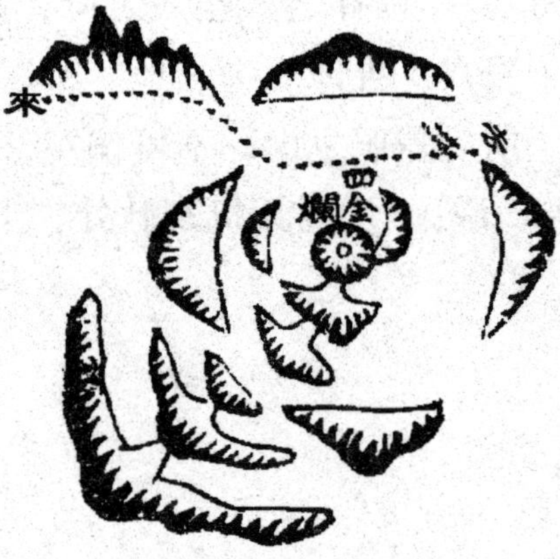

顺昌县廖副憲祖地

10、论分合证穴

"大凡点穴，先看大八字下有小八字，两边有虾须水送气脉下来，交到三叉尽处，必开口。然如是，又要辩认上分下合分晓，方知真假。若上面有分，下面有合，阴阳交度，乃为真穴。或上面有分，下而无合，则是阴阳不交度，乃为假穴。分合有三：其一乃球檐水分来下合，为第一合；其二乃小八字水分来下合，为第二合；其三乃大八字水分来下合，为第三合。

《神宝经》曰："三合三分，见穴土乘金之理；两片两翼，察相水印木之情。"

按：此皆穴中之至秘。有合无分，则其来不真，内无生气可接。有分无合，则其止不明，外无界脉之可证，皆非真结作。所以分合证穴，最为的切，不可不察。但分合之说，须名师口传可。不然，则多有误。盖窝钳之穴，无传度口功，鲜能知之，所以尔。

已上证穴诸论，姑就其常理而言之。又当活泼，不可拘执。地有无朝应、明堂、鬼乐、龙虎、缠护、夹照而有结作，岂可尽泥于此乎？噫！非圆机之士，其孰能之？

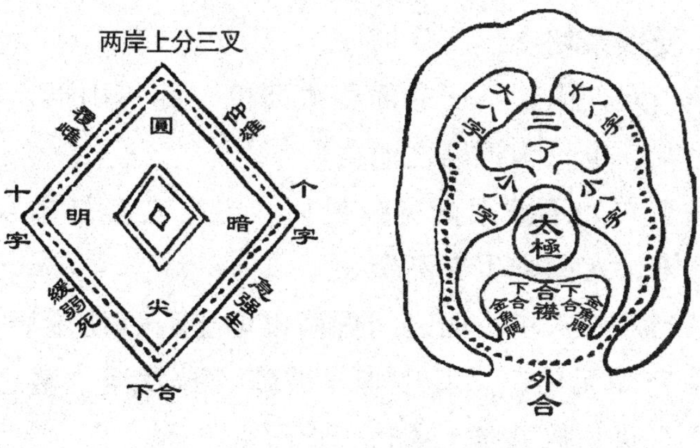

分合图

论穴之所忌

穴之所忌，从形而察之。葬乘生气。而气囿于形，因形察气。所以山粗恶其气暴，山单寒其气微，散漫则气也散漫，虚耗则气也虚耗。及巉岩、陡泻、臃肿、凹缺、幽冷、峻急、顽硬等类，皆莫不以形而见其气之吉凶。点穴当避开如下，（1）粗恶山势粗雄丑恶，或带石蛮大，而不嫩媚细巧。

峻急山势峻急而不能立步。凡是立穴处，贵其平坦柔缓，忌其峻急直硬。峻急本无容受，不融结。

单寒是孤山独垄，四面无从，或临穴孤露而不藏聚。

臃肿是星辰粗臃肥肿，而不开钳窝头面。

虚耗是龙气虚弱，而蛇、鼠因得之以伤耗。生气融聚之处，其地坚寔，物固无能伤耗之。凡是开穴见有龟、蛇、虫、鱼之物，切勿妄有所害。

凹缺是凹陷低缺。当立穴之处，贵其周密遮帐，忌其左空右缺。若适当穴处凹缺折陷，贼风射穴，最为不吉，决主人丁绝灭，左长右幼，受祸亲切。

瘦削是当穴处山形不肥彩而弱瘦薄削。此等山形，不须寻地。纵是入格之龙，也只为神栖之地矣。

突露是当穴处不藏聚而突露受风。突露穴多是单寒龙。盖龙孤则生气不来，穴露则生气不聚。

破面是当穴处穴星头面之间掘凿以取土石，使星辰头面破碎。立穴处欲其完固无伤，忌其破碎。破碎气脉发泄，葬之则有祸无福。凡是此不问龙脉贵贱、真假，皆不取。

散漫是懒坦阔荡。凡是立穴，贵其收敛束聚，忌其散漫。若穴场懒坦阔荡，而无界水，又无突窝，则无融结。于此下之，主黄肿贫困，渐以绝人，不可不慎。

幽冷是阴幽寒冷之地。主养尸不坏，虽百年余，开棺如生，而不改色，皮肤莹嫩。露风之后，始变色。大凡养尸之地，乃是龙无真脉，山无正穴，而葬处脱脉无气，只是四山高帐，不受风吹，此乃阴寒凄冷，所以能养尸。

尖细是当穴处尖鋭微细。董氏说：“枪头莫下，鼠尾休扦。“以其尖细微弱，生气不钟故。却有大山撒落坪坡，气聚尖头是要尖处起突，复有钳口，有包裹方可。

荡软是当穴处塌阔荡旷，软如牛皮懒坦是。立穴处宜束聚，束聚则有生气。忌其荡软，荡软则是死块，不可扦穴。平地最忌，若误下之，主水浸尸骨，家厄消耗，人丁乏绝，至为凶恶，不可不慎。

顽硬是山形死直，不活动而粗头急硬。凡是立穴处，贵其活动宛媚，忌其粗顽急硬。盖此等顽硬，非峻直即多倒地直急之山，本无融结，不可立穴。

巉岩是临穴处石出峥嵘，凡是立穴处，宜皮面光彩，忌恶石巉岩。若不知避此而误下之，主凶恶煞戮，军配争斗之祸。也有大龙气盛，结穴星辰有石磷磷，却穴间不见其巉岩可畏之形，而为石山土穴，又是好地。

论定穴之要

定穴固在于主山：阳来阴受，阴来阳受；斜来正下，正来斜下；直穴曲，曲穴直；急穴其缓，缓穴其急；硬来软下，软来硬下；山高昂则扦低平，山低平则扦高昂。此一定不易之法。而太极、两仪、三势、四煞与饶减、向背、近取诸身、远取诸物等诀，也皆定穴之要，现辑而观之。

1、以三势定穴

三势，乃立势、坐势、眠势。即天、地、人三等穴法。廖金精说：“一个星辰有三势，坐眠立各异。立是身耸气上浮，天穴此中求。坐是身屈气中藏，人穴最相当。眠是身仰气下坠，地穴斯为是。”此三势之定格。

天穴：仰高穴、骑刑穴、凭高穴。地穴：乳头穴、脱煞穴、藏龟穴。人穴只有一种，名藏煞穴。

天穴，山势如立，星头如俯，出脉、结穴、生晕皆高，朝对、龙虎、四势相等，明堂、水城件件应副，穴前又有平地，此皆山水结聚于上，移下则散。其体有三：在山顶上，名仰高穴，在星头下，名凭高穴，皆用盖法；在山脊间，名骑刑穴，天财搭脊皆是也，用撞法。他如巅穴、雄穴、坐煞穴，凡是上聚之穴皆是。穴虽高，而登穴临局，如在平地，不觉其高方可。况天穴如乘风而下，脉来宜缓，若脉急则非。

	穴在巅岭仰面，所以叫做仰高。要立穴处有平坦为真。		穴在星头之下，所以叫做凭高。要立穴处有平坦为真。
	穴在龙脊上，所以叫做骑刑，要立穴处平坦为真。也叫玄武吐舌。《吴景鸾穴法》说：“玄武嘴长高处点，高处寻平坦。”杨公称作地刦。《经》说：“地刦穴下原有嘴，玄武扛尸正谓此。退田笔动土牛走，其寔玄武长而已。虽长山水若横拦，地刦翻然增福祉。”与压煞穴同。		

地穴，山势如卧，星头如仰，出脉、结穴、生晕皆低，朝应、龙虎四势相等，明堂、水城件件应副。此是山水结聚于下，移上则散。其体有三：在山麓即悬乳穴，在星体之下即脱煞穴。其在正体之下，忌交剑水，如月形藏龟，所谓“水边花发水中红”也，宜用粘法。在平地之上，田之中，即藏龟穴，宜用撞法。地穴就水而下，脉来宜急。此穴得水近堂，若明堂端正，水合法度，求富甚快。

	悬乳穴在垂乳头，粘山麓处结穴，宜用粘法，以缀杖下之。
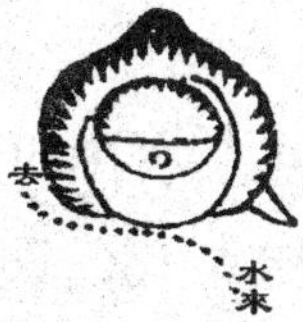	脱煞穴在星体之下，离山脉处结穴。宜用粘法，以离杖下之。
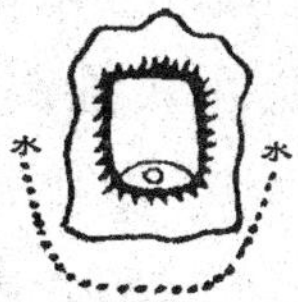	藏龟穴在平地，有微钳微突处结穴，宜用撞法下之。

人穴，山势如坐，星头不俯不仰，出脉、结穴、生晕皆不高不低，朝应、龙虎、四势相等，明堂、水城件件应副。此是山水结聚于中，移上移下皆散，唯一体，在山之腰，名藏煞穴，用撞法。若脉来急，用倚法。人穴避风而下，来脉宜不缓不急。

人穴唯此一格，在山之腰。脉来缓，穴居其中，即撞法。脉来急，穴居一边，即倚法。穴不可太高，太高则为天罡穴，伤龙；不可太低，太低则为泥水穴，伤穴。

天穴主贵，地穴主富，人穴有富有贵，此

大概之言，不可信。但贵地多高明，富地多沈暗。高明多是天穴，沈暗多是地穴。盖贵地其龙穴沙水自然清秀，天穴山水扩，富穴多临田醮水，山不明，水不秀，而近于浊，也自然之应。

凡是高穴不可拘明堂，但要沙关拦，穴上不见水出，或全不见水也不妨。杨筠松说“高山不论水”。张紫琼真人《穴法诗》说：“上停之穴家豪强，宾主达特龙虎昂。高山不必问流水，时师休要泥明堂。”廖金精说“若是穴高明堂远，只要有城转。莫因此样便疑心，龙住乃为真”说的就是这个道理。

2、以三停定穴

凡是三停点穴之法，即天、地、人三才穴法。当点穴之际，须仔细取诸山相称，避凶煞，合法度，点裁不可潦草。若左右山低，应案又低，须就财禄而点地穴，不可贪远山而点天穴与人穴，误。如点天穴、人穴，则左右山皆踏倒在脚下。既踏落左右山、应案山在脚下，便是财山不上手，定主资财耗散。况四山既低而穴独高，必然孤露，便受风，主子息伶仃孤寡。若左右山高大，应、案山也高大，遮蔽前山，虽寻高处，见前山分明，合点天穴，不可怕穴高水跌。又玄武觜长，反点人穴、地穴，俱为误。如点人穴，则左右山，应、案山欺压过眼，主子孙顽钝，福禄不旺。若点地穴，则左右山，应、案山压倒穴场，主子孙衰绝，祸患频并，久则人丁绝，财产败尽。若左右山，应、案山不高不低，则当就财禄而点人穴为当，不可怕玄武长水跌而点地穴。其地穴虽是财禄不退，也不能大兴发，又且不耐久。况四山高压，必不旺人。也不可贪远秀而误点天穴。盖天穴高而财禄低，主冷退财产，以及离乡败绝。

前篇三势定穴之法，乃以穴星为主，因穴星有坐、眠、立三势，则其气之所聚也因其势而分天、地、人三等，此自然一定不易之理。此篇三停取穴，乃以一山分三停，因四应之山高低，而随其应之高低，以定穴之上下，必有自然窝坦，在心目之巧而审的之矣。

三停图	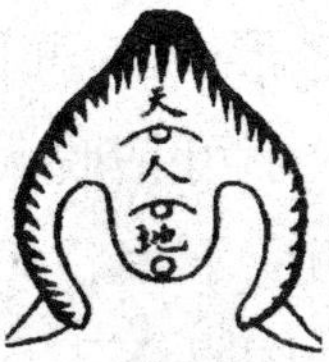	三停穴，要宛然窝坦，可藏车隐马，乃是真穴。若平坦在上，是上停穴；在山腰，是中停穴；在低处，是下停穴。正面天人地三穴：天穴登风而下，要有窝藏聚；人穴避风而下，要上不急，下不陡；地穴就水而下，要四山低，来势猛。
侧面三才		侧面三才，乃穴星侧面处有窝坦。在高曰天穴，在中曰人穴，在低曰地穴。俱要立穴处不峻，有窝坦为真。侧坡天人地三穴：侧坡也有三格，与正面穴法相同，皆要生成窝泡方是，若免强凿穴则非。

张子微《玉髓经》说："劝君不必论三才，但要天然穴自在。"穴法乃天造地设，不可迁易。虽或有回避恶煞，或有贪见前面山水为之高下，也是天然宜高宜下，非人力所能迁就。

但有一星而结二穴三穴俱可下，然终归重于一穴为正。

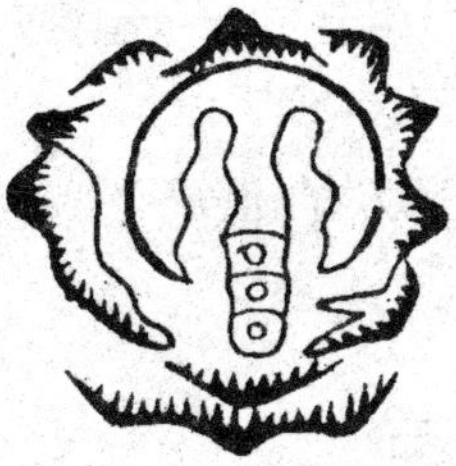

新安王知县祖地

左地在新安，土名赤山，系蟒蛇出洞形。初葬下穴，出莆田主簿，很快败。又一家葬中穴，出莆田县丞，又败。王氏得之，葬上穴，出贵也莆田知县，富贵悠久。天地人三穴皆官莆田，是分野之应。三穴以王氏为正穴。

3、以四煞定穴

四煞定穴，一般少有人说，四煞为，藏煞、压煞、闪煞、脱煞。廖金精说："点穴必先分四煞，留心莫乱挖。"所谓煞，即尖利与直硬之总名。所以云“恶煞无过直与尖，真个得人嫌。”然也有二说：一是来脉入首结穴处带煞，一是穴星及左右龙虎山带煞，皆当以此四煞法定穴。凡是来脉悠扬和缓，不直不急，不硬不峻，则下藏煞穴即撞法也；来脉直下吐出尖利急硬之形，不可回避，又难剪除，则下压煞穴即盖法也；来脉直出头尖，不可粘脱，四势中聚，则下闪煞穴即倚法也；来脉急，山势峻，四应下聚，则下脱煞穴即粘法。此以来脉之四煞定穴。四煞法定穴。图具下：

此穴不饶减

藏煞穴

廖金精说：“两边圆净名全吉，藏煞穴第一。无饶无减穴居中，妙用夺神功。”穴星左右两脚下皆圆净，并无尖直，来脉和缓，结穴自然，所以叫做藏煞。

高则群凶降伏

压煞穴

廖金精说：“穴下如生直尖脚，压煞穴宜作。骑刑高下自无凶，挨金法一同。”穴星左右或脚下尖直，来脉结聚于上，以其穴在高处，所以叫做压煞穴。

廖金精说：“气脉直来形势急，脱煞穴宜立。须知粘穴落平夷，休嫌穴水泥。”穴星形势峻急，左右低下，穴居低处，所以叫做脱煞穴。

挨左　　挨右

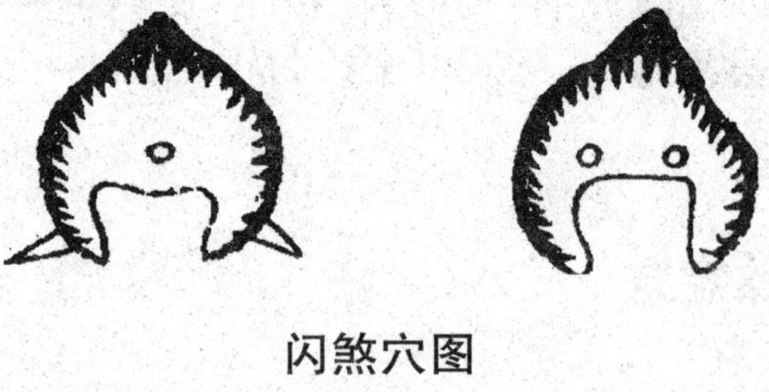

闪煞穴图

廖金精说：“一边尖直来相从，闪煞穴宜用。从来倚脉也如然，莫道穴居偏。”穴星或左或右有尖直，穴挨圆净，躲在一边，所以叫做闪煞。

4、以饶减定穴

饶减为消长阴阳之义，收左右沙水顾穴。大致上说以先到为主，而以逆水下关为是，多在龙虎二山消息之。所以龙山先到则减龙而饶虎，其穴必居左；虎山先到则减虎而饶龙，其穴必居右。穴左则取左山为关，须右边水过宫锁断；穴右则取右山为关，须左边水过宫锁断。自上而下称作饶，自下而上称作减。又说多为减，少为饶。而饶减也称作顺逆。

 饶龙减虎	山先到虎抱龙，穴向右枕左，为饶龙减虎。要水自左来，从右去，右山逆水。	 饶虎减龙	山先到龙抱虎，穴向左枕右，为饶虎减龙。要水自右来，从左去，左山逆水。

5、以聚散定穴

气聚吉，气散凶。所以立穴之法，当察其气之聚处扦之。

聚散有二种：有大势之聚散，有穴场之聚散。必先审其大势之聚散，然后审穴场之聚散。所谓大势之聚散，众山团聚，众水相汇，罗城周密，风气融结，补缺帐空，不陷不跌。有此大聚之势，则当于此审受穴之山，观其来脉止于何所。脉止之所，有宛然窝窟，或垂乳，或开口，或吐唇，或为钳，或为泡，四山拥从，下手有力，此气之聚处。必有界水分明，上有分，下有合，前有应，后有乐，是为真气融结。其明堂之水，自然来会，或湖潭，或池沼，或溪涧，或田源。若非溶注，定得特朝，是水也从而聚矣。但真气聚处，明堂决不宽旷。明堂旷，局势大，又须穴前有内堂，或低田，或小水，或灵泉，或池湖注聚，方是真融聚。所以曰："明堂容万马，也忌旷而野。"必须有阴洲横关住内气，而元辰之水聚于明堂，外水或远潮，或横带，如此则明堂虽旷无妨。又有穴星之散聚，尤宜细审。气脉聚于上，则穴宜高；气脉聚于下，则穴宜低；气脉聚于中，则穴宜居中；气脉聚于左，则穴宜归左；气脉聚于右，则穴也挨右。此皆聚散定穴之妙。

6、以向背定穴

蔡牧堂说："向背，山川之情性。"地理之与人事不远。人之情性不一，而向背之道可见。其向我，必有周旋相与之意；其背我，必有弃厌不顾之状。所以审穴之法，凡是宾主相对有情，龙虎抱卫，无他顾外往之态，水城抱身无斜走，堂气归聚无倾泻，毡褥铺展无陡峻，此皆气之融结，而山水之情相向。盖正穴当高而扦低，则四山高压，安得有情？正穴当低而扦高，则拥护夹照不过，安得有情？正穴当居中而扦于左右，则案山堂气皆偏，而白虎青龙失位，或擁或急，或下明堂，或压塚，安得有情？所以说不可有咫尺之误，务使中正无偏，自然山水四向有情，而得其穴之的。

7、以趋吉避凶藏神伏煞定穴

五星之秀，合两仪之精，皆有曜气，此最为奇，全在收拾如何，尖射奚害？所恶直射、当面、横射、过身，谓穴中所见称作刑煞，却不可用。然果龙真穴正，犹当以避就之法用之。避就不可，然后舍去。或堪施堆阜，植屏帐，也可用。卜应天说："立向贵迎官就禄，作］穴须趋吉避凶。"此藏神伏煞定穴诀。

所以穴法趍避之诀，左山压塚穴归右，右山压塚穴归左。或左水冲射，或左沙凶恶，或左边明堂倾倒，或青龙无情，或青龙带煞，或左沙飞走，或左山丑恶，或左边水杂阴阳，或左有空缺，或左边朝山无情，或左山破碎之类。凡是此则宜穴依于右，或向扦顾右，以避其凶而趍其有情吉美之山水。若右宫沙水有如此，则穴宜扦依左，或向扦顾左，以就左边山水有情美好。此趍避之道。或高扦而群雄降伏，或低下而四兽和平，或退后数尺而不见沙飞，或进前数尺而不见水走，皆趍吉避凶之法。

龙真穴的，而偶有一砂之嫌，人莫敢信，则思喝形以制之。盖喝形也可压制砂。凡是见砂有不净，则思喝形以控制之，也一法。如旗山本忌当面，或作将军大坐，或作真武作法等形，不为忌。此皆存乎人之活泼，触类而长矣。

廖金精下明溪许氏祖地。

乐平许侍郎祖地

地在陈家源

旗形令子穴

在乐平县陈家源，其穴前之沙有断头山、牢狱山。廖知不为害。既下，有蛮师往观之。蛮师曰：“断头山现。”金精曰：“我斩他人头！”蛮师曰：“牢狱山现！”金精曰：“赦文水朝。”后许氏果出贵，掌藩臬，专煞伐，而有我斩他人之应。此喝形控制之善矣。图具上。

公课说：

十里迢迢远，龙来亥上盘。
秀峰辰丁立，吉水涧中盘。
若问前程事，为官镇大藩。
后来无识此，休说事多端。

论穴忌

古代的名师，在寻龙点穴时，是有很多的忌讳的，像五患、五要、五不葬、六戒、十不相、三十六怕等诀，这些都是先贤们经验的总结，至精至微，不可不知道，虽说多在此少采而辑，以供大家学习。

程子曰："择地先须避五患。须使他日不为道路，不为城郭，不为沟池，也不为贵势所夺，不为耕犁所及。"

又曰：五患，沟渠、道路、避村落、远井窑。

朱熹曰："凡是择地，必先论其主势之强弱，风气之聚散，水土之浅深，穴道之偏正，力量全否。"又曰："穿凿已多之处，地气已泄，虽然有吉地，也无全力。而祖茔之侧，数兴土工，以致惊动，也能挺灾。"

郭景纯《葬书》上说山之不可葬五：一气以生和，而童山不可葬。童山不生草木，无气脉。二气因形来，断山不可葬。崩陷凿断之山，气脉不续，不可葬。三气因土行，而石山不可葬。四气以势止，而过山不可葬。气因势而止，穴因形而结。若其势竟去不住，肯定是过龙。过龙无情，不可做穴。五气以龙会，而独山不可葬。独山孤露无情，所以不可葬。总体来说风水要得水为上，藏风次之。

1、穴有五要，葬有六凶

阴宅风水的秘诀为，葬其所会，乘其所来，审其所废，择其所相，避其所害。

杨公三不葬：一曰有龙无穴不葬，二曰有穴无人不葬，即无德之人，三曰有人无时不葬即年月未利。

厉伯韶有四不下：无穴不下，无德不下，无福不下，无期不下。

陈希夷先生四要：要龙真，要穴正，要葬善，要时宜。《宋代名臣言行录·种仿传》记载：陈希夷先生为种仿扦一地葬母亲，定下穴后，因时间未利，随约一日期。至期，先生未至，种仿自己下葬。等先生至，叹曰："此地当出数代宰执，惜葬法未善，但出数将而已。"果复出种世衡、种谔等数人，为将有声。可见葬法矩度，不可有失。而扦穴之妙，诚难矣哉！

廖金精六戒：第一莫下去水地，立见败家计；第二休寻剑脊龙，杀师在其中；第三最忌凹风穴，决定人丁绝；第四尤嫌无案山，衣食必艰难；第五生怕明堂跌，决是破家业；第六偏憎龙虎飞，人口主分离。

2、青鸟仙十不相

一不相粗顽丑石。

顽石粗丑，形类凶恶不可相。也有龙身及穴星，左右龙虎皆粗石，而穴间不见，且穴星纯土，则吉。如沐国公地，来龙纯石，拔耸入云。近而视之，巉岩峻峭可惊。及临穴，左右皆石，只是当穴纯土，光彩明白，所以吉。福建兴、泉诸名地，多有石。

二不相急水争流。

急水交剑争流，穴前见之极凶，不可相。

三不相穷源绝境。

卜应天说："穷源僻坞，岂有真龙?"诚以穷僻水尾，乃龙脉发身处，不可相。有种大龙，翻身入源，奔至坞底而结穴，不以此拘。

四不相单独龙头。

单山独垄，孤寒无倚，不可相。洪氏说："独当作露，不露不忌。"也有大龙独行，而至结穴处，开窝钳，有龙虎不忌。

五不相神前佛后。

山川灵气所钟，未下之前，而有神灵依栖，或余气发泄而为神庙寺观，若此之类，何神前佛后之足畏?。

六不相墓宅休囚。

墓宅休囚，气运衰败，纵有吉穴，也不发福，不可相。盖地之气运有盛有衰。当其盛时，则小结作也能发福；当其衰败，则虽然有上结也不发越。所以古今一洛邑也，古今一长安也，昔为富贵繁华之地，而今为草莽荆棘之场，非陵谷变迁，也气运使之。地师先须识此。

七不相山冈潦乱。

山势冈垄走乱，条条无情之处，龙穴不聚，不可相。

八不相风水悲愁。

风水悲愁，山粗雄而不媚，水峻急而有声，风交吹，如号如泣。或湖泊之间，或渺茫之坂，或山乡之处，风水悲愁，多为战斗之场，每数十年，必有一次战争杀伐。或贼寇所过，或剿灭强梁之类，此必然之应。

九不相坐下低软。

凡是主山，欲其盛旺高明。若坐下低软，则无气脉，多为软弱荡皮死气之类，不可相。

十不相龙虎尖头。

龙虎尖头相斗乃凶。若尖而不射不斗，多是曜星发露，为贵地之证，又不可尽以为凶。

3、伤龙伤穴说

伤龙伤穴有两说：一是点穴太高为伤龙，穴点太低为伤穴；一是顺来顺下，气冲于脑，谓伤龙；斜插太过，气不贯耳，谓伤穴。二说俱是。以气言，高则气太急，低则脱气，顺来顺下，斗气冲脑，饶减太过，脉注不着。所以云“高低饶减咫尺间，得失吉凶从此定。”不可不慎。伤龙主祸速，伤穴主祸迟。古人谓“宁可伤穴，不可伤龙。”以取祸之迟速言。其实二均不可伤。一说掘凿太广伤龙，开井太深伤穴，皆当慎之。

论怪穴

怪穴即异常之穴，龙气合法，形局不合法之穴。

真龙藏幸，穴多异常，人难测识，所以叫做怪穴。此乃天机造化，以等有德之人。所以凡是大地，多是怪穴。但平常穴易安稳，怪穴多侥险；常穴一般的人可知，怪穴非法眼不可辨。若识怪不真，为害不浅。本欲置之不谈，尚恐庸师嗜利，借奇怪行骗，又自认聪明的，索隐好奇，置身险地。是以将言复辍，欲罢不能。谓如隐秘而不谈，孰若直陈而破惑？敢将师诀，参以己知，立歌补注，用述其概云。

怪穴破惑歌

真龙藏幸穴奇怪，俗眼何曾爱？
天珍地秘鬼神司，指点待名师。

注：藏，晦而隐。幸，谲而险。盖真龙融结，福量非常，所以其为穴，也殊常格。潜踪闪迹，韬光敛华，而为诡异形穴，若有闭藏之状，不使时俗易识，所以叫做藏幸。厉伯韶说："天机好处从来秘，不教俗眼识其奇。"然大地吉穴，人不易识。若天地之有呵护以待厚德，不轻与人。苟非名师深契奥妙，何以发天地之隐，泄鬼神之机哉！陈氏名策，号灵泉，银邑人云"地出生成捉穴易，不须师管郭。地逢怪异穴难扦，遂要遇神仙"说的就是这个道理。但怪穴虽待名师而后扦，名师也必积德而可致。所以积德为图地之本，良有以。苟使穴皆不怪，人皆可扦，则为恶之家也可以得吉地，岂造化福善祸淫之微意哉！

名师堪破玄机诀，秘密不敢说。
恐君缘福或轻微，指出反惊疑。

注：天造地设，有的好地丑形，有的好形丑病。如杜后无齿，侍周王则生；钩弋手拳，遇汉武则伸。名师师识怪穴，怪穴之待名师，岂偶然哉！但此等大地，名师虽能识之，奈何形穴怪异，隐晦殊常，苟非阴功重厚，福人庆门，虽然有曾杨之能，周孔之地，献之必不受用，告之必不相信，反致掩口胡说，或惊骇疑怖，甚至讪谤诋毁而不用。若吴景鸾国师献中干地大地，而反遭禁锢，世岂少哉！何也，此等大地，非浅福薄德所宜受用。苟不度德而妄献轻指，则天地鬼神加怒，而地师反遭祸害。所以名师虽遇此真龙大地怪异之穴，必须珍重，毋得轻泄，以取祸愆。赖布衣说："世降风移人少淳，大地相逢勿轻许。"廖金精说："世人将信又将疑，枉自泄天机。"

地有奇巧有丑拙，总名为怪穴。
巧是穴形美且奇，地位使人疑。
拙是穴形媸且丑，狐疑难下手。
高人造化蕴胸中，巧拙尽玄通。

注：真龙之融结，有处于非常之地，称作巧。有结为诡丑之

形，称作拙。总名曰怪穴，惟高术之士能明之。

大凡怪穴有跷蹊，龙要十分奇。

认得龙神的的真，怪穴始堪针。

注：怪奇以龙为取舍，所以必有十分美龙，方可下之。不然则多谬戾，祸不旋踵。《经》书上说：“龙若真兮穴便真，龙不真兮少真穴。”又说“恐君疑穴难取裁，好向后龙身上推。龙上生峰是根核，前头形穴是花开。根荄若真穴不假，盖从种类生出来”说的就是这个道理。

巧穴巧穴何巧穴，仔细与君说。

或然高在万山巅，天巧穴堪扦。

注：地有结于万仞山巅而为天巧之穴，子微说：“第一天巧最高穴，常人惧怕轻弃撇。只言高处穴难安，不知巧穴有真诀。天巧山顶分龙虎，峻地平夷有门户。人到穴中有半天，四望百里堪摘取。此地神童及状元，子子孙孙皆过府。”释之说：“穴不在天而名曰天巧，以其高出云霄，如在天上，所以叫做天巧。每见龙穴湫窟、仙祠佛宇，多在崇冈叠岭之上。登山或数十里，或二三十里，多至五六十里，方见窟穴宫室。所在莫不别有天地境界。观其龙穴，其为龙宫，其为仙庙，其为佛刹，各随其宜，不可更革。盖天造地设，逞奇显异，山上出泉，冬夏不竭。峰巅有田，多至万倾。未经开荒，则长林茂木、恶蜂、毒蛇、鬼神占护。及其缘会遇合，则风霆开霹，鬼神剪除，长径屈蟠，广途平坦。此造化之玄。天巧之穴，无以异此。”信哉，言也！所以说凡是天巧之穴，虽在高山，以及登其所，豁然开阔，局势宽平，如在平地，不知为万仞山巅。但见四面八方，献奇列秀，如三千粉黛、八百烟花，次第罗列。城郭周完，朝案重叠，明堂团紧，左右环抱，三阳具备，诸吉拱护，水不倾泻，穴不孤寒，乃为真结，力量极大。上格贵龙，乃为禁穴，或出圣贤；中格龙也能出将入相、皇妃国戚、神童状元、满门朱紫；下格龙无此融结。予兄弟所见，如汉高祖祖地在宁都

县灵云山牙鼓峒见朝州府郡《志》及《一统志》、旧名虔州府虔化县，朱夫子祖地在婺源县官坑岭金斗形梁上穴，范文正公祖地，在苏州大湖格名万笏朝天，以及廖金精下张氏白牛坦祖地出一文一武一神仙：张忠定公焘为政事，文也；甲公忠利侯，武也；紫琼真人张君范，仙也，泉州曾丞相公亮祖地番天马蹄形，皆其格。大致上说此等地，要穴场极暖，虽在高山，不知其高则善。否则，据高挹秀，未免风寒，又多结为神仙窟宅。如太和山之玄帝官、九华山之地藏殿、匡庐天池寺、雁荡罗汉岩，与夫武夷天游、西华仙掌、太华三仙、黄梅四祖等处，皆天巧穴。凡是修佛，也须择取名山，然后以成道。盖也收山川之灵秀。人尝谓“修仙先要选名山如许真君炼丹洞，郭景纯选西山金氏宅而后成道，切忌孤峰四望寒。请君古来成道处，洞天福地不寻常古云“天下名山僧占多”不其然乎。”

或然低在深山里，没泥穴可取。

注：地有结于平田污下之处。廖金精曰“藏龟闪迹在田中”说的就是这个道理。张子微称作天平穴。中原平洋之地，龙行地中而不可见，间露毛脊，为石骨，为墩阜。及结穴处，也要高下分明，此也名为没泥龙蛇，藏蛰于泥，时有毛脊露出泥外，取其不见龙身，间露一二，知其为蛇龙之蛰藏。此格全在观水势以寻穴。所以杨筠松说“平地龙神因水势”，又说“凡是到平洋莫问踪，只观水绕是真龙。”但龙平田散乱难见，而又杂以沟洫，诸水纵横，未易检点，必心目聪巧，而后可识。

或然孤露八风吹，登穴自隈聚。

注：廖金精说：“坐空转面去当朝，不怕八风摇。”然也不可穴上受风，登穴隈聚则善。张子微天风穴说：“八风可至之地，望之若寒，即之则温；望之似露，登之则藏。”《发挥》说：“山峻穴高，盖于峻中求平；山露穴出，盖以两肩有蔽。”似于孤露受风，其实则藏风聚气，此所以吉。俗眼不识，嫌其露。

或然直出两水射，临穴有凭借。

注： 杨筠松说“也曾见穴直如枪，两水射胁似难当”说的就是这个道理。然两水射胁之穴，必要当水射处，或有石曜冲出，或有山头夹照，穴间不见水来，所以说“临穴有凭借”。

或然结在水中央，四畔水汪洋。

注： 杨筠松说：“也有穴在深潭里。”卜应天说：“水底穴，必须道眼。”谢子期释之说：“水底之穴，甚难寻究，必是来脉精奇，踪迹怪异，自然超拔，与众不同。脉迹奇异而来，临于深渊大泽，忽然隐脉，必其穴生水底，惟道眼知之。”张子微也说：“要知水巧在何处，行水中间龙脉系。或见或隐或夹流，寻得龙来穴无地。居然却在水中央，百个山人无一喜。正缘见脉不分明，巧在水中难指。”诚如诸公所说，则安穴水里。以愚庸见，则为不然。尝究廖金精《怪穴破惑歌》说：“捉月虽云在水中，还要土来封。”正恐人以水中安穴，而不能用土封，所以指出。穴在水中，四畔皆水，乃是水中突出山阜，于山阜上结穴，而四面回环周币，皆汪洋巨浸，即是穴在水中，为水巧之穴。不可误作穴安水底，才为水中怪穴。且天地间怎能有水中作穴扦葬之理？苟或有之，也行险侥幸，仁人孝子岂忍以亲体置之水中，而自取悖逆之罪，以图富贵哉！蔡西山也尝有说：“水巧之穴，尤其难见，也且难信。宇宙之间，水中融结固不多见。扦于水中，尤属罕闻。或舍山而就水，舍高而就低，理则有之，也须龙穴真的无疑方可。不然，反成绝穴。况扦于水中乎？非审察地理精熟透彻，何敢以前人体魄尝试险穴?”诚确论。

或然结在顽石里，凿逢土脉取。

注： 子微说：“也有石山石片漫，皆无寸土穴难安。不合龙真难舍去，寻趁十日无足观。此名天完混沌气，龙皮粗厚头面干。时人莫道无草木，不知童山是两般。童山土色细杂碎，可栽木植生长难。天完之地无缝路，荡荡光滑如削刓。却须回环四兽地，自有

土润草木山。只有相当作穴处，头面漫漫皆石盘。石必有缝可镌凿，石板之下有土山。若得土时穴须浅，不必深凿入其间。”是谓穴结石里。但顽石漫漫，不易测识。苟非高术法眼相度，安知顽石之下，可以凿缝土而安柩哉！故卜应天说“石间穴贵得名师。”

或然有穴瞰泉窍，葬后泉干燥。

注：真龙气旺，所以结穴完而其气又有余盛，从而漏为灵泉。子微所谓“龙气之旺，迸裂不禁”说的就是这个道理。也称作“龙漏穴”，本是真龙漏天地之秘，示人以自然之穴。但造物玄机，以泉惑人，所以未易测。然其泉也必甘美异常，又非冷泉险渍之比。西山说：“泉有数种，惟冷浆泉不可灌溉，不堪盥俯，不入炊饮，滋滋浸渍，清不能澄，浊不能混。此无用之泉。红泉之地，不可取用，恐有银脉。腥泉之地，不宜留意，恐有铁矿。温泉、醴泉则旺气已钟于泉，不复成地。若泉清，可掬，可濑，可灌，澄之愈清，混之难浊，春夏不盈，秋冬不涸，皆泉水之美。穴适值此，则为佳脉。瞰泉窍上弦以治穴纳棺，此泉必缩为生气，不复流注。若得雨则盈，雨霁则涸，望之似可扬尘，践之或可没胫，此不潴之地，地脉疏漏，最为无用。或春夏有泉，秋冬干涸；或雨则泉迸，晴则泉干，皆不足用。所以穴逢龙漏，又须论泉而后论地，泉吉而穴吉是。然也不必拘于葬后泉干，也有不干而吉，但要泉美为准。

或然有穴逼水边，葬后水城迁。

注：龙真穴正，不幸而逼近水涯，或水冲割，此也造化留心待人主，所以葬后水徙而吉。卜应天说“水有陵迁谷变”说的就是这个道理。《史记》：“晋郭璞葬母于暨阳，去水百步，人以为言。璞说：‘当即为陆矣！’其后沙涨，皆为桑田。”

或然有穴居龙脊，骑龙贵无敌。

注：廖金精曰“骑龙须要居龙脊，龙住应无敌”说的就是这个道理。盖骑龙穴力量最大，乃龙气旺盛，所以结穴后犹有余气之山。以其穴不居尽处，所以叫做骑龙。旧说前去山皆不结穴。予

兄弟见仙迹骑龙穴结后，再去山多有结作，但力量有大小，受穴有正副不同。龙气极旺，所以余气透漏，犹有融结。古歌一篇，论骑龙穴意颇详尽，附录于此。

歌说：三十六座骑龙穴，不是神仙难辨别。水分八字两边流，且到穴前倾又跌。无龙无虎无明堂，水去迢迢数里长。玄武虽端气还过，庸师安敢忘评章？真龙踊势难顿住，结穴定了气还去。就身作起案端严，四正八方皆会聚。外阳休问有和无，只看藩垣与夹扶。左右护龙并护水，回环交锁正龙居。或作龟背或牛肩，或作鹤嘴蜘蛛肚。凤凰衔印龙吐珠，天马昂头蛇过路。前案不拘尖与圆，或横或直正无偏。但寻真气居何地，认取天心十道全。或在平阳或溪湾，或在高峰半山上。或然山连千万重，或然水去千万丈。神仙方识此规模，自可一湖通百湖。巧目神机扦正穴，何须逐一看沙图？教君细认毋怪奇，左右缠护不曾离。水虽前去三五里，之玄屈曲合天机。更有异穴倒骑龙，前后妙在看形容。千变万化理归一，尽在高人心目中。要妙无过捉气脉，吉凶祸福分黑白。君如下得骑龙穴，百子千孙非浪说。骑龙之穴福非轻，世代富贵无休歇。状元及第总堪夸，将相公侯盈帝阙。

按：歌理攸当，但三十六穴之说则拘矣，学不可泥之。

或然有穴截龙脉，斩关古有格。

注：斩关穴乃斩截行龙气脉而结穴。盖龙之大势已去，旺气暂注，也成星辰，有形穴可下，所以斩气截脉下之，非勉强斩截龙脉而立穴。此地发福极快，但不悠久。盖为龙尽处自有正穴，所以尔。《经》书上说“假穴斩关莫道真，正穴真形都差了。京口丹徒之后山，常有云气聚其间。曲阿之中有一穴，却被刘翘斩一关。斩关之穴始于此，只得二代生龙颜”说的就是这个道理。曲阿在丹徒县，即南北朝时期刘宋王朝的开国皇帝刘裕父坟。

或然有穴在湖滨，秋冬始见真。

注：穴有结于湖滨，春夏水涨之时，四望皆水。直至秋冬水

退，而穴形始见。如认龙真，也可用之，不畏其卑湿。杨筠松说：“也曾见穴临水际，俗人见穴无包藏。”又说：“平中还有水流坡，高水一寸即是阿。只为时师眼力浅，到彼浩然无奈何。便言无处寻踪迹，直到有山方识得。如此之人岂可言，有穴在坪原自失。只来山上觅龙虎，又要乳头始云吉。不知山穷落坪去，穴在坪中贵无敌。痴师误了几多人，又道葬埋畏卑湿。不知穴在水中，如此难凭怕泉沥。盖缘水涨在中间，水退却同干地力。”此说曲尽湖滨穴法之妙。

或然有穴落田畴，春夏水交流。

注：平田之地，高一寸为山，低一寸为水。原自高山撒落平洋，牵连铺展，平坦而来，微有脊脉。当春夏灌溉之时，满目皆水，俗眼见此，不忽其为泥污，则弃其为水沥，安知其有美地存焉？但结穴之处，必须有银锭，束气融聚，分水伶俐，忽起微突，开口明白，界水交织，才为真穴。虽水田满目，不足畏。

或然穴在土皮上，名曰培土葬。

注：培土葬，其地气浮于上，所以下棺之时，不深穿井，放棺土皮之上，外以客土培之，所以说培土葬。朱熹说：“漳、泉间，棺只浮于土上，深仅有一半入地，所以上面封土甚高。后来见福州人举移旧墓，稍深无不有水，方知兴化、漳、泉浅葬，防水。”

按：浅葬之法，不特漳、泉为然。盖地土有厚薄之殊，龙脉有浮沉之异。地土厚，龙脉沉，有葬至数丈，不称作过深；地土薄，龙脉浮，有安柩土皮之上，用客土培成塚，不称作过浅。噫！非圆机之士，其孰能之？

或然穴在石罅中，有土气斯通。

注：此石山土穴。《葬经》说：“气因土行，而石山不可葬。”盖顽石之不可掘凿，则隔断生气，且多生水，所以不可下。所以石山必有土穴为真。廖金精说“漱石莫疑安石罅，土穴端无价”说的就是这个道理。杨筠松说“也有穴在大石间”，卜应天说“石间

穴贵得名师”，皆言石间有穴，却不明言，立穴处必须有土为真。张子微说：“石巧之穴石盘生，如琢如镌如切成。上无缝脉穿凿计，且无寸土为遮蔽。”又说：“此穴依山不须凿，结切安柩平处是。自然融结得山脉，不必凿开泄石气。”则又直指顽石之上安柩。诚如所言，是又与《葬经》相背。且石山土穴，或石山凿见土脉为穴，予闻其语矣，也见其地。石穴不可掘凿，则是顽石，无生气。今言安柩其上，以土封之，吾闻其语矣，未见其地。虽云有之，终于我心有所不安，不敢取以为法，宁从廖，不从张。

也曾见穴水直流，下后出公侯。

注：真龙大地，包里重叠，而正穴必居众山拥从之内，小水直流，势所必有。陶公说：“直流百步，弈世为官。”必须外面大河大溪，逆潮横绕，而山脚重重拦截。《赋》云“元辰水当心直出，不可言凶。外面山转首横拦，得之反吉”说的就是这个道理。然直流之穴，必须龙长气旺，力量极大，又得两畔山脚包收，水虽去而山则回，穴甚周密则可。若龙短力少，一步去水也不可下。廖金精说：“第一莫下去水地，立见败家计。”至验至验，戒之戒之！

也曾见穴砂斜飞，下后着裶衣。

注：真龙贵穴，面前或多顺水之砂，俗眼必望而畏之，或指为退田笔，或指为离乡砂，纵有美地，也不敢信。岂知此乃曜气，为极贵之应哉！杨筠松说：“或如刀，或如剑，随水顺流俱冉冉。庸师只断定离乡，岂知内有真龙占。”盖真龙正穴既已融结，虽然有微砂顺水，多是秀曜，不可一例断作退田笔、离乡砂。何也？盖砂如美女，贵贱从夫，所以尔。如大贵人既在此建府创第，或开藩建节，则军将兵卫，或左或右，或出或入，皆是为贵人奔走服役，所以顺去也无所畏，乃为秀曜贵气之验。然也须要收拾之，不可使荡然而去。张子微说：“如龙穴真正，而有凶煞照射，或顺水走撺，惟在收拾。能收拾，则纵有凶煞，既为我用，不相刑射。譬如大官贵宦，黥卒贱徒，皆为我用。何？权在我故。所以大贵之地，

本身龙气重，未免无煞气，而护从朝应之山，如武夫悍卒，披坚执锐于我侧，未免无可畏状。然不知皆侍卫我，非悔我。为我所用，何畏之有？适足为贵证矣。

也曾见穴无包藏，一突在平洋。

注：包藏，穴之护卫，以蔽风寒，不可无。诀说：“立穴处最怕风吹。”又说：“穴要有包裹。包裹穴无破。”甚言穴之贵于包藏。但法贵通变。如平洋一突，又不必若是之泥矣。蔡文节公说：“平洋之地不畏风。”杨筠松说：“平洋不怕八风吹。”此皆直指平洋不须畏风，不必论其左右之有无。盖以平洋之地，一望无际，风行地面，不入地中，所以虽无包藏，也不为害。譬如人在平原旷野，皆无帐蔽，终日受风，不至为病害。若居密室坐卧之所，有窗棂罅隙，贼漏射入之风，则能为患。所以山谷最怕凹风，而平洋之地，既无凹风，又何必拘于周密乎？

也曾见穴多余气，山去数十里。

注：大龙气盛，一时收敛不尽，所以结穴后有余气之山，或去数十里。此地力量极大，俗眼观之，龙气未尽，必怀疑惑，不敢下之。殊不知大福力地，其结穴必不在大穷尽处。《经》书上说：“大地皆从腰里落，余枝前去作城郭。”吴景鸾云“余气不去数十里，决然不是王候地”说的就是这个道理。范越凤说：“真龙蟠泊，必分牙布爪，结穴之外，有三五里余气，并皆暗拱。如人之巨室，寝息之处，必在堂奥之中。”喻也亲切。但所去之山，必须回环护穴，或去为下手，或去为后杠，或去为帐峡，或去为水口捍门，虽去犹为我所用则可矣。

也曾见穴坐后空，得水不嫌风。

注：廖金精说“坐空转面去当朝，不怕八风摇”说的就是这个道理。盖来龙跃踊雄猛，以及入首结穴之际，忽然翻身转面，逆水当其洋潮，虽或坐空，必有水绕，不足畏。《葬经》说：“得水为上，藏风次之。”此类是矣。然也须穴场藏聚，如前所谓登穴煨

聚则善。

也曾见穴面前欺，顾祖不嫌低。

注：此回龙顾祖之穴。张子微说："高山落平冈之穴，而为回龙顾祖之地，则前朝之山皆我祖宗父母，虽高无害，也不恶其逼迫。"卜应天说："回龙顾祖，祖不厌高。"盖以子孙见祖宗，则尊卑之礼出乎自然，虽高逼不以为欺，非客山来朝之比。若是客山高迫，则有陵压之患，称作客山欺主，不可下。然顾祖穴虽不畏前朝高逼，也须其山开面平正秀丽，而无粗恶攲斜、臃肿丑陋形状，以及尖射飞走、破碎巉岩等像则可。

也有巧穴名合气，来脉双龙至。

注：合气之穴，力量极大，或二龙、三龙，以至九龙，合愈多愈胜。《经》书上说"更有二龙合一气，两水三山共一场"说的就是这个道理。

也有巧穴名龙脱，来脉水中过。

注：龙脱，山脉断绝，穿落过水，如人脱离而去，无所拂着之意。卜应天说："弃甲曳兵，过水重兴营寨。"陶公说："马迹过水，揽衣渡河。"皆谓龙脉从水中渡过，然后复起星辰结穴。然气乘风则散，脉界水则止。今言过水，何也？盖必有石梁之脉穿水过，如俗所谓"十大崩洪"石梁渡脉过水之说方是。如海中诸岛，也是水底石脉联属。盖水不界石脉，而界土脉。邵子说："水则人身之血，石则人身之骨，土则人身之肉。所以血行于肉，不行于骨。血以资肉，肉以养骨以资身。惟气无往而不通。"诀曰："漏脉过时看不得，留心仔细看龙格。穿河渡水过其踪，认他石骨为真脉。"此察龙脉渡水之要诀。

此皆奇巧令人疑，造化隐真机。

注：已上皆巧穴而怪，共二十二体，乃造化隐机，必俟有德之人而后得之。

更有丑穴尤难识，福应无差忒。

丑拙丑拙何丑拙，真有玄微诀。

君子盛德貌如愚，良贾藏若虚。

注：真龙藏幸而为丑拙之穴，极其难识。即其形状，若为可弃。然验之仙踪，福应无爽毫末。若此，岂非其有玄微妙诀乎？所以说得其诀，虽丑拙也为可取。犹之大智若愚，大巧若拙。老子曰“良贾深藏若虚，君子盛德，容貌若愚”说的就是这个道理。以穴之丑拙而弃美地，犹以貌取人，而失之子羽矣。

又如女子德淑贤，貌丑不须嫌。

注：悦色而不好德，世俗之蔽。如女子貌陋而有淑德，世多以丑弃之。貌美如有秽行，世反以美取之，识必为长太息。西施绝色，适以倾人之国；而无盐丑女，乃以兴邦。信不在色，而在德。所以凡是论穴，当以龙为主。龙既真，则穴必的。外虽丑拙，而内含真气融结，法有可取。犹女子之有淑德，而特外貌不扬。君子取以自配，必成内助之功。若必欲拘于穴之明显，而不审乎龙之是非，是为悦色而不好德也，宁不置美地于无用哉！

为君泄破天机秘，丑拙莫轻弃。

也曾见穴乳直长，左右莫拦当。

注：长乳，一乳中出独长，两边龙虎抱卫不过。人之见此，莫不以脉露而弃之。殊不知正脉中出，气力旺盛，势难顿止，所以独出而且长。至结穴处，开窝开钳，自有本身龙虎卫穴，外山护脉，虽后来左右为托送之山短缩，缠不过穴，也不为害。杨筠松说“贪变廉贞梳齿样，长枝有穴无人葬。人言龙虎不归随，谁知葬后生公相”说的就是这个道理。若乳头不开窝钳，或转向左右，则是抱卫他山之砂而孤露矣，不可下。

也曾见穴脑偏侧，时俗难辨识。

注：真龙闪迹，变态不一。世俗只识端正之穴，岂知藏幸之龙穴，多在偏侧处融聚。厉伯韶云“谈水谈山世俗多，用拙不能将奈何？误葬每因求正面，不扦浑是弃偏颇。岂识真玄奇妙处，仙人

多是下偏坡”说的就是这个道理。但偏侧之穴，后有鬼乐才为真的。如无鬼乐，不可妄下。

也有穴下生尖嘴，枫叶三丫体。

注：枫叶三丫，星长穴下出嘴，骑刑坐煞扦之，主贵有威权，文官兼武。

也有穴前嘴直长，凿作臂回远。

注：结穴已完，而余气犹去不住，当凿其去处为内堂，作一臂逆掬为妙。如婺源县九都程氏一地在长庆，开帐而下，结穴甚美。只是前去直长，俗皆于尽处取穴，不利。程氏于顶来脉成星体处扦穴，而截去直长之赘疣，凿作逆掬一臂为内堂，当代出贵，联登科第。

也有穴后是空槽，玉筋夹馒头。

注：阳中阴之变也，即合钳穴。

也有穴前是深沟，金枧与银槽。

注：阴中阳之变也，即正钳同。

也有丑穴如鹤爪，突露无人晓。

注：杨筠松说“禄存带禄为异穴，异穴生成鹤爪形。鹤爪之形两边短，一距天然撑正身。此是禄存带禄去，长股之穴为正形。起顶或成衣冠吏，短短低生左右臂。左臂短如扦笏形，右臂短如佩鱼势。时师到此多狐疑，却嫌龙虎不缠卫”说的就是这个道理。

也有丑穴似牛皮，懒坦使人疑。

注：平坡之穴，微有窟突，俗眼视之，如牛皮懒坦，无处可下。不知散中求聚，力量极大。杨筠松说“撒网之形似牛皮，不着绯衣多食禄”说的就是这个道理。

也有丑穴少一臂，时师容易弃。

注：世俗论地，只爱左右均匀。纔有欠缺，则所不取，此其常。却不知有种真龙大地，结作诡异之穴，多不齐整。或有龙无虎，或有虎无龙。名师见之，自有定诀。古歌说：“有龙无虎也为

吉，有虎无龙未是凶。只要外山连接应，分明有穴福常丰。”卜应天说：“或有龙无虎，或有虎无龙，无龙要水绕左边，无虎要水缠右畔。”范越凤说：“水来自左，无左也可；水自右来，无右也裁。”张子微说：“又有如钗长短股，无乳无穴何处取？此名龙缩缩处寻，短股头间气脉聚。或左或右穴都一样，定有外山作龙虎。”杨筠松说：“也有左长右枝短，也有左短右枝长，世俗庸师多不取，岂知异穴生贤良。”皆确论。蔡西山说：“欠缺不齐，天地之奇。”此类是矣。

也有丑穴体粗顽，细认太极安。

注：粗顽之处，人多厌弃。不知其有微茫大极窟突之形，虾须、蟹眼界水分合明白，乃为贵穴。然此穴多能误人，若体察不真，不可草草，必须细察龙脉真的，方可扦之。

也有怪穴是担凹，乐起贴身高。

注：张子微所云“又有凹穴两肩起，正对主峰凹入底。乳头又更对凹生，作穴如何安顿是？此名天潜不可轻，凹处深藏有妙理”说的就是这个道理。凡是担凹之穴，必要有后乐贴身盖照。若垂乳结穴而乳头长，则是气钟于乳，虽无乐也不妨，却要后宫包裹，不可空旷，或有孝顺鬼尤妙。

也有怪穴是仰瓦，气蹙前头下。

注：凹脑之穴，气蹙于前，必要后宫仰瓦。若仰瓦内又出一乳，则非真结。此穴须有后乐为准。若垂乳，穴立乳头。后有孝顺鬼，无乐也好。此与担凹穴同一格。

也有怪穴似拖枪，只要护缠长。

注：杨筠松说：“尖枪之山要外裹，外裹不牢反生祸。外山包裹穴如枪，左右包来尖不妨。山来雄勇势难竭，是致尖形也作穴。只要前山曲抱转，针着正形官不绝。”又说“有如破军变贪狼，贪狼入穴如拖枪。拖枪之穴人嫌丑，只缘缠护两山长”说的就是这个道理。

也有怪穴如鬬斧，须要鬼乐守。

注：鬬斧之穴，如穿针对线，横来直受，直来横受。杨筠松说“也有异穴如鬬斧，不拘左右生龙虎。横龙却向直中扦，直山却向横中处”说的就是这个道理。却要有鬼有乐以为证应，方可安穴。廖金精说：“横龙结穴必要鬼，乐山宜后峙。”蔡西山说：“此等之穴，先看有鬼无鬼，次看前山朝水。二相应，再看托乐，便可下手扦之。若无鬼乐，从有前面山水，不可下。”

也有怪穴无龙虎，何人将眼睹？

注：世俗看地，惟求龙虎二山弓抱而已，此外无复知识。杨筠松说“只来山上觅龙虎，又要圆头始云吉”说的就是这个道理。殊不知龙穴真结，不必有龙有虎。若龙穴不真，纵是有龙有虎，反为花假之地。《经》书上说“君如识穴不识怪，只爱左右包是。此与俗人无以异，多是葬在虚花里。虚花左右似有情，仔细辨来非正形。虚化作穴更是巧，仔细看来无甚好”说的就是这个道理。

也有怪穴无案山，诸水聚其间。

注：天造地设真龙正穴，有主山必有宾山。廖金精说：“第一尤嫌无案山，衣食必艰难。”今乃有真穴而无案对，俗眼见之，必以有主无宾弃之。岂知水潮即是山朝，杨筠松说“也有真形无朝山，只看诸水聚其间。汪汪万顷明堂外，内局周回如抱环”说的就是这个道理。

也有怪穴如反掌，窝靥形微坦。

注：杨筠松说：“也曾见穴如反掌，却与仰掌毋两样。”盖反掌之地，形体偏反，但也有窝靥之穴，却与仰掌之掌心穴法不异矣。

也有怪穴要锹皮，苞节认玄微。

注：木星之穴，以其来势直急，恐有煞气，所以锹皮下之。必要立穴处有苞节芽蘖，才为真穴。不可于硬峻急直之所强勉凿穴。所以曰“苞节认玄微”。

有如壁上扑飞蛾，细看突无多。

注：贴壁飞蛾，微有突穴，安突中，粗中细。

有如壁上挂灯盏，但见窝微仰。

注：杨筠松说“落在高山挂灯样”，急中缓。

急山忽然一坦平，穴向此间停。

注：急中有缓，多结仰高之穴。廖金精为张氏下一贵地，土名白牛坦，乃万仞山半，忽然一块平坦，穴安坦中，是急中缓。

缓龙到头突忽起，穴向此中取。

注：平洋之地，龙势似缓。入首忽然突起，称作平中之突。《葬书》所谓“地有吉气，土随而起”说的就是这个道理。此穴至贵，但宜葬于巅，缓中急。

精神显露反非祥，隐拙乃为良。

注：卜应天说：“何精神显露反不祥？何形势隐拙反为吉？隐拙定有奇迹异踪，显露多是花穴假形。”良有以。

真龙藏幸韬神机，奇怪使人疑。

注：真龙藏幸，至结穴处，韬光敛华，晦其神机，而为奇怪形穴，使人见之，群疑满腹。非有灼见，不敢下。

奇怪奇怪何奇怪，千形并万态。
能乘生气任君针，奇怪莫心疑。

注：山龙之变态无穷，奇形怪穴，安可悉举？一言以蔽之，曰“葬乘生气”而已。苟能于地理中识透“葬乘生气”妙诀，任君所扦，皆能获福，何奇怪之足畏哉！廖金精说：“变化无穷聊举例，作用皆如是。乘得生气任君裁，奇怪不须猜。”杨筠松说“怪形异穴人厌看，如何子孙世为官？只恐怪穴君未识，识得裁穴却无难”说的就是这个道理。

大致上说奇形并怪穴，只怕龙神别。认得龙真穴便真，此诀值千金。

注：有真龙则有真穴。龙既真的，穴虽奇怪，也不足畏。杨筠

松说："大凡诸山来此聚，诸水流来聚此处，定有真龙此间作，只恐不知龙住处。住处多为丑恶形，世俗庸师心里惧。"所以说扦怪穴之法，惟在审龙。诚于龙认得真，何奇怪之足畏哉！善夫西山之言曰"《葬书》千经万绪，地理千形万状，言不能尽，状不能徧。约而蔽之，不过龙真朝的，水土交会，穴必在焉。虽神秘怪异，也可测识。若外此以求善法，非吾之所知。

假龙无穴不堪安，莫作怪穴看。

若将借口乱安坟，误尽世间人。

用怪不能当守拙，缄口休谈说。

要知官穴有真玄，须遇至人传。

注：大凡无穴，必是龙假。蔡西山说："假龙误人甚多，其摆布精神，起人眼目，与真龙没有什么区别。只是到头结果无取，所以世俗之人，正谓其有秀特。而时师又以真龙丑穴之说文之，鲜有不为所惑。"子微云"假龙也有穿心开帐，有星辰秀丽，有桡棹手脚，也有摆布，但无迎送，或蜒蜿四五里，或萦迂数十里，至大尽处，乃无穴可下"说的就是这个道理。所以真龙怪穴，乃是有穴而特丑拙，或有穴而特奇巧，非若假龙之无收拾结果。至尽处，或有窠而虚阔空亡，有乳而直峻粗大，有钳而漏槽破顶，有突而破碎懒坦，不可扦葬。若不能辨龙真假，而以假龙无穴之处指为龙真穴怪，强勉凿穴，以此借口而误世人，其害不浅，不若置怪穴于不谈，尤为愈。噫！业地学，当虚心访求名师，极辨而研穷之，不可草率鲁莽，强不知以为知，苟一朝之财贿。前辈谓医药有误，祸止一人；地理有误，祸及一家。捧诵斯言，尤当悚惕，可不戒哉！可不慎哉！

附诸怪穴图：

南安傅氏祖地—金盘献花形

南安傅氏祖地

来龙甚远，地结平冈，周环皆石，盘。盘中小石旋转，穴安中央，以小石为坐为朝为龙虎，乃石巧穴。南安傅氏名墓，在泉州府西北七里，仙师黄妙应下，人丁科第，自宋至今，四五百年旺盛。傅公夏器登嘉靖庚戌进士，富贵不停止。据说傅氏祖美地尤多，此一处仙迹。

永康王都谏祖地——泥水怪穴

左地在永康县东北五十里。其来龙甚远，不及详述。将入首，大帐，帐下叠出木星三四座耸立，仍走弄数里，一齐落下平坡，势如层波叠浪，级级涌来。诸脉合气，数大枝合为一脉。二水交会处，忽起小小石山远抱，以作龙虎及近案为证。而穴结泥水田中，培土成坟。登穴观之，四面远山簇簇，星峰拱照。二水交于穴前，回环屈曲。且石曜自泥田中露出，尤奇。乃范氏所扦。课说："六十年来出双贵，谁知妙穴在泥田。"果然出兄弟双科。范氏乃丰城范麻子。永康谚说："若要死，去请范麻子；若要败，去请刘永太。"盖此二师同时，皆惯点奇穴之人。也有不利初年，所以时谤如此。按王氏祖坟，景泰癸酉年葬，至正德癸酉而两房各生子，一名楷，一名桂。嘉靖乙卯科乡举。楷号竹峰，丙辰进士，官都谏。果然六十年出双贵，今人财大旺。

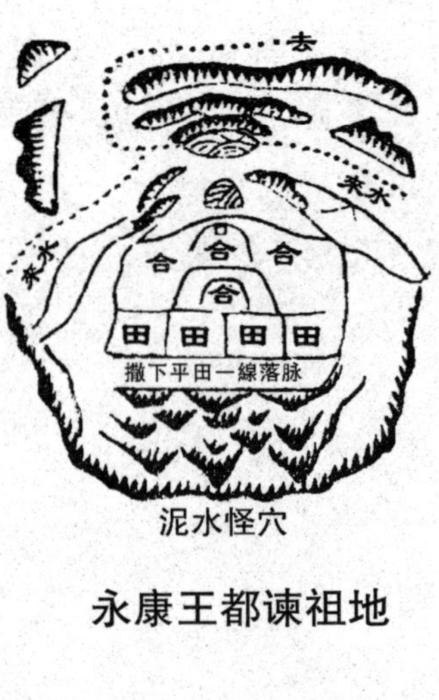

永康王都谏祖地

右地在永康，其龙甚远，枝节繁衍，过峡重叠。将作穴，叠三峰，抽一偏枝，闪出数节，结穴低平，而开钳于前。又吐出一脉，穿田前去三十里，作有阳宅数处。此即骑龙穴。且其正出之山，即逆绕于旁，以为缠护，前去不远而止，也无大结。

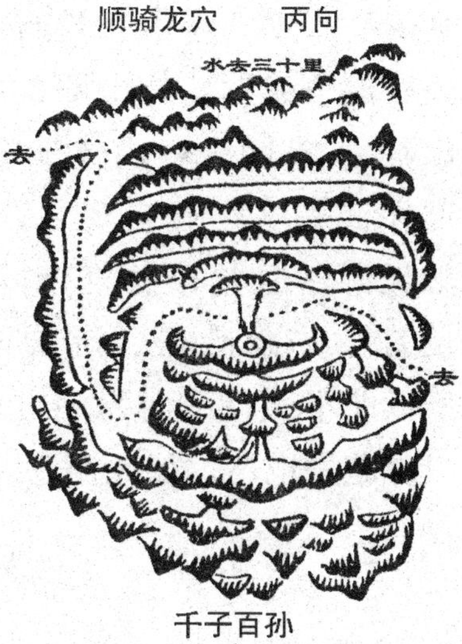

永康施氏祖地

按：此乃名师刘永太所下。施氏子名孟达，与刘仙交厚，一日拜刘仙求吉地安父母。刘问曰：“汝要人丁千口乎？汝要官贵极品乎？”施曰：“只愿人丁大旺足矣。”刘乃指此骑龙之穴。葬后果然生十子，子又各生十余，诸孙共百单三人。乡间皆称十子百孙。至今人丁千口之繁，为永康臣室旺丁口不出贵。

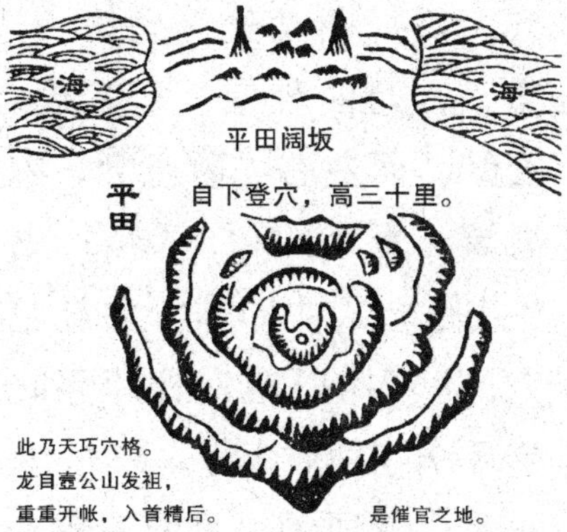

莆田郭侍郎催官地

莆田郭侍郎催官地：

地葬待郎之父，葬时侍郎在襁褓中。长大后，登嘉靖庚戌进士，累官都宪、兵部侍郎，巡抚广东。公号华徯，名应聘，福祉方亨。

右地在绩溪西八都。龙脉发自黄山南龙正脉，分枝叠嶂，千峰磊落，万岭巍峨，屯军驱马，旗鼓旌节重叠，高在云端。将近穴，大帐撑天，势如云拥。帐中星峰雄昂，自天而下，连叠串珠数节，结骑龙穴。穴前起一圆峰，峰外直拽，如鹤嘴插入水中。左右两山，自少祖发出，拱抱向前，也垂鹤嘴入水。水中一长石如舟，呼为三鹤争鳅形。外山罗列两旁。左山麄恶峻憎，右山木火秀丽。旧谓左武右文。登穴观之，面前渺渺无际。但龙神煞气未除，星辰反悖，文武乱班，流神驳杂，此所以非享大位，而为偏方伪主。所以陈霸先也不过如此而已。

陈霸先祖地

司马头陀所下刘尚书祖地

司马头陀所下刘尚书祖地

左地在华容，土名东山。其龙远势雄，星峰耸秀。到头大飞蛾开肩展翅。中抽一脉，水木垂头，摆转作穴。穴扦曲动处，坐倚一边，似偏寔正，乃曲乳穴。登穴观之，内水交结，而左右二砂纽会，内外明堂融聚，真气冲和，《经》书上说：“凡是乳穴曲即非，曲是包裹非正穴。”若执以定穴，即弃此大地。殊不知正脉中出，而水木曲动，正是生气所钟。且两肩包裹皆长，而此中乳独短，两臂粗而中乳细嫩为奇，又不可执经文而定穴。乃司马头陀所下，出兵部尚书东山先生刘忠宣公大夏，为明朝名臣，至今衣冠不替。

临海戴御史祖地　右地在临海县东北二十五里，土名柘坑。其龙乃府龙，分出左枝，在三十里落脉。迢递奔走，起大峰峦。复过峡，再起大帐叠叠。至结穴，横脉斜穿，而左臂凹缺。缺而复起，转作下臂，包成左单提穴。而前面诸峰，如卓笔侵云。下有方平如一字，以为证应。水口一山突起，成捍门之格。登穴观之，左边虽凹，又得外山高帐，明堂四水来会，而中有一阜如印，出父子进士，兄弟御史，一佥宪，一州守名汝愚，人丁科甲冠邑。

锥然左凹风不射穴，所以为贵。

临海戴御史祖地

华容黎状元祖地　左地在华容县东，土名石笋玉。其龙甚远，穿田渡水，忽起星峦。自小儿山涌大帐，奔行数里，换骨顿异。石岭巍峨，挺然天表，势压群峰。峰生石笋，卓立十余丈，逈然清俊。百里望之，莫不骇目。但穴结太迫，以木火之星，而作金水之穴，前吐余曜虽奇，主星两臂，分劫尚多。俗眼必为发祖之处，反以两臂余支求正穴。《葬书》说：“群垄众支，当择其特。众山低，此独高；众山小，此独大；众山土，此独石。”且前应文笔插天，星峰矗矗，融结不凡。出状元黎公淳，官至礼部尚书。子官方伯。但煞重，火性燥而易灭，所以贵止二代。

官星证穴格

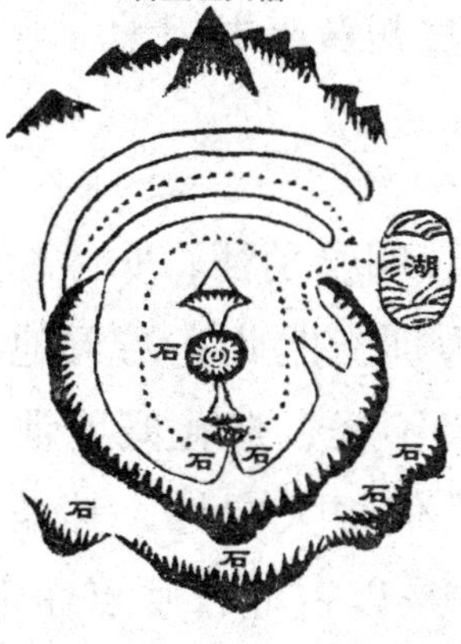

华容黎状元祖地

泉州黄尚书祖地　左地在泉州府西北四十里，土名八尺岭。其龙自葵山发脉，迢递奔行七八十里。比入局，跌断过峡，顿起冲天火星，侵云削峻。两肩大展，复绕抱向前。中垂隐隐之脉。忽于山半开平，连叠数级平面土星，乃于土气之下融结微窝之穴，界合分晓，左右弯回，内堂平聚。虽是顺水作局，而收拾齐整。大溪至此横绕过右前。御屏耸立尊严，端然朝拱。但主星卓峻冲霄，虽明堂中仰望后顶，高入天际，不见垂落之脉，似乎玄武拒尸。且火星刚燥，也不融结。不知连叠平坡，则是生土。火以生土，急中有缓，矧两肩垂落，重重绕抱有情，风气藏聚，龙旺穴尊，朝端从美，真吉地。葬后出经历公晟、教谕公绶俱赠刑部尚书。其孙光升登进士，官至大司寇；曾孙乔栋，官太守，富贵不停止。

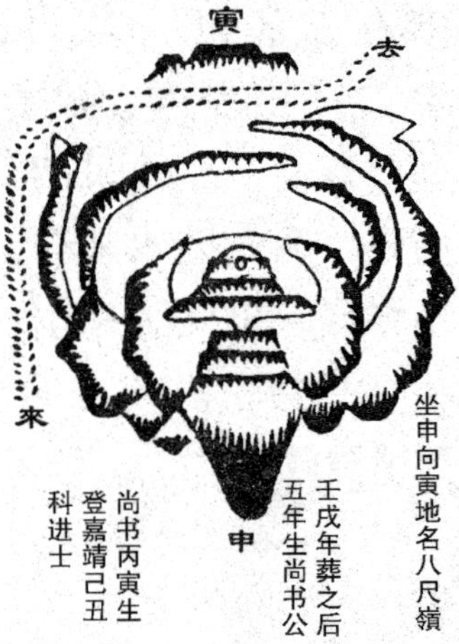

泉州黄尚书祖地

以上各种怪穴，乃怪之最怪，皆古仙迹，明验足征，非诬。但君子语常而不取怪。况此怪之最怪，何可为训？然此寔乃天地藏机以福善人，非寻常之可测。矧穴怪而龙必不怪，造化既明泄于龙矣，岂复又示以穴乎？知审龙自可得穴。但极大之地，其怪尤甚。谚有说：“地有十分大，穴有万分怪。”是以古仙哲师点怪穴，未尝不细用心机，参详思索。或一月而得之，或一年而得之，或数年而后明，或十年而后定，不敢轻易以为是，必深知其情性，洞究其玄微，划然神悟，透彻真机，果有定见，造化在乎手矣，岂不难哉！古语说：“一年学得寻龙，十年学不得点穴。”又说：“望势寻龙易，登山点穴难。若还差一指，如隔万重山。”大致上说乘生气全在点穴，而点穴须在正心诚意，从容精详，反复玩索。此系险事，岂可同明显之穴而易视之？切不可妄逞聪明，鲁莽苟且。仙辈如廖金精看大汾潭地沐国公祖地也，盘桓月余。赖公扦黄氏蛇形，三移其圹。董德彰扦倪御史祖地，三迁其穴。刘伯温点金华郑氏鞭山地，往来二十年始得其妙。因自叹曰："我爱鞭山二十年，鞭山对我默无言。今朝始悟鞭山趣，贵穴从来不易扦。"此见哲人慎重不苟如此。世有自作聪明，强不知以为知，或以自误，或以误人，吾不知其设心何如。吾又怪夫世有不思安亲，人子一生极重大事，而辄信匪人，以断法小术，妄书祸福。一或偶中，遂以为神，而不察其诚伪，一切委之，不免致后悔多矣。

穴星歌诀

问君何以名为穴，地理同人脉。问君何以名为星，天象即地形。龙神落处穴融结，须把星辰别。星辰不是妄称呼，形象实相符。圆直曲尖方五体，本是五形气。直曲方尖各带圆，凑作九星全。入式总歌已详备，如斯略解义。认得星辰形体时，祸福自能知。第一要分真与假，多有昏迷。若是真山水潮，假则去迢迢。第二要分生与死，时师多昧此。藏风得水是为生，死则气飘零。第三宜逆不宜顺，莫把寻常论。逆是下山脚先回，顺是逐水来。第四要嫩不要老，细看休草草。老是大山毛骨粗，嫩是换皮肤。穴星更有八般病，有病何劳定？斩指折痕项下拖，碎是石嵯峨。断肩有水穿膊出，剖腹脑长窟。折臂元来左右低，破面浪痕垂。陷足脚头窜入水，吐舌生尖嘴。此是成星终有亏，误用祸相随。穴面又有八般病，有病皆要医。贯顶脉从脑上抽，星峰不见头。坠足脉从脚下去，灵光内所聚。绷面横生脉数条，生气自潜消。饱肚粗如覆箕样，丑恶那堪相？莫言立穴太精详，凶吉此中藏。

点穴认势歌

认得星辰既真正，点穴宜相称。星辰真正穴争差，咫尺隔天涯。一个星辰有三势，立眠坐各异。立是身耸气上浮，天穴此中求。眠是身仰气下坠，地穴如斯是。坐是身屈气中藏，人穴最相当。一个星辰有六格，见穴须求索。大小高低与肥瘦，穴贵得其宜。大要宽开小要狭，作用当依法。低怕受湿高怕风，消息莫匆匆。肥宜浮上瘦沉下，反此皆凶。三势六格笔难图，休道尽形无。点穴必先分四煞，留心莫乱挖。恶煞无过直与尖，真个得人嫌。两边圆净名全吉，藏煞穴第一。无饶无减穴居中，妙用夺神功。穴下如生尖直脚，压煞穴宜作。骑形高下自无凶，挨金法也同。气脉直来形势急，脱煞穴宜立。须知粘穴落平夷，休嫌穴水泥。一边尖直来相从，闪煞穴宜用。从来倚脉也如然，莫道穴居偏。此是穴星篇内诀，开端当解说。其余作法有专门，仿此不虚论。

怪穴辨惑歌

穴有奇怪人不识，造化无可测。体格何曾乱九星，不见得人惊。骑龙须要居龙脊，龙住应无敌。藏龟闪迹在田间，水绕是真龙。漱石莫疑安石罅，土穴端无价。捉月须云在水中，还要土来封。斩关已见前人下，细看终无假。坐穴转面去张潮，不怕八风摇。走珠墩阜出平地，三个五个是。仰高山顶见星辰，平面最为真。变态无穷聊举例，作用皆如是。乘生得气任君裁，奇怪不须猜。

第五章：论砂法篇

论砂法总论

砂为穴之前后左右山。砂，合前朝、后乐、左右龙虎、罗城、侍卫、水口诸山，与官、鬼、禽、曜，皆称作砂。古人以砂拨山形而相授受，所以称作砂。廖金精说：“先贤教人元有法，只从砂上拨。因此号作拨砂图，次第以砂悟。”谢双湖氏乃谓“高大为山，低小为砂”，则失其旨矣。大凡真龙融结处，自然诸山拱卫，献奇列秀，《葬书》所谓“若怀万宝而宴息，若具万赡而洁齐”；张子微所谓“万卒影从成禁卫，千官拥护是朝廷”。而前后左右远近之砂，自然拥从照应。杨公所谓“但登正穴试一观，呼吸四维无不至”。这些都是形容砂之情状。但诸家砂法，都不但看，因以来龙美恶定地吉凶，又当以龙穴为准，砂则不过取其朝应护从证说。卜应天说：“德不孤，必有邻，看他侍卫，以证龙穴之真伪。”

吴景鸾说：“龙穴既真，前后左右之山自然相应；若龙穴不真，虽然有妙砂，也为无益。”所以说穴、砂如美女，贵贱从夫。廖金精说：“龙贱若还砂遇贵，反变为凶具；砂贱若还遇贵龙，砂也不为凶。”卜应天有“文笔变画笔，牙刀化杀刀”之论，意先龙穴而后砂。然曾公说：“先看劫砂何方起，劫砂照处全无地。”《玉函》说："四山反乱走东西，纵有好穴也弃置。"是又先于砂矣。盖砂固随乎龙穴，而关祸福也紧。所以何野云说："但把前砂覆旧坟，祸福应如神。"范氏说："先观龙穴知真假，细审龙砂断吉凶。"金精说："龙如上格砂如下，虽贵无声价。后龙如弱好前砂，只荫外甥家。"砂之所系如此，岂可忽诸！但砂法极繁，难于悉举，而一般来讲不外乎方圆尖正为吉，破碎斜侧为凶，开面有情、秀丽光彩为吉，巉岩走窜、丑恶无情为凶。然也只近穴为准，远则勿泥。若以形像论之，则如御屏、锦帐、御伞、金炉、贵人、天马、文笔、诰轴、金箱、玉印、殿阁、楼台、展旗、顿鼓、玉带、金鱼、晒袍、卓笏之类，砂之吉。如投算、掷枪、烟包、破衣、抱肩、献花、探头、侧面、提箩、覆杓、断头、流尸之类，砂之凶。廖金精以富、贵、贱三科定之，谓肥圆方正为富，清奇秀丽为贵，欹斜破碎为贱，也最有理。用此察之，砂法之妙，思过半矣。

消砂歌诀

真龙落处四山聚，也自有名义。昔贤何以唤为砂，于理自呼差。杨曾教人原有格，只从砂上拨。因此名作拨砂图，次序以砂悟。大凡寻龙与点穴，细把前龙别。龙若住时砂有情，不住乱纵横。穴若正时砂效用，不正自飞动。真龙藏幸穴难寻，惟砂识幸心。砂有朝迎与侍卫，四君须记。当面推来名曰朝，不怕远迢迢。若是真时方出现，假时难见面。迎是随龙先出来，见穴却回头。或随迎潮来聚集，远望低如揖。侍在穴前分两边，端拱默无言。遮头客山不许入，森森如竹立。卫是护龙左右随，生怕四风吹。本身枝脚为龙虎，皆在卫中数。只将四拨前砂，括尽更无加。中间最是朝山紧，祸福尤有准。高低穴法取朝针，高则齐眉低应心。其次本身枝脚重，队仗真得用。谁知不见乃为奇，福应没差移。远迎近侍不可缺，只喜皆罗列。就中龙虎事如何，所贵在谐和。大致上说砂形不须泥，有情便为贵。纵绕秀丽更尖圆，无意也徒然。此是拨砂真妙诀，莫与时师说。时师将信又将疑，枉自泄天机。

论青龙白虎砂

《葬书》曰："葬以左为青龙，右为白虎。"所谓青龙、白虎，穴左右二臂之别名。

龙虎以卫穴得名，固不可无，然也不可深泥。地有无龙虎而吉，也有龙虎俱全而凶。要龙真穴的，初不拘此。但龙不真，穴不的，纵有极美之龙虎，终属虚花。廖金精说："龙虎古称卫区穴，祸福最亲切。"卜应天说"龙虎尤要详明"，岂可忽乎？所以说须有真龙正穴，而左右龙虎二山或有不足，也不可为全吉。又须检点，恐结作未真，或点穴不当。如其结作真，点穴当，而龙虎不足，乃天地无全功，造化有亏缺不齐处，也须扦葬，但公位不均，付之福缘，君子勿泥。

本身龙虎图

外山龙虎图

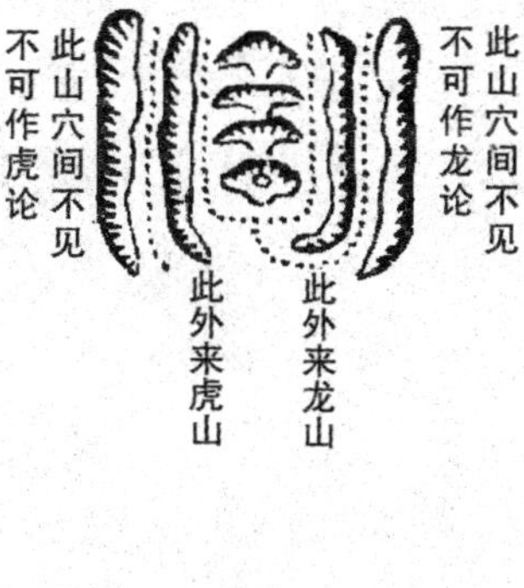

凑合龙虎图

龙虎砂断

青龙管长房，四七十房同。白虎管幼房，三六九房同。龙虎两平正，穴贵天然定。龙虎似楼舟，曲债放生钱。龙虎两分飞，父子各东西。龙虎两直硬，儿孙损妻室。龙虎两纯和，子媳更登科。龙虎两尖射，子媳遭树杆。龙虎两低落，卖田无近角。龙虎两腰低，子媳孤栖栖。龙虎屈曲去，游食路死是。龙虎尖射坟，内没自家返。龙虎欺玄武，子孙带受苦。龙虎两排卫，富贵达京华。龙虎拳头起，槌胸应哭儿。龙虎两交枪，法死命须偿。龙虎如垂掌，乞食常游荡。龙虎两门丫，赌博不归家。龙虎似连珠，家门富有余。龙虎如瓜匏，资财带追取。龙虎直下坊，少死入黄泉。有龙却无虎，三子受贫苦。有虎无龙应，路死茅叶定。龙长虎短促，卖田又卖屋。龙短虎直长，卖屋及卖田。龙畔三尖入，三子命中丧。虎畔三尖长，媳妇受灾殃。龙畔山微出，家有鼠头贼。虎畔见微出，常被贼来欺。虎低龙头起，刺面他乡起。虎尖射龙头，还是配地州。龙外一山随，养子定奸非。虎外一山随，养女被人迷。青龙若直去，断定卖田宅。虎山似拖枪，暗地被人伤。龙上尖笔起，子媳登科举。虎上两尖峰，无子把孙供。只可龙欺虎，不可虎欺龙。龙畔重重起，长子多富贵。虎畔叠叠高，少子尽英豪。青龙随白虎，儿孙卖田地。白虎赶龙行，何处有营生。龙行回抢虎，尊卑淫欲事。白虎包龙头，淫欲不知耻。青龙生恶石，长子遭恶死。白虎头昂藏，少位主瘟瘟。青龙起尖峰，长子结铁笼。虎上起尖峰，养女似芙蓉。

总论朝山案山

朝案二山皆穴前之山，本自有辨，不可合而为一。近而小称案，远而高称朝。案如贵人据案处办公义；朝如宾主相对抗礼之义。所以案山近小，而朝山高远。凡是地贵于近案远朝两样全备。有近案则穴前收拾周密，无元辰直长、明堂旷阔、气不融聚之患，于以知其结作之真；有远朝则有配对，有证应，开豁光明，势局宏大，无逼窄促窒之虞，于以知其气象之广。所以远朝、近案俱全，则内外堂局具备，三阳六建皆明，而为地之至美。又有一种吉地，不见朝山，却不可图贪远秀而失穴。只要龙穴真，虽无朝山，也为大地，不必尽拘。

1、论案山

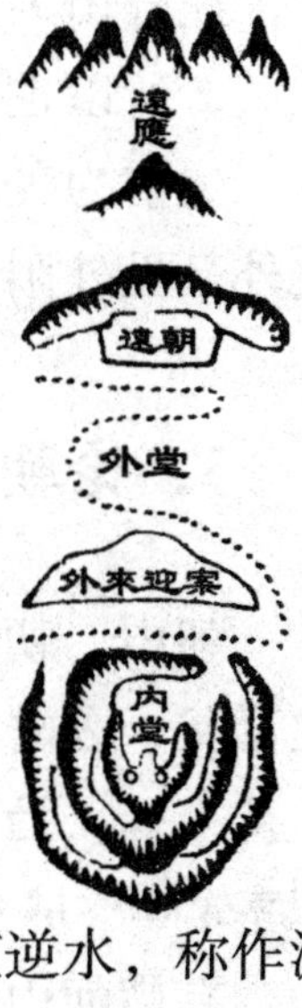

凡是穴前低小之山，名叫案山。如贵人据案之义。其山宜低小，或如玉几、如横琴、如弓眠、如带横、如倒笏、如按剑、如席帽、如蛾眉、如三台、如官担、如天马、如龟蛇、如旌节、如书台、如金箱、如玉印、如笔架、如书筒等物，而横遮外阳朝对山之脚是。也不必拘其合于形像，但以端正、圆巧、秀媚、光彩、平正、齐整、回抱有情为吉；顺水、飞走、或向穴尖射、及臃肿、粗大、破碎、巉岩、丑恶、走窜、反背无情为凶。或是外来之山，或是本身之山，皆宜逆水，称作泝水案。案山有本身案山，和外来案山之别。

2、本身案山

此本身山生来，横在穴前，收关元辰之水而为案，极吉。

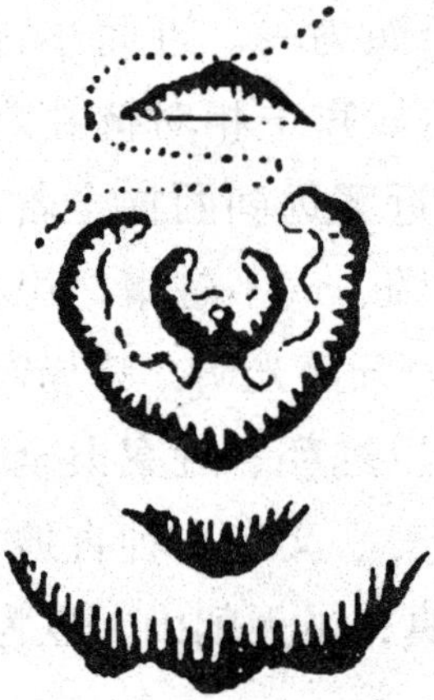

外来案山

又式

外案重秀图

此外山为案，低小当前，也能关收内堂元辰之气，不使荡然无关，所以也称作吉案。其形象不必拘，只要有情，不飞走、丑恶、尖射为美。逆水生来为上，顺水远抱过穴，不斜走也吉。此山之外又见外阳秀丽之山，献奇列秀，一重高一重，乃为美。

3、论朝山

朝山，朝对之山。欲其有情于我，如宾之见主，臣之见君，子之奉父，妻之从夫。登穴而望，端然特立，异于众山，天然朝拱，不待推择，乃真朝。《经》书上说："真龙藏幸穴难寻，惟有朝山识幸心。"是盖既有生成之龙穴，必有自然之朝应，朝山有特朝山，有横朝山，有伪朝山。以迢递远来，两水夹送，拜伏而至，称作特朝，此格为上。有此朝山，融结必真。朝山大致上说欲其端正秀丽，或尖、或圆、或方、或平，皆须光彩妩媚，忌其破碎、巉岩、崚嶒、丑恶、欹斜、走窜、反背、凸窟、尖射、臃肿、麄雄、崩赤、枯瘦、无情。但砂如美女，贵贱从夫，非朝应之山所可必，又当先察龙穴为准。

特　　朝

伪　　朝

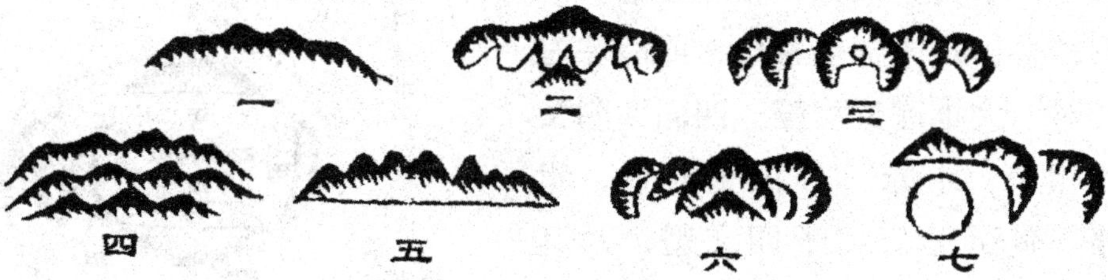

横　　朝

4、论平原无朝案

廖金精说："第一尤嫌无案山，衣食必艰难。"地常以有案山朝对为吉，但平原旷野，弥望无山，是无朝案，此地是不是不可用？不是，平原之穴，只取平原为案，高一寸为山。或田中草坪，或水界田岸，但微高皆是朝案。详而观之，皆有吉凶，又何必泥于山峰之朝案哉！且山谷中也有一种贵地无朝山，却必有近案低小之山，以关内气。廖金精之言，特为无案而发，所以地不可无案观物。祝公曰："数十里外远朝山，渺渺茫茫旷野间，近案又无堂气散，千重青秀也空闲。"梁箬溪曰："左右周回似有情，来龙落穴也分明。水长无案明堂旷，下后儿孙家计倾。"其朝山之有无，不甚为轻重也！

右地在台州治东二十里，地名上田。其龙来脉甚远，自高山撒落平田，五六里不见踪迹。将结穴，忽于田中突起墩埠，相牵相连，三四转叠，乃成金星融会，前后左右登对，大小远近均停。四面太阴文星相聚，术家称作四金相照，贵格。敬所王公父子四文魁，乃其应。原取螃蟹吐沫形。形固不可执，也有偶合奇验。是地穴前有流泉，敬翁孝诚铺石甃砌之。工未完而泉已浊涸，遂伤少丁及阴人数口。或谓蟹不得吐沫之故。仍去诸石，不两月，泉复流，清如旧。此见形之肖，也有若是之不爽云。

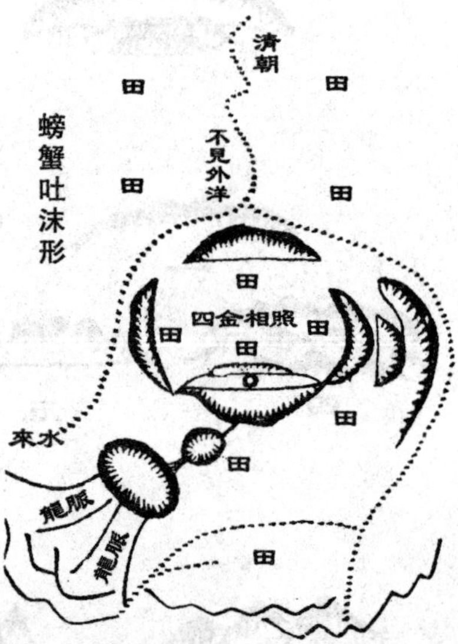

台州王氏父子四魁祖地

5、论朝山乱杂

前砂以重叠为贵。诚如所论，不能太乱杂？前朝之砂固贵其重重叠叠，献奇列秀。然峰峦太多，乱杂混浊，可以向此，可以向彼，则情意不专，乌得为吉？吴景鸾《口诀》说：“三峰对中，两峰对空。”其慎重如此。

传说：乐平县徐附马祖地，前峙双峰。最早一名师同其徒见之曰：“此地当出国婚之贵。”其徒遂为徐氏私下之，不识向空，而偏向一峰。师复过之，惊讶说：“错误矣！”乃索其课，题曰：“好对空兮却对峰，他年莫道地无功。为官必定因妻贵，意正浓时却中风。”后徐氏果然两尚公主，骄横不检，廷臣劾之取首级。可见两峰尚有对空之说不可误，况峰峦之乱杂？若前峰环列，献奇逞秀，又多为大贵龙穴之应。只要中间有一二峰特异，取为正对。

徐驸马祖地

徐驸马祖地在乐平县金山乡。其龙穴俱美，惜乎立向少差，减福如此。盖立向既差，则内之乘气分金，外之砂水向背皆相戾矣。所谓差之毫厘，谬以千里，岂不信夫。

6、论前应砂后照砂

穴前案外之山，称作前应砂；穴后玄武顶背之山，称作后照砂。也叫前照后盖，即前朝后坐之山。在后为宝殿，在前为龙楼；后照即福储峰，乃祖山在结顶之后，或两臂之外，尊贵高大，矗矗然托护于玄武，如宝座，如御屏，如帏帐、帘幙是。若回龙、脱龙、横龙之穴，不得祖宗为照山，也须外山之尊贵高大在后托护之，使玄武枕以为照，而不陷于空亡可。

右地在丰城，土名桐槽。其龙自罗山入临川境，转至桐槽，系省龙分结，迢递而来。将入局，横列大帐，左右天乙、太乙中耸，帝座秀异清奇。正脉从帝座中逶迤而下，复开九脑芙蓉帐。帐中顿起大贵人，耸立特异，节节上格贵龙。复大断，霞帔过脉，隐隐三台挂角而下，撒落平坡，开口结穴。到头丑怪，穴似散漫，龙虎带剑，似乎分飞不顾，俗见无不惊骇。殊不知大龙干地，曜气发露，贵秀全在于此，但不利初年。徐氏宋建炎四年葬后，果然不利，从戌迁濠州，生徐达为明朝开国元勋，封魏国公，进中山王，三代追封王爵。女为文孝皇后。次子永昌，复以成祖推功，封定国公，南北两京，世袭公爵，俱掌兵政。旧有钤记：“桐槽大地，猎猎塌塌。火脚金头，却似牛轭。帝座后殿，贵人前席。日月捍门，龙虎持戟。有人葬着，王侯两国。百年已后，富贵方得。若问发迹，先须江北。

徐中山王祖地

按：此地龙为分省城正干，穴枕帝座，所以力量大。日月捍门，所以王侯之尊。穴怪，堂气顺，所以发越迟。龙虎俱带贵曜，兄弟皆掌兵权。曜飞扬，局逐水，所以离乡而贵。虽然徐氏之贵地很多，未必全在此穴。但有此钤记，可见其验神速！

传说：晋朝郭璞至丰城，改迁县城。看见此水口处有日月捍门二山，很惊讶的说：“此内有至尊地乎?”随后考察了说：“日月反位，非至尊，不过王侯地。”于是私作记而去。观其神验如此，信非景纯不能。

7、论天门地户

水来处为天门，水去处为地户。都以穴场处看。

天门地户，也名三门五户。天门欲其开阔，地户欲其闭密。穴之左右，不问青龙白虎，但水来一边称作天门，水去一边称作地户。不拘青龙白虎，但水来一边要开阔宽畅，山明水秀，水去一边，要高帐紧密，闭塞重叠，不见水去为吉。合此则结作真，力量大，发福速，运祚远。若天门当开而反闭塞，地户当闭而反宽旷，乃是山水不相交会，此处决无真龙结作，不必寻索穴场。只要收水一边山势强盛有力，收得水住，使气便融聚。董氏德彰谓“下砂收尽源头水，儿孙买尽世间田”。

论罗城垣局上各砂

罗城垣局即前朝后托相连于穴场周围的砂所形成的局。

罗城要重重叠叠，高耸周回，层层级级，盘旋围绕，补缺帐空，如城之有女墙垛，所以曰罗城。又如天文三垣星象，各有围垣之星以卫帝座，所以又称作垣局。垣局即罗城。卜应天说：“纷纷拱卫紫微垣，尊居帝座；重重包裹红连瓣，穴在花心。”又曰：“山外山稠叠，补缺幛空。”又曰：“华表捍门居水口，楼台鼓角列罗城。”赖布衣曰“四神八将应位起”，杨氏曰“外山百里作罗城”，皆善言垣局之情状。大致上说欲其宽大周圆，不知水从何出。朱熹曰：“拱揖环抱无空缺处，宛然自一乾坤。”乃罗城之上吉。

1、论乐山

乐山为穴后乐托之山，正应穴场而盖托是。撞背来龙结穴，以及穴星起顶，皆不论乐。惟是横龙穴，以及凹脑、侧脑、没骨等穴，必要乐山贴身盖应，才为真穴。廖金精说：“横龙结穴必要鬼，乐山宜后峙。”但乐有三格，曰特乐、曰借乐、曰虚乐。特乐，远远特来，挺然贴穴；借乐，虽非特来，而横帐贴穴，不令空旷；虚乐，既非特来，又不横绕，而低陷躲闪，散乱远旷，枕穴不著。特乐为上，借乐为次，虚乐不可用矣。其于形象，皆不必拘。惟以端然卓立，高阔帐护，不令空缺为吉。且乐星也不拘定是本身山，只客山也可。若得乐下之水流到穴前，最为至贵。又穴上回头便见乐山，或明堂中见最吉。皆须贴背，不宜远旷。

特乐图	借乐图	虚乐图
		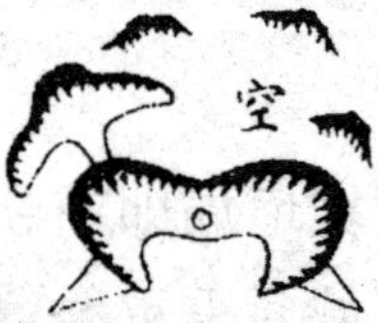
此远山特来，挺然贴穴应乐，至吉，主骤发富贵，大旺人丁，康宁长寿。	此横幛贴穴，不空缺，正乐应，也有力，是吉地真穴，福祉于特乐。	此穴后空虚，无正乐，虽然有小山，偏旁低闪，不枕穴场，是凶地假地。

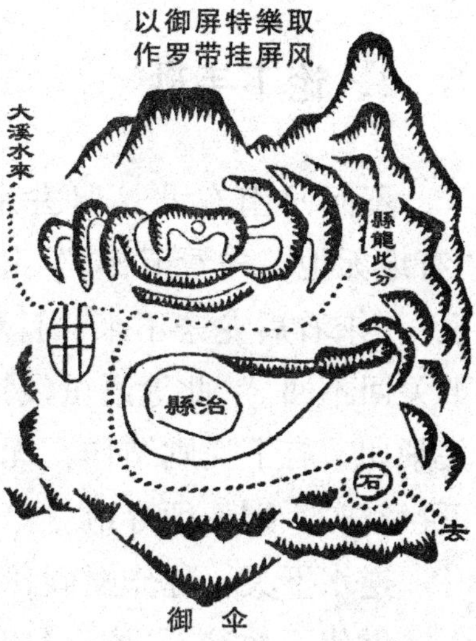

广昌何氏父子尚书名地

右地在广昌县西一里，土名桃竹坑。系县龙分结。分后五峰中出，逶迤顿伏。将入穴，乃束气起天财土星，横脉结穴。穴完又起星峰，踊跃以去。立穴处似过脉状。只是后有御屏特乐，撑贴有力，证得情真。穴前一字文星及蛾眉为案。案外奇峰献秀，下关逆抱包裹。前铺官星，大河绕带，局势完密，真贵地。吏部公文渊父以疫卒洪武丙寅，抬柩至此遇雨，遂葬，今乡称天葬地。公时方半岁，乙丑生，后登永乐戊寅进士，累官至吏部尚书。子乔新，官至刑部尚书，谥敏肃。玄孙进士，解元。这些都是连登科甲，富贵方隆。

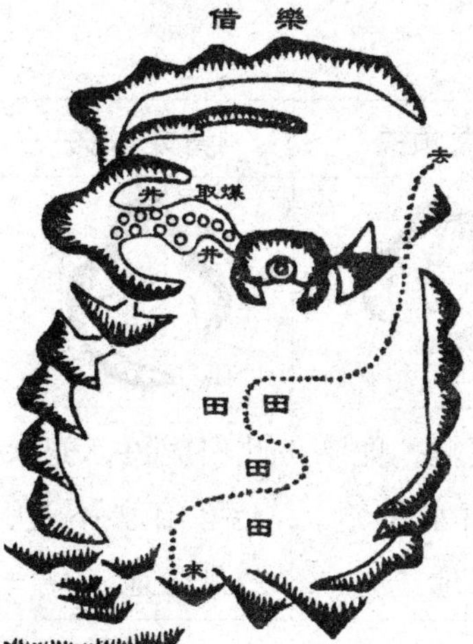

丰城县解元祖地

左地在丰城长安。其龙起孤山作祖，行数十里来，踊跃奔腾，磊磊落落。将入局，顿起九脑芙蓉大帐。帐中落脉，大断过峡，重叠迎送。复起飞蛾，中出一脉，走弄成卢鞭三袅贵格。结咽入首，为平面太阴文星开窝之穴。横脉结作，借乐立穴。喜有后山高帐，乐托有力，正应其穴，所以为吉。且左右龙虎均匀，当面天马双峰正案，田源潮水聚堂，下关水口交固，真可称贵地。葬后孙氏溥发解嘉靖壬子，兄弟联登科甲。可惜人们在来龙山上挖取煤炭，伤泄龙气，所以此地称不上尽美。

2、论下手砂

不问西南东北，但去水一边称作下手，下臂，下关。诀说：“有地无地，先看下臂。”又说：“看地有何难，先观下手山。”又说：“未看后龙来不来，且看下关紧不紧；未看结穴稳不稳，且看下关回不回。”此等语虽浅近俗俚，然至理本不外是。盖下手砂最关紧切。有下拦则结作，无下关则无结作。下拦重叠，结作愈大；下拦空旷，则不须寻地。

逆水下关，称作财砂，最能发财。杨筠松说：“惟有下手救得人，世代不教贫。”廖金精说：“问君如何富，下山来相辏。问君如何贫，下山顺水奔。”《何知歌》云“何知人家富了富，下臂重重来抱顾；何知人家贫了贫，下关空旷不朝坟”说的就是这个道理。大致上说逆水砂不虚生。凡是见一山迢迢弯曲，逆兜上手水，便宜寻索龙穴，决有结作。

青龙逆关	白虎逆关	白虎顺关	青龙顺关
		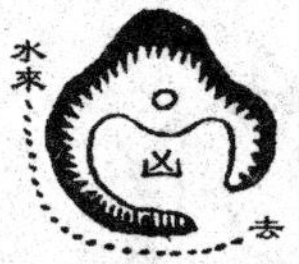	
此青龙长，兜乘得上手山水过，乃是吉地。	此白虎长，兜乘得上手水过，乃是吉地。	此青龙短，兜乘上手山水不过，乃是凶地。	此白虎短，兜乘上手山水不过，乃是凶地。

若有大河，不可只论小水，又须以大河水论顺逆。大致上说有一重水，必要一重砂收之。如小水倒左，大河水倒右，却要近穴左山先长，以收小水，然后外重又得右山长，兜收

大河之水，才为合法。蔡牧堂说：“顺逆二途，如盲如瞽，似非灼然有见，鲜不以逆为顺，以顺为逆。”所以说要知山川之大势，默定于数里之外，而后能知顺逆于咫尺微芒之间。否则黑白混淆，以逆为顺，以顺为逆多矣。

此小水倒归右，大河水倒归左。近穴虎山先长，以收小水。外重龙山又长，以收大河之水，为合格，是美地。

此小水倒归左，大河水倒归右。近穴龙山先长，以收小水，外重虎山又长，以收大河之水，为合格，是美地。

已上所论下手砂法，以逆关为吉，顺关为凶，此乃地之常格。却又有种大富贵地，多是顺关顺缠而吉，惟要大势是逆局则美。盖逆局要顺缠，顺局要逆缠，此也阴阳交会自然之理。

但有一种地，翻身逆势，全无下关而吉。顺水砂，顺关门，又有上砂高逼，下砂空旷而吉。

右地在浙江常山县，地名三冈。龙势甚雄，入局复起廉贞少祖，中落一脉，脱下平冈，为眠体华盖，一节结咽成金星突穴。四围圆晕太极甚巧。但左山低小，右畔高雄，水自右流左，下关反弱为异。然龙穴既贵，右山虽高，主威武之权。左山虽低，本身一臂贴近有力。兼以穴暖，且大河绕抱，水口拦截，虽低不忌。葬

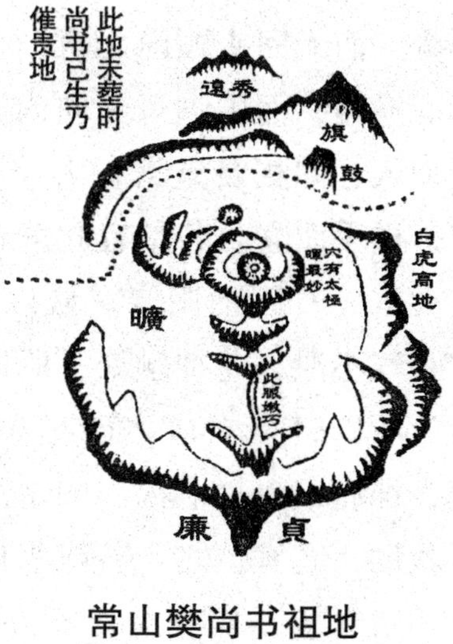

常山樊尚书祖地

后出清简公莹，登进士，官至刑部尚书。

已上所论顺关，以及无下手砂等地，皆须逆局有水特朝方可，切要龙真穴的。若察龙穴不真，不若守其常格，以下山有力为主，犹为节制之兵，虽不大胜，也不大败。若妄意图大，不拘下砂，为害不浅，戒之慎之。

3、论水口砂

水口砂为水流去处两岸之山。切不可空缺，令水直出，必欲其山周密稠叠，交节关锁，狭而塞，高而拱，或两边相结，如犬牙交错，如群鹅相钻。或峙立高峰，岩崖峭立；或水中异石，挺然中立，如印如笏，如兽如禽，如龟如蛇，如鱼如笋；或左右高山对峙，如狮象、旗鼓；或排列如布阵屯兵；或横幛如列仓贮囷；或填塞如宝殿龙楼；或把截如武夫之干城；或簇集如将兵之拱卫，或磊磊如车马阗骈，或森森如剑戟竖立，重重叠叠，不计其数，迢递迂回，至于数十里，则为水口砂之至美。若更有捍门、华表、罗星、北辰、游鱼等砂，尤为至贵。

皆论水口砂之形势妙旨。又须察其情形何如。若其大情顺水下奔，而无回头顾内之意，也不足取。欲其情意顾内，步步回头，横截逆转，而山脚只只向内逆插，则其情意皆真。刘氏说："若向面朝入，如相君堂署，大将屯兵，节节把守，无阶可进。小官卑将，拱手而立。若是有此情意形势，关锁水口，斯为至贵，其内必有大富大贵阴地阳宅。诚以水口为一方门户，若关锁周密，则此方旺气不泄，龙神融聚，所以愈多愈好。

所以曰"水口之砂最关利害"。其水口间有大桥、林木、佛祠、神庙，也拦祸福。或水冲损桥梁，或伐木毁庙，则凶祸之来不可救助，尤宜慎之。若或水口罗星诸砂被水冲破，或忽崩裂，则此方凶败立应。如叠有奇石高洲忽然露出，则此方富贵骤至，皆应如桴鼓。智见之，可以预验休咎。廖金精说：“若还水打破罗星，官败举无名。忽然水口洲滩出，士荐官迁秩。”水口之所系如此。

4、华表山

华表为砂法一种，一般称为贵格。

水口间有奇峰挺然卓立，或两山对峙，水从中出，或横拦高填，窒塞水中，就是。要高耸天表，方称华表之名。水口有此，于内必有大地。《雪心赋》说：“华表捍门居水口，楼台鼓角列罗城。若非立郡迁都，定主为官近帝。

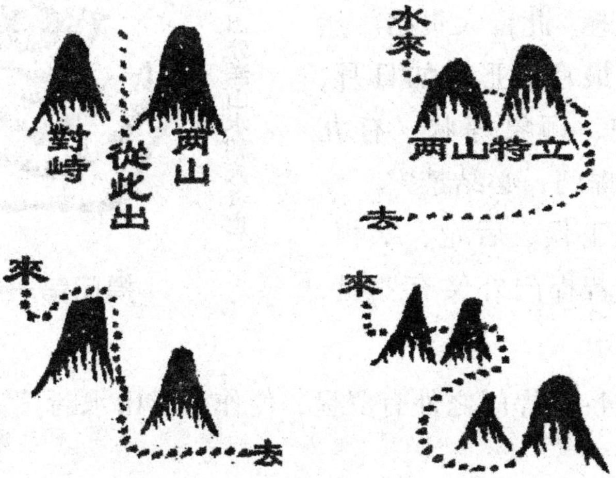

5、捍门

捍门山，极贵之地，水口之间两山对峙，如门户之护捍的山。有三种格。其一穴前见之，端居左右，如门户放入，前砂、外洋、远秀朝揖。其二江水阳朝，先开捍门，水由门户中出，洋洋坦夷，来不见源，去不见流。其三则水口拦拦，开设门户，水由此逝。此皆大贵格。然捍门之砂，最喜成形。如日月、旗鼓、龟蛇、狮象等状，有九重、十二重捍门，必结禁穴。一重二重也主王侯、后妃、宰相、状元之贵。若捍门外又有罗星，尤为奇特。

此格极贵主大贵公侯郡王台辅皇后贵妃神仙神童状元

捍门第一格乃穴前山如门对峙而放出外洋山水朝入者也

捍门第一格

《经》曰："捍门之外有罗星，便作公侯山水断。"

6、北辰

北辰为水口间巉岩石山，耸身数仞，形状怪异，当于中流，挺然朝入是。也称作尊星。此格极贵，千不逢一，非王侯大地，未易有此。杨筠松说："一个北辰管万兵，驸马公侯招讨名。高大峥嵘耸云汉，必是争天夺国人。"《禁星论》曰："筠松禁星禁何星？余星不禁禁北辰。至尊之星所当禁，恐君泄漏害君身。"又曰："大地龙神朝暮守，不许凡人乱开口。劝君遇着北辰星，禁口禁眼宜谨守。”盖水口北辰极贵，上多为禁穴之应，不可轻谈；中王侯宰辅、皇亲国戚，斩杀自由，非寻常小贵之地而能有此。

此星极贵，上格贵龙方有此应，不拘多寡，但得一二即为大贵。须居水口为真，若穴上见之为煞反为不吉。

7、罗星

罗星，水口关拦之中，有堆埠特起，或石或土，于平中突然当于门户之间，四面水绕是。石为上，土次之，要居罗城之外为贵。《经》书上说：“水中重重生异石，定有罗星当水立。罗星外面有山关，上生下生细寻觅。”然也有真伪，尤宜详审。《经》书上说：“贪巨罗星方与尖，辅弼武曲圆扁眠。禄存廉贞多碎破，破军尖破最堪嫌。只有尖圆方扁星，此是罗星得正形。忽然四面皆是水，两山环合郁然青。”看罗星之法，有此数诀，不可不识。大致上说见有罗星，又合法度，其内必有大富贵地。盖缘罗星乃是证佐，决不虚生矣！若其数多尤妙。然非极贵龙穴不能多。诀云“一个罗星抵万山”，况其多乎？

华表、捍门、北辰、罗星，皆水口至贵之砂，得一处都为富贵龙穴之应。但水口之砂，也不止此。小罗小锁及小关，一州一县须有拦。十拦十锁百十里，定有王侯居此间。乡落罗星小关锁，枕水如戈石横卧。但看无脚是关拦，重数多少分将佐。君如能识水口山，便识天戈并禄破。观此则知水口关拦、罗星等砂，虽然有大小不同，其寔皆一理。

论官鬼、禽曜贵砂

官鬼禽曜图

官鬼、禽曜都是真穴前后左右发出余气之山。在前叫官星，在后叫鬼星，在龙虎外左右叫曜星，在明堂左右及水口间叫禽星，也叫明曜，皆为富贵龙穴之证。傅文懿公立《四灵歌》说："禽曜星与官鬼，都是好龙生秀气。穴前穴后龙虎旁，有此定为公相地。"卜应天说："要识前官后鬼，方知结寔虚花。"又说："禽星兽星居水口，身处翰林。"又说："生曜主官，王谢之名可望。"所以说官鬼禽曜不可无。诗曰：

问君何称作官，朝山背后逆拖山。

问君何称作鬼，穴山背后撑是。

问君何称作禽，龟鱼生在水中心。

问君何称作曜，龙虎肘后石尖生。

1、论官星

官星为龙虎横抱，穴外背后有山拖向前去。龙旺，秀气融结包会不尽，所以又发为官星。龙之贵气重大，官星也必重大；龙之贵气轻小，官星也必轻小。所谓大小，非论形体，乃气脉之力量。名为官星，有吉无凶。但恐龙穴不真，纵有官星也为无益。官星在横山龙虎外，所以多不见。也有见，称作现世官、现面官。《经》书上说："官星在前多不见，见名为现世官。"若龙穴真，主当代贵。大致上说官星虽然有吉无凶，也必龙穴真则吉。否则皆凶。

2、论鬼星

鬼星为穴后拖撑之山，枕乐穴场。杨筠松说："问君如何称作鬼，鬼在后头撑是。"盖撞背来龙结穴则无鬼。惟是横龙结穴，必须有鬼星撑在穴后，方证得穴之真寔。

凡是论地理，只看来龙入穴，左右龙虎，朱雀前砂，以及山水大情交会与不交会，四维八峙缺折与不缺折，鬼置之不论可。但穴有偏斜处，却有借鬼为证。"此说最善。盖鬼不必于有为吉，也不必于无为凶，特以偏斜之穴，须用鬼证。如此则鬼何关于地之大小轻重耶？

3、论禽星

禽星为水口中之石的称呼。

杨筠松说："问君如何称作禽，龟鱼生在水中心。"或如笋、如笏、如游鱼、龟蛇、飞凫、金箱、玉印、莲花、笔架，森森叠叠，磊磊落落，或高或下，或长或尖，或圆或方，或散或聚，如此禽曜，极为贵秀。若见高昂二丈三丈，主为官入朝，极品之贵。州省城垣水口中多有之。若小小石头，依山傍水，浮石无根，称作称官不见禄，终是假官人。必有根盘结水中，耸起高昂为美。凡是入乡村，水口间、溪河中见有奇异之石，必有大贵之地，宜寻取龙穴，不可忽视。

右地在天台二十九都水南。其龙来脉发自港头松山，分干甚远，不详述。奔腾百余里，起归仙火星作少祖。又磊磊落落数十里，开帐过峡重叠。比入局，展帐转身，飞蛾降势，结回龙顾祖之穴。龙势跃踊，穴情清巧。左右回环，堂局团聚，四势和平，前朝秀异，一峰侵云，尖丽可爱。穴下石印，圆平当前，以为贵证。艮龙入首，扦癸山丁向兼丑未，系廖金精下。取作海虾戏珠形，以禽星石印为征。葬后出兄弟四神童，入翰林四，理学二秋谷先生清溪先生、进士数十人，封荫奏名登仕版又百余人，世宦蝉联。以石印当前，也怀内圆墩，主贵人出但是为过继，怀内圆墩自本身生，主出继外姓；自外山生，主外姓入继。

廖金精下张翰林祖地

4、论曜星

曜星是龙之贵气旺盛发泄而出的山。凡是龙虎肘外、龙身枝脚、穴前左右之砂、明堂下开水口，以及龙身随带之间，但有尖利巨石，皆为曜星。凡是地贵必有曜。杨筠松说：“龙真穴真只无曜，空有星峰重叠照。纵饶积玉与堆金，儿孙终主登科少。”是言有曜方有贵气。又宜长大，曜若长大，则贵也远大，曜短小则贵也短小。又宜近穴。

王点脚下九子十尚书：

丰城黄氏祖地

右地在丰城，土名浣江犬眠冈。其龙自两髻山作祖，行度甚远，不及详述。比入局，横列九脑芙蓉阔帐，正脉中落，重穿九脑，工字行龙，复大断过峡，顿起直三台星入首，为天财土星，担凹中结垂珠穴。穴情甚巧，气蹙于前，后宫仰瓦，而明堂紧巧。下手有力，后有帐幕撑乐，前有群峰呈秀，近有狮象镇塞，远有日月捍门，真大地吉地。葬后出二学士，以及子并列朝议，一时九贵，乃龙格九脑穿心帐，以及砂法九曜之应。以有女婿登台座，所以今传为十尚书云。系王点脚所下。其龙尽处，又结小地。以俗眼观之，小地齐整可取，此地龙穴不聚，前砂顺水，一般人不会选择，王君果然名师。

德兴张尚书祖地

左地在治南二十里，土名桃枝源。龙为倒骑龙穴之余气山发来。盘旋五里，开帐中落，入首复大断，起飞蛾束气，结穴尊重。但上手砂直硬顺水，下臂短缩，收乘不过为异。此贵地之曜。葬后出省斋公宪，官礼部尚书。外一穴俗呼蛇形，富地。

传说名师董德彰见此有内外二穴，内穴最贵，却怪异殊常。龙山直硬顺水，下关短缩，形局逼窄，不见明堂，又是穷源僻坞。外穴龙虎齐整，明堂宽平，易入俗眼。董公自度，若先点外穴，则内穴必弃。乃先点内穴。等葬毕，又指出外穴。人们果然都认为外穴为美，而嫌内穴。丰城何巡宰见而奇之说：“内穴虽丑，可出尚书。”后果然验。

5、论砂势全面

风水上从龙穴以辨别贵贱，砂为证。所以说“砂如美女，贵贱从夫”。本章专论砂图。因砂有吉凶一定不可移易之理。今收录诸家砂法中近理，编为一篇，分上、中、下三种格局，富、贵、贱三种科目，而各取的龙脉的贵贱，互相参考，断其吉凶。

一、凡是砂之形象，不必尽拘。廖金精说：“喝砂相似便为是，奉劝莫执泥。”又说：“砂形变像原不一，触类宜详推；在人心巧与目明，自可立名称。”

二、凡是砂比喻成物类，不可固执认富贵。山形万古不易，而物类则因时更变。固有古方而今圆，古贱而今贵，也有古有而今无。如席帽贱于唐而贵于宋，玉鱼、金鱼佩于宋而明朝不用之类，乌可尽以执泥？在人活泼而决之。

三、凡是砂格中，多有御用之物，如帝座、御屏之属，非谓有禁穴，乃朝臣之应。廖金精说：“格中多有帝主制，非谓其有位。宰相侍从近清光，朝夕得翱翔。”

四、砂格有专论其山峦之头，有专论其山峦之脚，有兼头脚而论，又有两山、三山相合而成一格，不可拘于一律。如华盖、文笔等，则专取其山头；进田笔、倒笏等，则专取其山脚；谢恩、绛节等，则兼取其山之头脚；马上贵人、点兵报捷之类，则取数山相映，凑合而成也，在人聪巧可取。也须多见古格，而心有所主。

五、砂格中又有所谓阴砂，则专看平田、小洲，以及小可墩埠、山麓、石脊之类，以及穴中不见。此等砂形，或在明堂，或在左右，或在水口，也关利害，不可不察。

六、砂中又有刑煞，不可不知。廖金精说："砂中有杀人不知，贵贱最难医。仔细消砂煞有八，射探冲破压。更兼反断走皆凶，解说要人通。射是以尖来向穴，徒配何须说？探是斜山少露头，作贼不知休。破是浪痕直透顶，淫乱恣游骋。冲是横来扦穴前，非祸自连绵。压是穴前砂崛起，奴仆常反主。反是曲身去向朝，离反永飘飘。断是脑下自横浪，斩首无人葬。走是斜身顺水飞，游荡不思归。若是真龙去煞合，祸福终须杂。避凶趋吉最为奇，穴上讨便宜。"又吴景鸾国师说："砂中有煞要消详，立穴先须作主张。巉岩高压及尖射，避却方能免祸殃。"盖近穴有丑形之砂，也须回避为美。远则勿泥。

七、龙真穴的，而偶有一砂之嫌，众人莫敢信，则思喝形以制之。盖喝形也可压制诸砂。卜应天说"尖枪本凶器，遇武士以为奇。浮尸固不祥，遇群鸦而反吉"之类，也有理。如旗枪当面，或作将军大座；枷锁横尸，则取贵人监斩之类。大致上说要取重于龙穴。

八、砂形肖物类而多应，不论阴地，阳宅，都有关系。比方常邑塔山如葫芦而多名医，莆田壶公山如卓笏而多朝贵，承天马良丫髻双峰居水口，而郡多双荐。是皆砂之应验。

九、凡是观砂法，须审向背、情性。司马头陀曰"以端方而知其忠，以倾侧而知其佞，柔乱以知淫，卑劣以知贼，粗猛以知恶，瘦薄以知贫。粹美知慈，威武知断。"《宝鉴》说："山厚人肥，山瘦人饥，山清人贵，山破人悲，山归人聚，山走人离，山长人勇，山缩人低，山明人达，山暗人迷，山顺人孝，山逆人欺。"此皆其正。蔡牧堂曰："观形貌得其伪，观性情得其真。"真是精论。

大贵人 	**大小贵人** 
上格贵砂 大贵人砂，木星高耸而尊严秀丽。凡是贵人砂，皆是木星。凡是文笔砂，皆是火星。贵人砂不宜破碎、欹斜、丑恶。 上格龙：主文章贵显，典大郡。 中格龙：有文名，不显贵。 下格龙：主僧道孤独无子。	中格贵砂 大小贵人砂，一峰高大，一峰低小。上一格主父子同贵，下一格主兄弟同贵。皆要砂形秀丽。 上格龙：主父子、兄弟、叔侄同科同朝。 中格龙：主父子兄弟有文名，无显贵。 下格龙：主僧道师徒有名。
龙楼凤阁贵人 	**金马玉堂贵人** 
上格贵砂 龙楼凤阁贵人砂，乃木星居水星之上，火星之下。盖自下生上，以水木，木生火，所以为最贵。要星辰特异，各各合形，尊严光彩，方合格局。 上格龙：主高科显贵，功在社稷，泽及生民，恩深奕世。 中格龙：主翰苑声价，日近天颜。 下格龙：主富有声。	上格贵砂 玉堂金马贵人砂，乃贵人之后有御座，前有马山。要清秀端正，忌破碎走窜。宜左右均匀。 上格龙：主文章冠世，高科及第，玉堂贵显。 中格龙：主典大藩。 下格龙：主富贵多仆马。

帐下贵人

上格贵砂

帐下贵人砂，水星之下有木星。要清秀端正，忌破碎粗丑、欹斜飞走、迫近高雄、巉岩带右。

上格龙：主尚书侍从，锦衣玉带。

中格龙：主典州郡之官。

下格龙：主出僧道得官。

盖下贵人

上格贵砂

盖下贵人砂，华盖之下有木星。要清秀端正，忌欹侧粗恶。须三盖不同，其所应则无异。三盖，华盖、宝盖、冠盖。

上格龙：主尚书侍从台谏。

中格龙：主出镇大藩。

下格龙：主出僧道。

殿上贵人

上格贵砂

殿上贵人砂，聚气火星之下有木星，木星之下又有水星。要三星皆清秀端正，忌破碎飞走。

上格龙：主宰相，秉国政，系安危。

中格龙：主有文章名誉，出典大藩。

下格龙：主僧道蒙恩。

台阁贵人

上格贵砂

台阁贵人砂，聚气火星之下有土星，土星之下又有木星。要三星秀丽端正，忌破碎欹斜。

上格龙：主拜相，宠遇独隆。

中格龙：主尚书侍从，一人兼数职之禄。

下格龙：主僧道入朝面圣。

观榜贵人  宜作正案　宜旁出	玉堂贵人  宜作正案　宜旁出
上格贵砂 观榜贵人砂，水星之傍有木星。要端正秀丽，忌欹斜不正。榜高贵人低砂是正格，或榜低贵人高，也吉。但低不宜太低。 上格龙：主科第高登，翰林荣贵。 中格龙：主郡邑之官，富冠乡邑。 下格龙：主僧道奴卒之属。	上格贵砂 玉堂贵人砂，聚气火星之下有木星。火星明，木星秀，贵入玉堂。忌破碎、欹斜、飞走、浪痕、崩赤。 上格龙：主翰林院知制诰，经筵讲官。 中格龙：主文章名誉，升朝之职。 下格龙：主僧道得贵人扶持。
簾幕贵人  宜作正案	临轩贵人 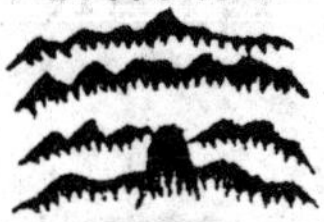 宜作正案
上格贵砂 帘幙贵人砂，木星在数重水星帐下，或在数重之中，皆是。要清丽端正为合格，忌粗丑、破碎、欹斜不正。 上格龙：主执政公孤，极品之贵，以及女贵。 中格龙：主典大藩，方面重臣。 下格龙：主为优人、乐户、妓。	上格贵砂 临轩贵人，木星在侍从之前。要清秀端正为合格，忌破碎丑陋、欹斜不尊、带石点剥。 上格龙：主白衣上殿，状元宰辅，承恩荫宠。 中格龙：重重封诰，望重位尊。 下格龙：主僧道面君，徒从众多。

披发贵人

上格贵砂

披发贵人砂，木星旁拖，似于斜侧。此乃木星带火，不可以斜侧为嫌。但要清秀，切忌丑恶。

上格龙：主文武全才，威震中外，斩伐自由。

中格龙：主布政提刑之贵。

下格龙：主法师有灵显。

玉階贵人

上格贵砂

玉阶贵人砂，木星在叠级数重之外。要端正秀丽，而阶级重重平正为合格。

上格龙：主出朝贵，秉政专权。

中格龙：主将校有威勇。

下格龙：主杂职。

节下贵人

上格贵砂

踏节贵人，要看节山高低相称，大小疏密均匀，而贵人之山居于其下，端正尊严，才为合格。

上格龙：主文章清贵，文武全才，出使外国。

中格龙：主职掌大藩，威权显赫。

下格龙：主艺术巫祝。

御座贵人

上格贵砂

御座贵人，要星辰尊重，左右相称，才为合格。玉楼、宝殿、宫妃、贵人、侍臣、四将军俱备，贵不可言之格。

上格龙：主运筹帷幄，为帝王师，以及明贤理学，配享追谥。

中格龙：升朝侍从，以及驸马、妃后仪宾、长吏。

下格龙：神庙血食。

中国传统术数总集 第一辑

仙桥贵人

上格贵砂

仙桥本水星而两角又撑火木。下有木星，也帐下贵人。要仙桥开展，左右均匀，而贵人正当其下，不欹不斜，才为合格。

上格龙：年少高科，翰苑清贵，神仙清高。

中格龙：清高贤士，文章藻华，禄位高升。

下格龙：主狷介之士，以及高僧。

仙桥上贵人

上格贵砂

仙桥之上有贵人，与幞外贵人相似，但此格差贵。要清秀端正才为合格。多出人好神仙，以及出清高大儒。

上格龙：主位极人臣，志慕神仙。

中格龙：主完名全节高寿。

下格龙：主无子孙独享高寿。

侍讲贵人

上格贵砂

侍讲贵人砂，木星山畔有土星如台，若贵人侍于案之侧。要端正清秀，忌斜走粗丑。

上格龙：侍读侍讲，经筵台阁之贵，为王师。

中格龙：主儒官训导之职，以及吏员蒙师。

下格龙：主侍卒奴隶。

幕外贵人

上格贵砂

幞外贵人砂，木星在水星数重山外，如人在帘幕外立。要端正清秀，忌欹斜粗丑，不合格。

上格龙：主升朝之贵。

中格龙：主孤独，子孙先死，自享福贵。

下格龙：主高僧奴隶。

马上贵人

上格贵砂

马上贵人，要人高马低，星辰清秀，才为合格。若得旌节、仪从相称，福力尤加。主文武全才，功勲掀揭。

上格龙：尚书侍御，威振边方，汗马功勲。

中格龙：主典大藩，以及富豪多才产仆马。

下格龙：主牧马及木匠。

执圭贵人

上格贵砂

执圭贵人，要星体清秀，人高圭正，不欹斜破碎，才为合格。若御座、台盖、旗鼓相应，尤为贵格。

上格龙：主尚书九卿，立朝正大。

中格龙：主科甲，出京堂显贵。

下格龙：主僧道，拜礼神佛。

龙门贵人

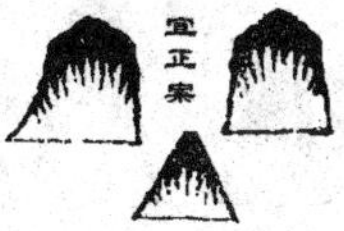

上格贵砂

龙门贵人砂，木星两旁俱有华盖峰。要清正端秀，才为合格。忌斜侧、不正、带石则减福。

上格龙：少年及第，直言敢谏，朝野闻名。

中格龙：主皇亲国戚，文武全才。

下格龙：主屡试不第，拜谒侯门。

执笏贵人

上格贵砂

执笏贵人要星体清秀，人高笏正，不欹斜破碎，才为合格。若御座、台盖、旗鼓相应，尤贵。

上格龙：主尚书九卿，立朝正大。

中格龙：主科甲出身，京堂显贵。

下格龙：主僧道，拜礼神佛。

按剑贵人

上格贵砂

按剑贵人砂，贵人山下有尖利之砂倒地。要逆水为吉，顺水为凶。其剑也忌射穴。此砂多主武。

上格龙：主将军元帅，威振四夷。

中格龙：主监斩提刑之贵。

下格龙：主出刽子手。

五马贵人

上格贵砂

五马贵人砂，贵人山居五马山之中。要诸峰秀丽，忌破碎、粗丑、飞脚乱窜。此砂主武。

上格龙：主尚书侍从，有功边疆。

中格龙：主五马专城，以及典马之官，巨富多马。

下格龙：主牧马贩马。

金马门中贵人

上格贵砂

金马门中，贵人一峰居中。天马左右要均匀端秀，贵人低也不妨。廖金精下白牛坦地、杭州高阁老江头祖地，皆此朝山，俱拜相。

上格龙：主拜相，兄弟叔侄同科。

中格龙：主文名翰苑。

下格龙：主牧马蕃息。

双荐贵人

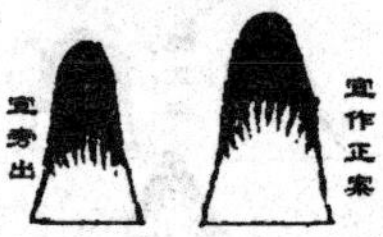

上格贵砂

双荐贵人砂，双峰仝峙。要清气光彩，双峰相等。忌斜侧巉岩，飞走破碎，或一高一低，也不合格。

上格龙：主兄弟联登科甲，并驾齐驱。

中格龙：主富，双妻双子。

下格龙：兄弟仝入公门。

双荐贵人

上格贵砂

此也双荐贵人，与前格同。但前乃仝峙，此则联峙矣。要双峰相平，清秀妩媚。忌侧窜飞走。

上格龙：主兄弟联科仝登翰廷。

中格龙：主双妻双子。

下格龙：主兄弟出家。

双童讲书

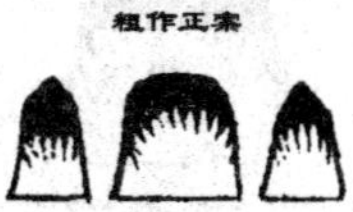

上格贵砂

双童讲书砂，两木星中夹一土星。要土方正，木直耸秀丽。忌土破碎，木斜侧。多主双贵。

上格龙：主兄弟仝入翰林，经筵进讲。

中格龙：主兄弟仝科仝朝，巨富。

下格龙：主兄弟经商。

左右贵人

中格贵砂

左右贵人砂，秀峰不当正面，或左或右。正面砂反丑恶，而左右有秀峰。主偏房庶出之贵。断曰：“秀峰边插，偏房生子登科甲。”

上格龙：主贵为近侍。

中格龙：主藩臬重臣。

下格龙：主奴仆聪明。

文星贵人

上格贵砂

文星贵人砂，木星之下有太阴蛾眉之山。要两山俱秀丽，忌破碎、斜侧、走足带火。

上格龙：主文章显达，职兼文武。

中格龙：主文名远播，品位不隆，多女贵。

下格龙：主男女淫泆，内丑。

屏下贵人

上格贵砂

屏下贵人砂，土星下有木星。要土方正，木端耸。忌土斜倾而不正，木破碎而飞走，有此则不吉。

上格龙：主师保秉政，侍从之臣。

中格龙：主方面重臣。

下格龙：主杂职及名僧。

台下贵人

上格贵砂

台下贵人砂，三台之下有木星。要台星均匀，木星端耸。忌台星不均，木星斜侧，不合格。

上格龙：主神童面圣，三公极品。

中格龙：主升朝之贵。

下格龙：主出名僧，门徒甚众。

捧诰贵人

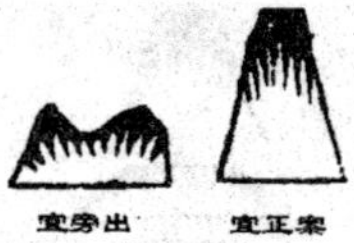

上格贵砂

捧诰贵人砂，要贵人端耸，诰轴方平，以及高低相称，不倚不斜，才为合格。廖金精谓荣达之象，最吉。

上格龙：主天恩宠渥，重拜褒封。

中格龙：主为侍御、钦差、传宣之职。

下格龙：主走卒师巫。

展诰贵人

上格贵砂

展诰贵人，乃木星耸于诰轴砂上。要清秀、尊严、适当，不偏不倚，才为合格。

上格龙：主受君眷宠，征聘入朝，师保尊隆，以及出仙子神道。

中格龙：主玺书褒谕，封赠父母。

下格龙：主神庙威仪。

蛾眉文星  宜作正案	**福寿文星**  宜作正案
上格贵砂 蛾眉文星砂，状如半月，光媚纤巧。要两角均匀，端正清秀。忌臃肿破碎，边高边低，攲斜不正等类。 上格龙：主文章名誉，状元神童，女贵为妃。 中格龙：主出人清秀，官位不显，虚名则胜。多主女贵。 下格龙：主妇女貌美，而貿有风声。	上格贵砂 福寿文星砂，中稍起顶，颇类三台，所以尤为吉。要两畔均匀，端正秀丽。忌臃肿破碎。 上格龙：主富贵双全，居官极品，居位长久，福寿绵远。 中格龙：主高寿厚福，但无显贵。 下格龙：主僧道寿高，颇有名誉。
清贵文星  宜作正案	**驳雜文星**  宜作正案
上格贵砂 清贵文星砂，清瘦之山，嫩巧而细。要两畔均匀，忌带石粗丑，边高边下，斜侧。比蛾眉，此格稍高大为异。 上格龙：主翰苑清贵，名望远播。 中格龙：主虚名不贵，廉介恬退，家无储积。 下格龙：主僧道聪明，妇人不洁。	上格贵砂 驳杂文星砂，两旁断而复有低坪，不高，不为品字、三台，中顶不起，不为宝盖，此所以为文星而驳杂。也叫飞蛾文星。 上格龙：主出人博学，名满天下，无意功名。 中格龙：主能文博记，随波混流，和气同俗。 下格龙：主能文多艺，飘荡无成。

带福文星

上格贵砂

带福文星砂，即一字文星而高大带土，体平正妩媚。要庞厚而不臃肿，不粗丑，忌带石、崚嶒、破碎。

上格龙：主文武全才，极品禄位。

中格龙：主科第荣名，巨富寿考。

下格龙：主出人伶俐，为隶卒，长寿。

带曜文星

上格贵砂

带曜文星砂，乃木星两旁生火曜。也颇似蛾眉文星，但圆平不同。蛾眉圆，此格平正，复于侧畔出曜，所以曰带曜文星。忌粗恶。

上格龙：主文章显达，名垂当世，后学宗师。

中格龙：主有文名，不能显达。

下格龙：主秀才善养外妇，不顾正妻。

一字文星

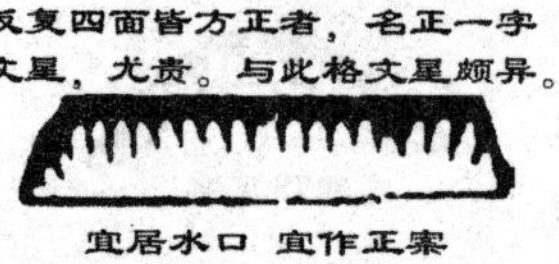

上格贵砂

一字文星砂，乃倒地木星。要清秀、平正、端尊。忌粗丑、斜走、破碎、不平正、带石、尖窜、顺水。

上格龙：主神童、状元、宰相、侯伯，一品之贵。

中格龙：主魁解清贵，名誉着扬。

下格龙：主虚誉从隆，寔德则病，空有文章。

柱笏文星

上格贵砂

柱笏文星砂，木星卓立，不欹不斜，而清秀端正。也名象简文星。要光彩妩媚，忌臃肿、粗丑、斜侧、走窜。

上格龙：主状元、尚书、侍从、台阁之官。

中格龙：主翰苑清高，贵及谏垣之职。

下格龙：主僧道清修，笃信神佛。

玉圭文星  宜作正案	金箱文星  宜作正案
上格贵砂 玉圭文星，土之耸高体，要顶平，身直，不欹不斜，挺然清秀，才为合格。莆田壶公山合此格。朱熹见此山说：“莆田多人才，此公作怪。” 上格龙：主出垂绅正笏，立朝燮理阴阳，以及崇儒祯傅，满朝朱紫。 中格龙：主贵，有忠贞，文名远播。 下格龙：主寿富之人及高僧。	上格贵砂 金箱文星，土之低平。要方正平圆，不欹不斜，才为合格。此砂要再见贵人、玉印、文笔相助，才为大贵。 上格龙：主科名高显。 中格龙：主腰金五马。 下格龙：主小富义民。
玉印文星 出水口者是罗星  出正面者是文星	方印文星 在水口是罗星  在正面是文星
上格贵砂 玉印文星砂，圆小山埠或石墩。要圆平，忌破碎。出正面或龙虎左右是文星，若在水口，便为罗星矣。 上格龙：主状元宰辅，冠世文明，才兼文武。 中格龙：主巨富百万，纳奏官职。 下格龙：主出僧道，有权，以及堕胎患眼。	上格贵砂 方印文星砂，也小山埠或石墩。此格若见龙楼、天马等砂相称，尤贵。不宜破碎，若破碎则为伪印。 上格龙：主才兼文武，出将人相。 中格龙：主文名远播，方面重臣。 下格龙：主草寇伪职，僧道之流，螟蛉异儿。

折脚文星

中格贵砂

折脚文星，乃一脚抛火。此星若面平嫩媚，也作吉星，主文官兼武。若粗丑则不吉，要火脚逆水方合。

上格龙：主文官兼武。

中格龙：主小贵惧内。

下格龙：主跛蹦残疾。

圆璧文星

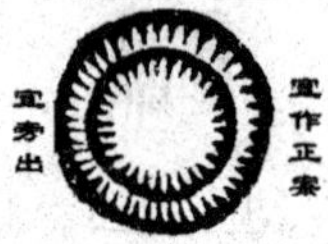

上格贵砂

圆璧文星，形薄而上平，有微起之坛，其圆如规乃是。若方匾、偏斜、肥缺，皆非。

上格龙：主王侯极品。

中格龙：主科第文名。

下格龙：主出僧道。

辅弼文星

上格贵砂

辅弼文星砂，文星中起，左右皆有小埠夹从，如左辅右弼。要左右之墩埠均匀，大小相等，远近相平为合格。

上格龙：主状元宰相，文武全才。

中格龙：主父子同朝。

下格龙：主双妻双子。

辅弼文星二格

上格贵砂

辅弼二格。此与前格同，但此中星稍低，左右相夹，也类三台。若外有他秀，此格尤贵。要圆正而左右均匀，才为合格。

上格龙：主男为附马，女作宫妃。

中格龙：主文章高世，父子兄弟齐名。

下格龙：主淫贱风声。

天葩文星  宜作正案	赦文星  宜居水口
上格贵砂 天葩文星砂，木之秀发而为葩，如花瓣然。要清嫩匀均。此格极贵，作龙身尤佳。在沙洛要中有贝星，正向朝穴，无此则是终节凶格。 上格龙：主状元宰相，文章冠世，后学宗师。 中格龙：主有文名而不显达。 下格龙：主博学能文，而盛寔则无。	中格贵砂 赦文星砂，颇带土体。若方角骨立，则为御屏。此特角垂圆而肥饱。宜居水口，主一方永无凶祸。 上格龙：主出使外国。 中格龙：主典郡牧邑。 下格龙：主僧道而富。
大武星  宜作正案，宜居水口	特立武星 宜居水口  宜作正案
中格贵砂 大武星砂，其形雄伟，体势尊严，称作武星。但不宜欹斜、破碎，即云中金、献天金是。 上格龙：主大将征伐，威镇华夷。 中格龙：主田连阡陌，郡邑守卫之职。 下格龙：主出燥烈无涵养之人。	上格贵砂 特立武星砂，众山低小，此星辰独高，光彩异常，所以曰特立武星。也犹顿钟金星，而此主贵尤重。 上格龙：主出使大藩，声价英烈。 中格龙：主出英雄武略之人。 下格龙：主出军贼、横逆之人。

金钟玉釜

上格贵砂

金钟、玉釜皆金星。其高大砂曰金钟，低小曰玉釜。二在物而言之，本为贵重之器。所以阳宅阴地，凡是见此二山，皆作贵砂而断。欲其圆净光彩，不走窜，不偏侧，不带火为吉。若欹斜、破碎、走足、尖利、带火，有痕浪、折皱、崩赤为凶。若有从砂夹护，又当兼从砂断其吉凶，不可执一。此砂也宜居夹左右。

上格龙：主文章科第，敌国之富。

中格龙：主小富小贵。

下格龙：主僧道及神灵。

龙车

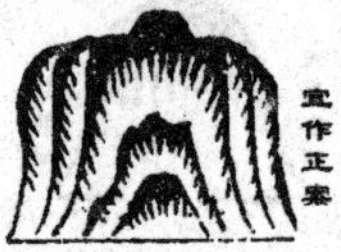

上格贵砂

龙车砂，以龙引车之状。以形言之，则龙头居前向穴则吉，所以必有拜下之山，斯为可贵也已。

上格龙：主文章振扬，拜节封侯，秉麾军民。

中格龙：主州县小官，富多车马。

下格龙：主吏典仆之人。

凤辇

上格贵砂

凤辇虽然有尖翌而不射穴，以及穴中不见，惟有尖秀之峰突兀在前，才为合格。

上格龙：主文章名誉，致身通显，以及女贵。

中格龙：主科第，州县之官。

下格龙：主累举不第，贵在外家。

金　炉

中格贵砂

金炉砂，多是石山，有似于金炉之状。若更有仙桥相应，主丹药升仙，以及出御医，膺聘荣显。

上格龙：主富贵升朝，清要之官。

中格龙：主豪富好仙。

下格龙：主出师巫，以及神坛寺庙。

御屏风

上格贵砂

御屏风砂，乃土星之特峙。要方正骨立、耸峙不欹斜、不走足，才为合格。

上格龙：主文臣宰辅，功着鼎彝，泽及子孙。中格龙：主出镇大藩，巨富全福。

下格龙：主孤贫僧道。

御书台

上格贵砂

御书台砂，土星之低小。要顶方而平，面阔而正，忌斜破、走足、崩面、痕浪等弊。

上格龙：主经筵进讲，东宫师保之贵，宸翰玺书之赐。

中格龙：主典郡。

下格龙：主僧道。

帝　座

上格贵砂

皇帝座，一峰耸立，两肩均平。要中峰秀侵云汉，两旁平正，才为合格。忌斜欹、碎痕、破折，要四山拥从。

上格龙：主封王侯，子孙袭爵位，女后妃，朱紫满门。也出神仙。

中格龙：主文章名誉，尚书侍从。

下格龙：主州县卑职，沾恩光。

御 炉

满床牙笏

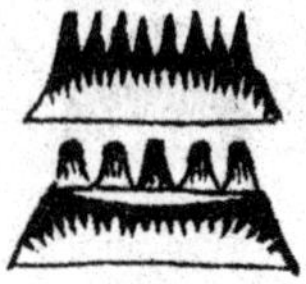

上格贵砂

御炉之砂，金土相生，所以贵。要圆方伶俐，尊贵有情，无欹斜破碎之形，才为合格。

上格龙：主日近天颜，身惹御香。

中格龙：主富贵而好事鬼神。

下格龙：主神庙威灵及僧道巫祝。

上格贵砂

满床牙笏，或尖峰，或石笋丛聚，有似于牙笏满床。不论大小高低，但以清秀为吉。

上格龙：主三世同朝，满门朱紫，累世富贵。

中格龙：主父子兄弟同科，文章名誉。

下格龙：主画工、法师、僧道。

展诰　诰轴

诰轴开花

上格贵砂

诰轴、展轴、诰轴开花。诰轴砂，乃土星而两角高起。此格长阔为展诰，狭小为诰轴，皆以平正清秀、无破碎为吉。又有轴上生花之格，若得贵人、盖帐诸贵砂相应，力量愈胜。然展轴也不专取土星，若水星两角微起，也是展轴。但水星角起，又似仙桥。惟仙桥则角起颇高，而成两火济水之格，展诰则只微高而不成火星为异。

上格龙：主膺帝命，褒封恩宠，驸马皇亲。

中格龙：主贵近天颜。

下格龙：主小贵而富。

<table>
<tr>
<td>跪　炉
</td>
<td>文　笔
</td>
</tr>
<tr>
<td>中格贵砂
跪炉砂，山峦一头高耸，一头低平，如人跪之状。此砂宜高大，不宜破碎及走脚、飞动、顺水。宜居水口。
上格龙：主尚书、宰执、侍从之臣。
中格龙：主富而好事神佛。
下格龙：主僧道能礼拜神佛。</td>
<td>中格贵砂
文笔砂，文星尖秀卓立耸拔。要端正清奇，忌斜破走足。大凡笔砂，宜远在天表。断法说：“状元笔，千里云霄出。”
上格龙：主文章、科第、显贵，名誉远播。
中格龙：主有文名，典州郡。
下格龙：主蒙师，画工精巧。</td>
</tr>
<tr>
<td>彩凤笔
</td>
<td>宰相笔
</td>
</tr>
<tr>
<td>上格贵砂
彩凤笔砂，火星插天而下有从山飞扬之势，如彩凤腾霄。要端正秀丽，远在天表，才为合格。
上格龙：主理学崇儒，文章冠世，后学宗师，神童状元，翰苑师保。
中格龙：主魁解、高第、奕世荣显。
下格龙：主画工精巧，名播天下。</td>
<td>上格贵砂
宰相笔砂，火星卓立于土星之上而不居中。诀说：“宰相笔，案头出。”要案正笔秀为合格。
上格龙：主出太平宰相，进秉钧权。
中格龙：主京堂侍从，以及镇掌大藩。
下格龙：主蒙师，生徒众多。</td>
</tr>
</table>

三公笔

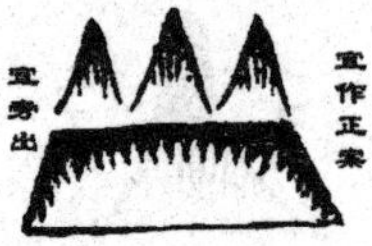

上格贵砂

三公笔砂，三峰卓立于土星之上。要秀丽清奇，中尊旁卑，不失其序，疏密相等，不欹不斜，才为合格。

上格龙：主公孤极品，掌握朝纲，身系天下安危。

中格龙：主父子兄弟联科，玉堂显荣。

下格龙：主明经授徒，文名远播而无显位。

骂天笔

下格贱砂

骂天笔砂，尖峰开两岐。纵秀丽也不吉。刘白头说："文笔开丫又带歪，十遭赴举九空回。"即此之谓与？

上格龙：主刀笔进身，居官不正。

中格龙：主秀才不第，以及画工、讼师。

下格龙：主是非争讼，出人缺唇。

状元笔

上格贵砂

状元笔砂，火星耸于土星之上，要正当其笔，又须土方正，火清秀，高而且远，才为合格。

上格龙：主一举登科，神童及第，公孤仙客。

中格龙：主科第文名，职掌文衡。

下格龙：主文章之士，儒官训教。

笔　阵

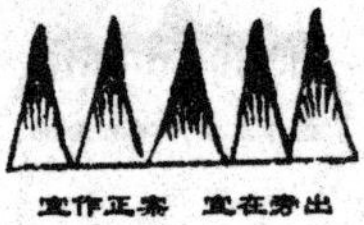

中格贵砂

笔阵砂，数峰特立，有似于笔阵，虽高卑不同，也宜中峰高，左右峰卑方好。若颠倒错乱，则吉中有咎。

上格龙：主父子兄弟叔侄同登科第，俱有文名。

中格龙：主一家大小俱有文名，累举不第。

下格龙：主画师、法师。

斗讼笔

下格贱砂

斗讼笔砂，穴前两尖相对如斗射。凡是穴前遇此，多主争讼之应，兄弟不和，专好唆告词讼。

上格龙：主为官不避权奸，直言为奏，好辩招非，嗜杀无情。

中格龙：主富，兄弟不和，以及好争斗。

下格龙：主教唆词讼，倾家荡产。

法师笔

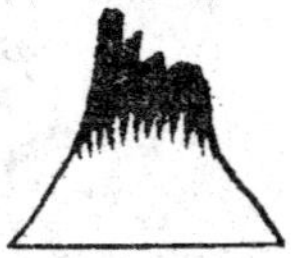

中格贵砂

法师笔砂，尖峰之上连开数歧，也如骂天笔，而丫岐尤多是。若出自台盖之下，主因法而得官。

上格龙：主法师显应，驱神役鬼，因以承恩。

中格龙：主法师用法而富。

下格龙：主法师流离困苦。

和尚笔

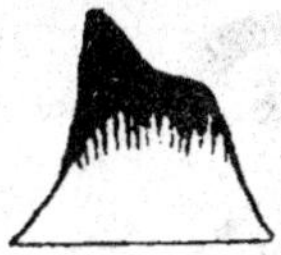

下格贱砂

和尚笔砂，尖峰之旁有陀背之形。金火相战，所以贱。更有仙桥相助，的主高僧无疑。

上格龙：主高僧聪慧，有文名而沾恩宠。

中格龙：主僧人有法灵验。

下格龙：主出贫僧。

醮池笔

中格贵砂

醮池笔砂，文笔倒地醮入水中。若顺水，多离乡出贵；若逆水，主巨富，时进田产及横财。

上格龙：主文章科第。

中格龙：主秀才有文名，巨富。

下格龙：主蒙师、僧道、水溺。

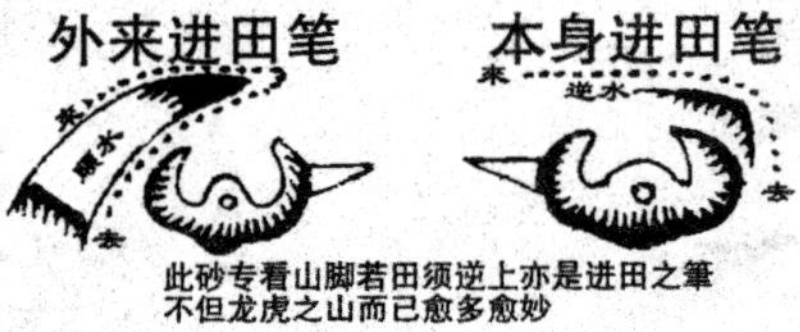

上格富砂

进田笔砂，凡是龙虎之山，带低小之砂，逆水而上是。吴景鸾说："进田之砂无左右，只要坟前有。逆来蘸水不教干，买尽外州田。"然也欲其弯抱如牛角，有情面穴才为上吉。也有不在本身龙虎山，而在外来逆水，穴上见之有情，不尖射皆是。进田笔主发外来横财、田产。龙穴贵，则催贵。大致上说此砂极易发，若近穴蘸水，寅葬则卯发。予尝谓逆砂一尺可致富，也指近穴言。

上格龙：主一举登科，为官富厚。

中格龙：主田连阡陌，时进横财。

下格龙：

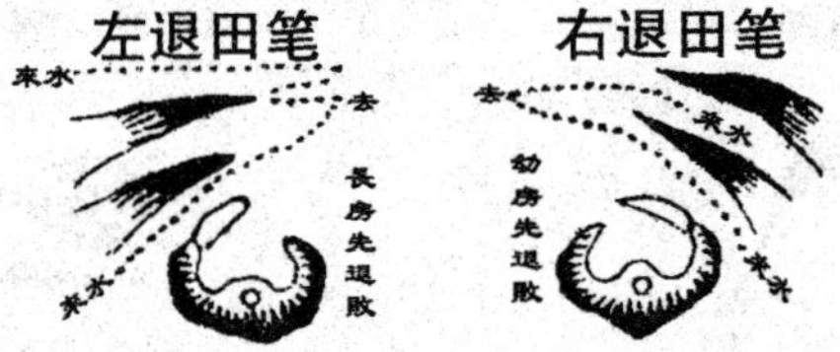

下格贱砂

退田笔砂，不论左右，但有山头尖而顺水去，名退田笔。若两水夹送流下去，退败尤甚，不问过穴与不曾过穴，但穴前尖，便是退笔。凡是有一田邱，一地角，随水下去，便主退卖田产。退笔多，主倒尽田产，贫苦伶仃，离乡背井，极为凶恶。立向先须避此。也主少亡，生子不育，久而绝灭。尖射穴场，主杀伤人命，斗殴争讼，破家亡身。旧说青龙为进田笔，白虎为退田笔非是。

上格龙：主清贵威武，家无储积。

中格龙：主贫穷，退尽家产。

下格龙：主乞丐。

离乡砂

下格贱砂

离乡砂，顺水飞走，无复关拦。凡是上下臂交过，须要外一重有下手回转拦住方好。若外重无承托，只是过身，乃离乡之应。不过身而飞扬趋出也是。又有一种龙穴，朝应皆贵，而有离乡之证，此不足畏。盖仕宦本离乡而贵显，又多寄居他所。杨筠松说“官不离乡任何所?”是。也须认龙穴端的，而后可用。

上格龙：主离乡贵显，立功异域。

中格龙：主离乡发达。

下格龙：主遭配流移。

笔架山

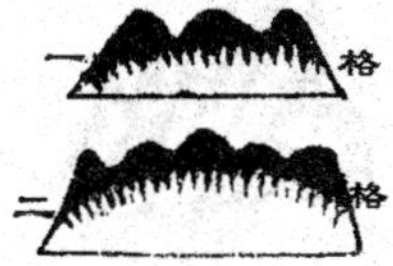

上格贵砂

笔架砂，或三峰，或五峰，有似于笔架之状，虽高低不同，也宜中高旁低。若当高反低，当低反高，则吉中有咎。

上格龙：主父子兄弟叔侄同科同朝。

中格龙：主三世五世俱有文名之士。

下格龙：主僧道法师有声名。

琉璃簾

中格贵砂

琉璃帘砂，平冈下高田层叠磊落，水光横列，如琉璃之状。要如叠浪层均正，无尖破之形，才为合格。

上格龙：主出皇后、贵妃、国戚。

中格龙：主侍从之臣巨富。

下格龙：主神庙。

真珠簾 	状元旗 
中格贵砂 珍珠帘砂，大山开帐，中间瀑泉为石所拦，滴滴如珠而下，所以曰珍珠帘。龙贱为孝帘。 上格龙：主出妃嫔公主。 中格龙：主神佛香火显灵。 下格龙：主多丧亡，长有孝服。	上格贵砂 状元旗砂，木星排列而身似水体，至山足，又开面出蛾眉文星，所以为贵。要头顶秀丽，有文笔、台盖相应，才为合格。 上格龙：主大魁天下。 中格龙：主魁解出身，官居外阃，以及女柄男权。 下格龙：主文名远播而无寔。
招军旗 	得胜旗 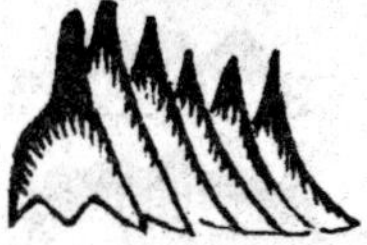
中格贵砂 招军旗砂，旗形高大，而众脚飞扬，而有一带缠绕，势如招动为合格。要甲马顿起，有鼓相应为真。 上格龙：主义兵为开国之勋，世享爵禄。 中格龙：主义勇保帐。 下格龙：主草寇、神庙、军卒。	中格贵砂 得胜旗砂，旗形攸扬卓立，大势向内逆水，身头似文旗，而山脚舒展，星峰光彩，所以为吉。 上格龙：主辅国元勋，铭功鼎彝，世袭承宠。 中格龙：主职掌元戎，武功受宠。 下格龙：主军伍得功。

战　旗 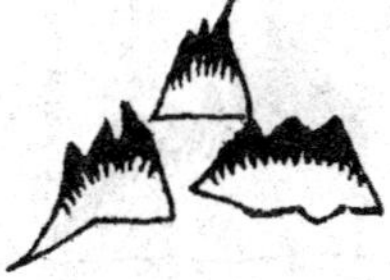	**令　旗** 
中格贵砂 战旗砂，卓立峻直，而有威武之象。此格如三品字，若有鼓角相应，尤为显贵。 上格龙：主出将入相，节制诸军。 中格龙：主小官统领兵卒。 下格龙：主为卒上阵争战。	上格贵砂 令旗乃两旗相向，而中开旁高是。要两旗高低、大小相称，足虽两门飞扬，而身则耸立尊严，才为合格。此砂有两等，一种正当穴前，一种两峙水口，为门旗。此主大贵。 上格龙：主五府，出镇抚诸将，节制数省。 中格龙：主兄弟统领兵卒。 下格龙：主横逆大盗。
贼　旗 	**降　旗** 
下格贱砂 贼旗砂，尖射破碎，欹斜丑恶，又有黑石巉岩，皆非吉格，所以主凶。若出于水口，而穴间不见，也作吉断。 上格龙：主大将专征伐，不忠赤族。 中格龙：主常遭贼凶劫杀。 下格龙：主凶贼劫掠之人。	下格贱砂 降旗砂，榻地破碎而飞走，焰动顺水。头身大势向内，而旗脚向外，为败旗。头身向外，为降旗。 上格龙：主出入领兵，战败而降于敌人。 中格龙：主为大盗，终以降灭。 下格龙：主为盗寇，绝嗣灭族。

败 旗

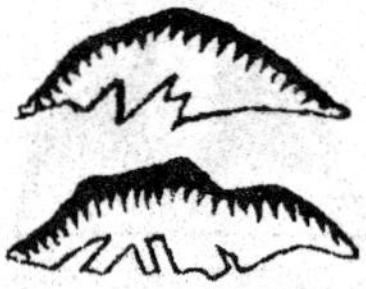

下格贱砂

败旗也榻地破碎，而不顺水，差胜于降旗。盖胜负兵家之常，降则辱国辱身，无复可为矣。此败旗所以逆水。

上格龙：大将征伐而败。

中格龙：主将校萎靡不振。

下格龙：主寇盗诛夷。

顿 旗

中格贵砂

顿旗砂，乃火星高耸而飞扬，所以曰顿旗。须要山峰雄伟，气势轩昂，脚虽飞扬而不反乱，才为合格。

上格龙：主出大将军，以及文臣专征伐。

中格龙：揔制三边，军功掀揭。

下格龙：主死军卒兵败。

顿 鼓

中格贵砂

顿鼓砂，耸体金星，高大雄猛，有若顿鼓之状。不宜破碎，要圆净端正，才为合格。

上格龙：主出将军及藩臣使节。

中格龙：主富而好音乐。

下格龙：主神庙灵迹乐鼓之人。

堆 甲

中格贵砂

堆甲砂，小山及平岗层叠重出，如堆甲之状。要旗鼓二山相应，才为合格。若出自御屏、三台之下，当作牙笏。

上格龙：主兵权武贵，汗马功劳。

中格龙：主军官威武，家积金玉。

下格龙：主疾病、争兢、恶死。

体 盂

下格贱砂

钵盂砂，圆山多寡不一，有似于钵盂。若出台盖之下，又当呼作盆盌之类，也看后龙何如。或只一山圆而带脚，也是钵盂。

上格龙：主名僧及寺观巨富。

中格龙：主僧人小富。

下格龙：主出游僧沿门化食。

报 捷

中格贵砂

捷报砂，秀峰叠起奔来，如出征奏捷，露布驰报之状，所以曰报捷。要山形光彩，来势向穴。

上格龙：主登科及第。

中格龙：主巡司驲丞，承差之人。

下格龙：主出为人报捷及铺兵。

点 兵

中格贵砂

点兵砂，皆乱石在平田或平野，而大小不一，或如猪羊牛马，或如鸦鸟，或如人立。主大将建立功名之象。黑石无害。

上格龙：主大将立功名，当身荣显。

中格龙：主富而抱他人之子为己子。

下格龙：主恶疾患眼，病苦。

屯 军

中格贵砂

屯军砂，小埠或土或石，杂立于外，平野与诸大山相间错杂，有若屯军之状。

上格龙：主大将节制诸路，生杀自由。

中龙格主武官。

下格龙：主淫乱混浊。

降　节  	踏　节 
下格贱砂 降节砂，本佛家神仙之具，其形有似于梳，切忌作正案。凡是阳宅与阴地有此，多为不吉。 上格龙：主异姓同居，淫乱不洁。 中格龙：主僧道有声名。 下格龙：主神庙香火。	上格贵砂 踏节砂，尖秀木星五峰以上，即为踏节。要均匀，大小疏密相等为合格。忌破碎、浪痕、折皱。 上格龙：主监司藩镇，受节钺，兄弟齐名。 中格龙：主出使外国，以及兄弟同贵。 下格龙：主承差仝杂职。
旌　节 	独　节 
上格贵砂 旌节砂，与踏节不同。星峰横列，缺少一边，称作旌节。要清秀光彩，忌浪痕崩破。 上格龙：主出镇大藩，祖孙同朝。 中格龙：主兄弟俱有文名，而无显贵。 下格龙：主出人有才能。	中格贵砂 独节砂，平时会藩仪从，有独节杖是。其形如杖，上踏铁环，从卒以手持之，独环便有踏响之声，以警行。 上格龙：主立大藩，权制一路。 中龙格主将兵异域。 下格龙：主军卒。

裀	褥

中格富砂

裀褥二格砂，同是平面土星，其形乃平铺于下，如铺毡展席。但二形体也各不同。裀平而方，褥平而长，冢前多有之，最难察识。看山不如按图。按图而视之，方圆长短灿然可见；登山而望之，则衣襭满目，东西迷向，而胸中之方圆规矩、曲直准绳已冥然而无据矣。此非可以纸上语。

上格龙：主贵近天颜。

中格龙：主富而多子。

下格龙：主僧道多徒，也主多疾。

晒　袍	堆　袍

中格富砂

晒袍、堆袍二砂不同，一山展扬，稍有飞动皱折为晒袍，重重叠叠，皱折不一为堆袍。皆欲其有情而向穴。若反朝向外，加以尖利，则为不吉。以袍领向穴，体势皆顺，所以主贵。袍，章服也，为身之饰，而又耀之以日光，所以主文章，又以为面君之物，所以主贵。

上格龙：主世代有贵而不大显。

中格龙：主为官多是非，黜罢不得超达。

下格龙：主杀伤破败，投降外国之应。

幞　头

幞　头

上格贵砂

幞头砂，开肩土星，中高两旁肩低，有似于幞头。其为物既加于人首，固为贵矣。矧非人臣面君不敢戴，尤为最贵重。穴前见有此砂，欲其方正端严，不欹斜，不破碎，才为合格。又有一种土星，开一边肩，也为之幞头。廖金精又以之为幞头匣。要之，皆幞头。尝见有此形，多是大贵之地。然也当以后龙定其贵之轻重焉。

上格龙：主王侯烈士，公孤极品，世享爵禄。

中格龙：主方面大臣，富贵有声。

下格龙：主富盛。

流　笏

堆　肉

中格贵砂

流笏砂，一字文星顺水而流，或泛水，皆称作流笏。但顺水多主离乡而有富贵。

上格龙：主大富，离乡发贵，以及出使外国。

中格龙：主离乡而富。

下格龙：主流落他乡，以及水溺。

下格富砂

堆肉砂，山冈簇集，如堆肉之状。重重叠叠，大小不等。若圆净，主富；也如堆甲之状，又主武贵。破碎则凶。

上格龙：主大富，也主武贵，以其有类堆甲。

中格龙：主淫乱浊富。

下格龙：主贫穷淫滥。

提　箩 	旛 
下格贱砂 提箩砂，如乞丐提箩之状。此山穴上不宜见之，最为不吉，砂格中之所深忌。 上格龙：主虽然有富贵，不免有疯癫之人。 中格龙：主僧道。 下格龙：主乞丐。	下格贱砂 幡砂，山脚飞扬，奔走长远，或一里，或数里，如今人立播之状。顺水凶，逆水吉。 上格龙：主武职威权。 中格龙：主富离乡，淫奔夭折。 下格龙：主僧道神灵，长病痨瘵。
破　伞 	朝靴朝履 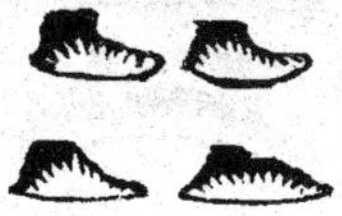
下格贱砂 破伞似椶榈叶，一峰端正，分脚停匀。然前砂见之也不吉，何况破碎乎？宜其凶。 上格龙：主好杀狠恶，威武名扬。 中格龙：主富而不洁。 下格龙：主争兢贫穷无赖之事。	中格贵砂 靴履似幞头而非幞头，上下二级停匀。靴履下级，靴面低长，与上级不称，是为靴。履双只主贵，单只主清高、孤独，难为妻子。 上格龙：主文臣侍从，硕儒执礼。 中格龙：主富而好礼。 下格龙：主螟蛉长病。

僧鞋

下格贱砂

僧鞋，是同一平阜中有分开之纹，以袱裹鞋之象。顺水凶，逆水主出富僧。

上格龙：主出高僧，遊遍天下，有名。

中格龙：主僧人有智慧。

下格龙：主贫僧长病。

玉带

上格贵砂

玉带砂，横木弯抱，有似于带。又有金鱼以应之，则为玉带。金鱼，带之旁或带之首有墩阜，或石如金鱼之状是。

上格龙：主公孤之贵，进封侯伯，蟒衣玉带。

中格龙：主高科，典大藩。

下格龙：主女贵。

金带

中格贵砂

金带、银带，平面水星弯抱，皆称作金带、银带。或平坡，或田圳，皆以圆抱穴场为是。此砂不拘顺水逆水，盖带总是抱过身。

上格龙：主典州郡，以及因妇而贵。

中格龙：主县宰之官，主有女贵。

下格龙：主经商。

金鱼袋

上格贵砂

金鱼砂，墩阜之长曲。此砂不宜作正案，宜居下关，宜居水口。若水口间有洲塞镇，也名游鱼洲，主富贵悠久。

上格龙：主鼎鼐之臣，满门朱紫。

中格龙：主典州郡，以及巨富。

下格龙：主出人飘荡，以及出游僧。

玉 几

上格贵砂

玉几，反复皆可。盖玉几之后，必有贵人圆正，或尖峰峦。玉几反而抱之，也如贵人御玉几之状，所以反复皆贵。

上格龙：主大贵，位至三公。

中格龙：主方面重臣。

下格龙：主僧道。

席 帽

中格贵砂

席帽砂，也台星之变格。要均匀清秀，忌斜侧、走窜、破碎。上一格有贵人为胜，二格低小杂职，三格大贵。

上格龙：主升朝侍从之臣。

中格龙：主郡牧邑宰。

下格龙：主出僧道。

模糊席帽

中格贵砂

模糊席帽砂，或圆顶不起，或尖而斜，或走一足，皆是。上一格主为官不正，无治才决断。下一格差胜。

上格龙：主世代有官不替。

中格龙：主郡牧邑宰。

下格龙：主道士。

唐 帽

中格贵砂

唐帽与席帽相似，但无脚为席帽，有脚为唐帽，也叫唐幞，其寔皆一类。有脚也名垂带。断诀说："唐帽若垂带，才子文章快。"

上格龙：主世代有官不替。

中格龙：主清高，征召不起。

下格龙：主道士军配。

铁　帽 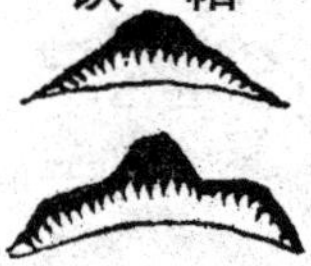	宝　盖 
上格贵砂 铁帽与席帽相似，但席帽、唐帽皆清秀，铁帽则肿丑带石为异。其贵贱全系于龙穴。 上格龙：主军官有功，世袭戎宦。 中格龙：主武臣富。 下格龙：主军配遭凶，贫贱。	上格贵砂 三峰矗起，头圆为宝盖。要均匀、端正、清秀，忌破碎、飞走、斜侧、带石、丑恶。若远而清大贵。也有二山三山相应结成，也当同断。 上格龙：主升朝显贵。 中格龙：主科第，典州郡。 下格龙：主僧道。
华　盖 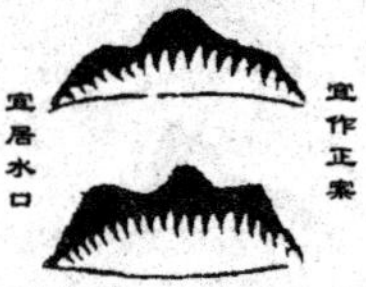	冠　盖 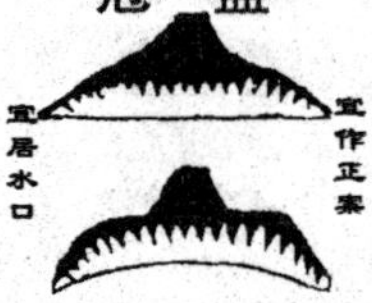
上格贵龙 三峰起，带尖为华盖。要均匀齐正，清秀端严。忌破碎、斜侧、飞走、石丑。大致上说虽然有丑形而远，则不必拘泥。 上格龙：主文章清史，功着鼎彝。 中格龙：主科第，典州郡。 下格龙：主僧道。	上格贵龙 独出一峰，似华盖而短小为冠盖。要均匀齐整、清秀端岩。忌破碎、丑粗、飞走、斜侧、不正。得仪仗旌节尤贵。 上格龙：主科第显贵，车马填门。 中格龙：主富，仆马丰盈。 下格龙：主神庙卒从之徒。

马 盖

上格贵砂

三峰尖微茫出为马盖，要清秀端正，忌破碎粗丑，飞走斜侧，得仪仗、旌节尤贵。

上格龙：主出大将军，威镇华夷。

中格龙：主文武兼全，以及高寿。

下格龙：主败走无成。

出使马

中格贵砂

出使马砂，马山之下拖尖利之砂。马本驰走之物，复见飞走之砂出于其下，本有远使之象。

上格龙：出使外国，有功荣显，以及威镇华夷。

中格龙：主多仆马豪富，而奔走外乡。

贱 格主出走马及木匠。

带旗马

中格贵砂

带旗马砂，马山之下拖焰动之砂，如旗之飞动。旗马共是一山，才为合格。

上格龙：主出元戎摠兵，专节钺，主功勋。

中格龙：主将校有武功。

下格龙：主出草寇、大盗，以及神庙。

交驰马

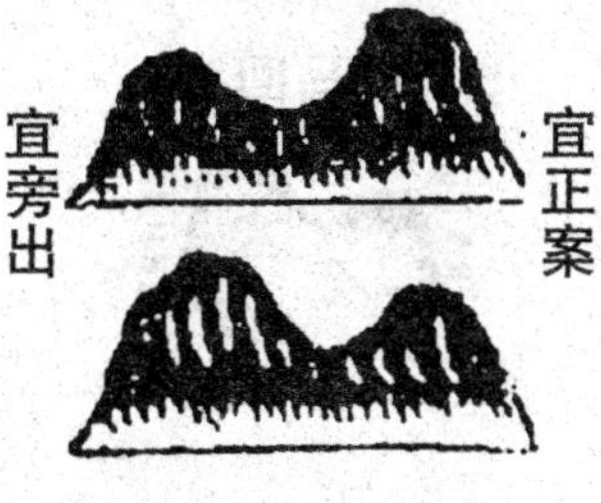

上格贵砂

交驰马砂，两两双峰，如马之相驰骤。要两马之山，一马左高右低，一马右高左低，才为合格。

上格龙：主兄弟叔侄连登科第，朱紫满门。

中格龙：主富冠乡邑，多骏马。

下格龙：主出人走马奴隶。

中国传统术数总集 第一辑

带甲马

天　马

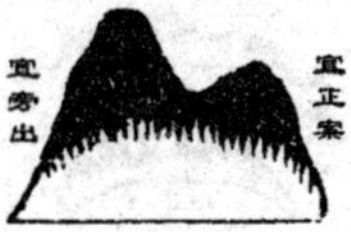

上格贵砂

带甲马砂，马山身带痕迹，如战马之披甲。要旗鼓、贵人诸砂相应，其穴尤吉。

上格龙：主出大将军，专征伐，立功边塞。

中格龙：主偏将有功。

下格龙：主神坛庙宇灵显。

上格贵砂

天马砂，峙立双峰，一高一低，有似于马，所以曰天马。然以天名之，也欲其高耸清秀，远贴天表。在午未尤贵。

上格龙：主出典大藩，方面之职。

中格龙：主五马专城。

下格龙：主走卒牧马之人。

勒马回头

破　纲

上格贵砂

勒马回头砂，天马山转脚。要清秀，忌破碎。若见旗鼓相应，主武职威名，汗马功业。

上格龙：主出使边方，威武显赫。

中格龙：主巨富仆马。

下格龙：主牧马贩马。

下格贱砂

破网砂，披折洪破杂出。主家业破落，泉漏不干。又主疽疮，以及冷溃骨疽肷烂之疾。又主徒杖刑罪。

上格龙：主武职。

中格龙：主家业或兴或败，以及恶疾之人。

下格龙：主徒杖刑罪、贫穷。

锦 帐

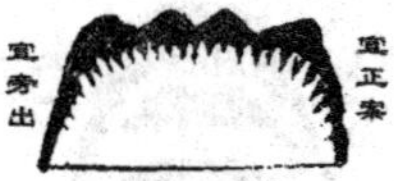

鹑衣百衲

中格贵砂

锦帐乃水星横阔砂，有数格，皆取得于龙。若富龙则为帐，若贵龙则为挂榜之砂。要长阔方齐，无浪痕破碎，无山脚飞斜，才为合格。右一格山头歪侧而粗，更有砂碎巉岩，而山足飞斜散乱，则为鹑衣百衲之格。然虽破碎而远，也不为害。凡是丑形，未有不是近。凡是秀砂，未有不是远。欲辨砂形之妍媸，也当审其远近。

上格龙：主贵。

中格龙：主富冠乡邑。

下格龙：主淫乱。

客 棺

横 琴

宜正案

下格贱砂

棺形横见砂，主丧祸，也客亡弃官而归。若斜而顺水，主客死在外，灵榇不归。上水，也主返亡。头高尾低为棺。首尾平匀非。

上格龙：主为官在外而死。

中格龙：主为商溺水而死。

下格龙：主全家瘟疫而死。

中格贵砂

横琴砂，平冈眠体木星，两头微低，有似平琴之状。也叫文星，要清秀平正，才为合格。忌破碎尖窜。

上格龙：主文章誉望，富贵双全。

中格龙：主清秀富足、尊严。

下格龙：主人好琴而清贫。

金筒玉轴

中格贵砂

金筒玉轴，方而直长为金筒，方而横长为玉轴。二形虽别，但以彷佛似之，不可拘泥。

上格龙：主文章科第，禄及子孙。

中格龙：主州县左右之官。

下格龙：主僧道符法之人。

粧　台

中格贵砂

妆台砂，星峰叠拥，有若妆台之状。后龙若贵，也出大贵。不然，只主女贵而已。

上格龙：主嫔妃，而家也因女有贵。

中格龙：主女贵。

下格龙：主女子娇妖淫贱。

镜　台

中格贵砂

镜台，以台山之外圆峰出头，如镜之状，所以称作镜台。要星峰圆正，适相登对，才为合格。

上格龙：主女贵为后妃，以及荣膺一品。

中格龙：主女贵受诰封，多生女。

下格龙：主女淫贱。

杯　盘

中格贵砂

杯盘砂，小山重叠，有似于杯之状。其为器，富贵贫贱之家皆有之，却非贵砂。

上格龙：主位至正卿，为国之桢干。

中格龙：主饕餮饮食之人。

下格龙：主僧道。

<table>
<tr>
<td>
</td>
<td>
</td>
</tr>
<tr>
<td>上格贵砂
五雷砂，或高山，或平冈，有五峰丛立，有五山排立，皆称作五雷之格。
上格龙：主五马专城，腰金衣紫。
中格龙：主兄弟同科而有威名。
下格龙：主雷惊恶死。</td>
<td>上格贵砂
龙楼凤阁，本王之居，最为贵重，必大贵之地方可当此。所以《玉髓经》云“前砂见此主大贵，左右君王日月朝。”盖不借他星相助，自能致贵。
上格龙：主封公侯，朱紫满门，富贵鼎盛。
中格龙：主宰相，男尚公主。
下格龙：主掌大权。</td>
</tr>
<tr>
<td>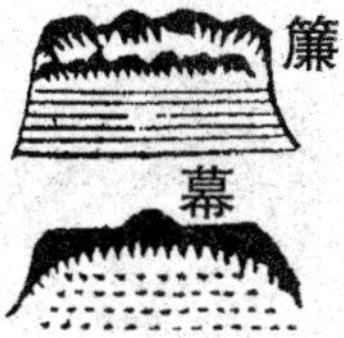
</td>
<td>
</td>
</tr>
<tr>
<td>上格贵砂
帘幕乃高山连峰，如铺帘围，如设幙，不缺不折，不凹不断，斯谓帘幙贵砂。
上格龙：主富贵双全。
中格龙：主富盛，宾客满门。
下格龙：主名妓，多交贵人。</td>
<td>中格贵砂
御伞砂，星辰带水浪痕折，有似于伞，但不宜破碎、欹斜，才为合格。也须高耸特异则贵。
上格龙：主登第贵显，出身即为朝官。
中格龙：主驲丞巡司。
下格龙：主皂隶奴仆。</td>
</tr>
</table>

御　台

上格贵砂

御台砂，平正秀丽，似金非金。金则蛾眉矣。似土非土，土则相台矣。似木非木，木则一字文星矣。此砂千不逢一。

上格龙：为禁穴，出后妃。

中格龙：出宰相。

下格龙：出女贵。

御　台

上格贵砂

御台前有日月，尤为至贵之应。或日月山左右夹照，皆为至贵。

上格龙：为禁穴，出后妃。

中格龙：出宰相、神童、状元。

下格龙：也有小贵。

掣　電

中格贵砂

掣电砂，冈阜走动如生蛇。更有流水随山走动，称作掣电水龙，吉，乃是明曜。

上格龙：主神童状元。

中格龙：主富贵风流。

下格龙：主痨瘵之疾。

祥　云

上格贵砂

祥云砂，景云也，也名庆云。天之瑞物，不可常有。砂形合此，乃至贵龙穴之应。予兄弟所见，惟二房自卜寿藏合此。

上格龙：主神仙白日飞升，白衣登殿，为帝师。

中格龙：主为官近帝。

下格龙：主清修高洁，世有文名。

仙桥格一

仙桥格二

上格贵砂

仙桥本水星，两角撑火为上，撑木次之。盖水火有既济之功，所以贵。天台治正面此砂，南唐国师吴法旺扦，识的说："仙桥砂现，间出异人。"所以说此邦多有神仙。如张紫琼真人、万山赵缘督真人上阳子之师、龙潭徐仙翁、三清李仙姑，以及祝观物、吴白云、傅少华、傅初庵、祝刚阳、徐丹台子云外老人，皆异人也，俱产此邦。但此砂宜远而清秀，若太近不清，以及低小不高，也挂榜砂。

上格龙：主神仙大臣，屡诏不起，志慕神仙。

中格龙：主完名全节，高寿神仙。

下格龙：主清高不仕，以及出高僧。

上天梯

上格贵砂

上天梯，连起星一层高一层。要山形清秀，大小相等，高低有序，才为合格。若见仙桥，主白日升天。

上格龙：主年少状元，官近君王，父子兄弟同朝。

中格龙：主兄弟同科，父子同朝。

下格龙：主出人聪俊巧艺。

群仙蔟队

上格贵砂

群仙簇队砂，诸峰森森簇簇，重重叠叠，如蜂屯蚁聚，皆秀丽清奇。也为三千粉黛，八百烟花，富贵之象。

上格龙：主公侯国戚，驸马、女妃，神仙。

中格龙：主镇大藩，巨富多仆从，武贵。

下格龙：主出人风流飘荡。

奠　盃 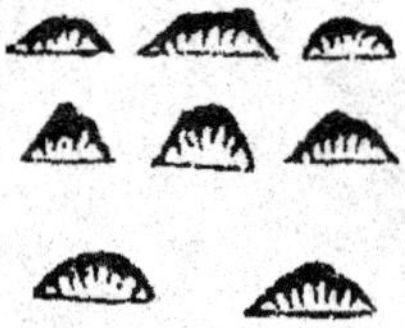	银　瓶 
下格贱砂 奠杯之形，横列是。或有盘，或无盘，或开或合，皆为奠杯。品字本吉。若列品字，开阔展布则吉。 上格龙：主富贵双全。 中格龙：主小富，抱养他人之子。 下格龙：主堕胎、患眼、僧道。	中格贵砂 银瓶盏筯，或有盏而无瓶，此则可假为瓶山，也自仿佛。不指为瓶，则不过为贵秀之峰。 上格龙：主贵，上殿捧献觞。 中格龙：主富盛，宾客满门。 下格龙：主卖酒、僧道。
斗 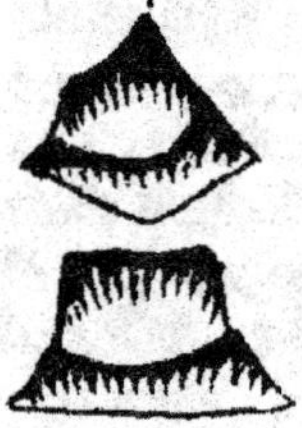	木　杓 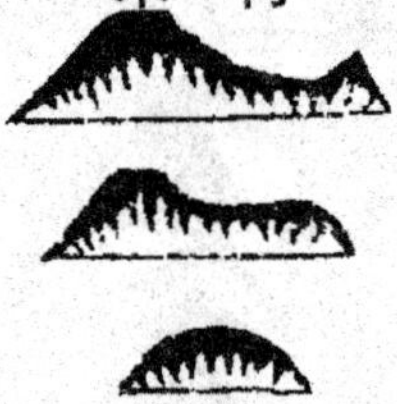
下格富砂 斗砂，方正而卑，或石或土，有似于斗为斗。但不可拘泥，多是土星。要方正，忌破碎。 上格龙：主廪膳纳票之官。 中格龙：主小富。 下格龙：主出米牙之人。	下格贱砂 木杓砂，以其有似于木杓，盖今乞丐及化缘道人所带，不过微柄，为穿孔系带之所而已。所以柄短主乞丐。 上格龙：主富贵，多堕胎淫欲。 中格龙：主淫乱。 下格龙：主淫欲、乞丐、瘟癀。

枷 	抱肩一格　　抱肩二格 
下格贱砂 枷砂，丁山两脚重叠，有似于枷。此形最为不祥，穴前见此，皆主死罪、囚繫、官灾。 上格龙：主风宪衙门，号令军民。 中格龙：主犯罪被枷号。 下格龙：主狱囚死罪。	下格贱砂 抱肩砂，大山欹斜，外有小山居其旁，如人相抱之状。又有后山转脚抱前山，其丑尤甚。 上格龙：主富贵而淫泆内乱。 中格龙：主男淫女滥，丑名远播。 下格龙：主娼妓。
刺面一格  刺面二格	掀裙格一　　掀裙格二 
下格贱砂 刺面砂，近见有石附于其山，望之如人刺面，以药贴面之状，也如以针刺面，皆主人黥配。尖圆相值，又主杀伤。 上格龙：主军配得官。 中格龙：主军配而富。 下格龙：主军配、杀戮、阵亡。	下格贱砂 掀裙砂，一山数脚飞开，如人掀裙之状，以及有浪痕摆折，皆主不吉。上一格女滥，下一格主男女皆淫。 上格龙：主富贵而淫。 中格龙：主淫滥浊富。 下格龙：主妇人淫欲为娼，男人飘荡。

下格贱砂

咒祖山砂，二山相合，如合掌然。富贵之地，也间有之，主出人为事灭绝天理，令人咒祖。若为庵观寺院，则又迪吉。

上格龙：主势焰作威福，多人咒祖。

中格龙：主凶狠而富，多遭凶。

下格龙：主优婆夷、优婆塞。

破　厨

下格贱砂

破厨砂，禄存中之破碎而凶。穴上见之，事事不吉。惟挺然居于水口，把截门户，则又为吉星。

上格龙：主退官罢职。

中格龙：主先富而后贫。

下格龙：主乞丐。

兜　鍪

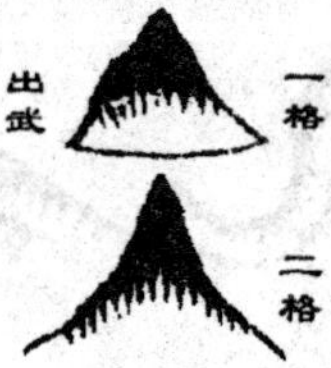

中格贵砂

兜鍪砂，顶起而有倾侧之势，拽裙如鳖，也微带殿盖，横视之则为杀。旗鼓同见合格。

上格龙：主勋业世爵，威武好勇。

中格龙：主武职小官，武断乡曲。

下格龙：主军卒贱役，凶狠贼徒。

毬　杖

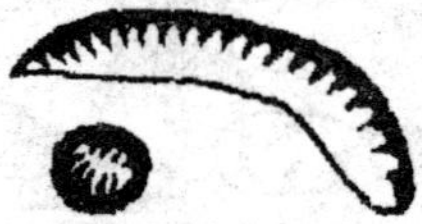

中格贵砂

球杖之形不一，有从高山生下，出脚为杖。若山高峻而端严，则可指为将军打球。有从山脉落下闪断，复于平处特为杖，颇有球仿佛相类，不可拘泥。

上格龙：主寿考荣贵。

中格龙：主富寿，异姓仝居。

下格龙：主贫贱、残疾、患眼、堕胎。

仰　船 	**赌　钱** 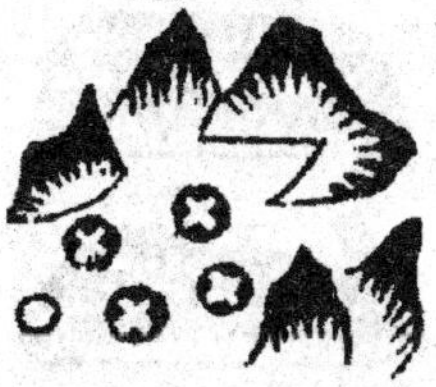
中格富砂 仰船砂，多是土星横叠，有仰船之状。不破碎横直皆可，船头勾上更吉。 上格龙：主出征外国，兼并土地，建立大功。 中格龙：主出江湖干运，兴家致富。 下格龙：主行商之人，以及淫贱。	下格富砂 赌博之砂，若在旁出而龙神吉，也主因赌得财。但此等之砂，终非全吉，至龙气尽时，败莫能救。此所以为贱砂。 上格龙：主经商坐贾，巧艺得钱，作谋成家。 中格龙：主因赌得钱，出人奸险。 下格龙：主好赌破家，浮华不实。
接　钱 	**锦被盖钱** 
下格富砂 接钱之砂，乃要下砂逆水，方是接钱，主进财帛。若顺水有砂，反为送钱出外，退败。 上格龙：主司财之官。 中格龙：主坐贾得财，因亲发达。 下格龙：主多疾病，是非括括。	下格富砂 锦被堆不与诸山连接，或圆扁，或方长，四旁皆有裙脚，如撒被之状，方应此形。 上格龙：主富贵双全。 中格龙：主富冠乡邑。 下格龙：主堕胎、恶疾。

堆钱

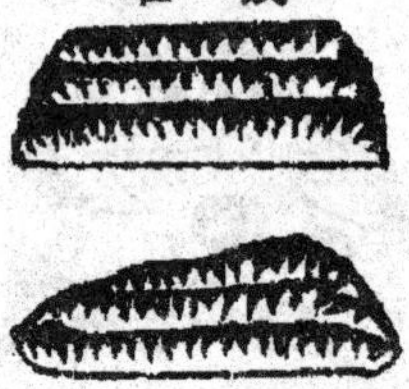

下格富砂

堆钱山，不必拘泥两头有辨索之状，因形定名，随穴指喝，仿象而已，岂必如图画摸写过真耶？

上格龙：主富贵双全。

中格龙：主富冠乡邑。

下格龙：主出走卒军籍。

卧牛

中格富砂

卧牛砂，乃浊体土星，其形有似于牛卧。若山无脚出，即为仓库之砂，大宜出于水口间。

上格龙：主为官富厚。

中格龙：主富而多牛马之牸。

下格龙：困穷，多生好睡之人。

卧狮

中格富砂

狮主富，也主贵。狮形面方头大，腰狭尾阔，前重后轻，土星之浊。此等砂也宜稍远，或出水口为美。

上格龙：主出人魁伟、富厚、方面，大享福寿。

中格龙：主巨富小贵。

下格龙：主出人粗率穷困。

伏虎

中格富砂

伏虎砂，星峰雄伟，有似于虎。此土星之肥大，要星辰光彩，头脚圆正为吉。

上格龙：主田连阡陌，也有小贵武功。

中格龙：主妇人堕胎、盗窃，有财而浊。

下格龙：主被虎伤无嗣。

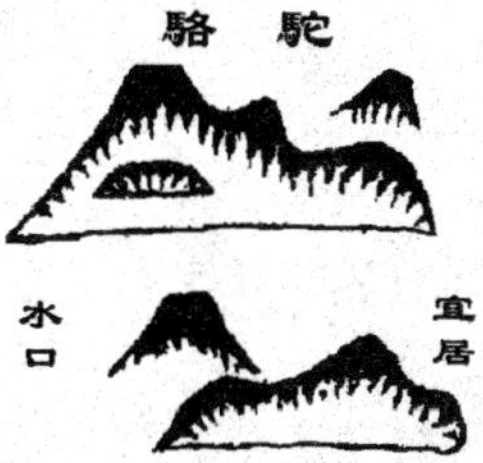

中格富砂

骆驼砂，星峰秀丽，有似马形。以驼有峰颖异，尤贵于马。此格可贵可富，尤看旁星相应何如。

上格龙：主富贵双全。

中格龙：主小富，多生魁伟享福之人。

下格龙：主贫困而浊。

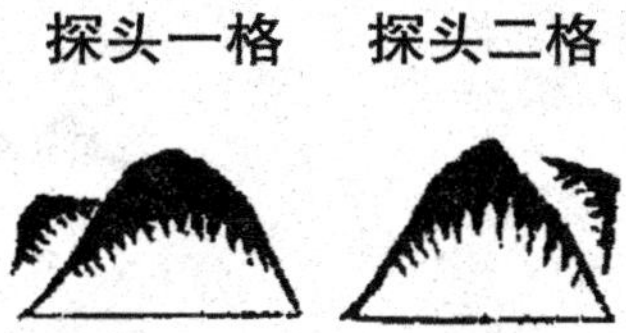

下格贱砂

探头砂，小山在大山之外，或居其上，或在其旁，如小人攒头窥伺。斜侧不正，贼寇之象。

上格龙：主家常有失窃。

中格龙：主招贼入屋。

下格龙：主出人为寇盗。

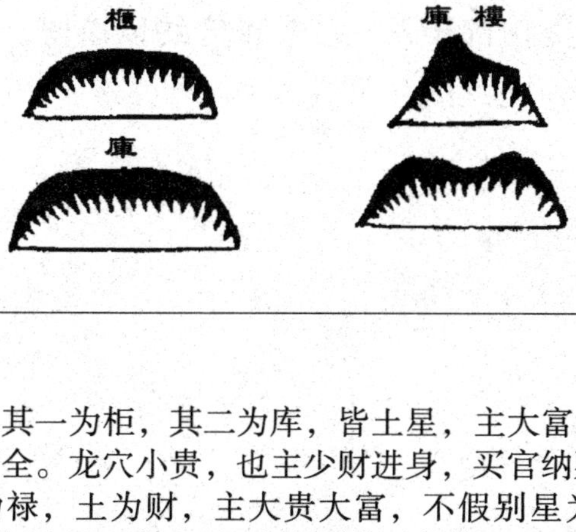

中格富砂

柜库三格，其一为柜，其二为库，皆土星，主大富。若有贵峰而龙又贵，主富贵两全。龙穴小贵，也主少财进身，买官纳粟之职。第三格则以主星火土为禄，土为财，主大贵大富，不假别星为助。更有贵格龙：穴，当主贵极人臣。但柜库要首尾高下匀停，而逆水肥满，乃吉。若顺水破碎，头高尾低，则为破库虚柜，以及棺椁之象，则为凶砂矣。

上格龙：主户部及司财税之官。

中格龙：主巨富多蓄积。

下格龙：主衣食温饱，定是居库之人。

丹 诏

上格贵砂

丹诏一名诏仙，卓立土星旁有小峰是。又一格，以一字文星前生长峡，也是。皆极贵。《经》书上说“纔自回家复诏入，御书盈阁极荣显。”

上格龙：主拜相，名垂清史，神仙。

中格龙：主文章科第，寿考延长。

下格龙：主清高康宁。

以上各种砂图，不过载之为例而已。若形之妍媸，品物之繁庶，岂第笔端所能仿佛于万一哉！惟守约以该博，由浅以究深，引而伸之，触类而长之，则存乎其人。

第六章：论水法篇

水法总论

天一生水，水实万物之祖。水在天地间为最多，四海五湖，特其概耳。风水家常说山水，风水，水居一半，可见水的分量。常说龙穴砂水，把水放在后面，不是说水轻于龙穴。龙非水送，不明其来；穴非水界，则无穴可止。杨公说“未看山，先看水，有山无水休寻地”，廖金精曰“寻龙点穴须仔细，先须看水势”，皆言水之当重，与龙穴砂一样。水为龙之血脉。水会即龙尽，水交则龙止，水飞走即生气散，水融注则内气聚。此自然之理。

自古以来，关于水的论述很多，但都以水的性情的定吉凶，尤其以蒋大鸿的《水龙经》更详细。风水家谓山管人丁水管财，水有大小，有远近，有深浅。观其形势，察其性情，而吉凶取舍有可知。然其大旨不过来欲其屈曲，横欲其绕抱，去欲其盘桓，而汇聚欲其悠扬，囊江融潴澄凝。登穴见之，不直冲，不斜撇，不峻急，不湍激，不反跳翻弓，不倾泻陡跌，不射不牵，不割不穿，而有情顾穴，环绕缠抱，恋恋不舍。水又有方位吉凶之辨，固不必尽拘，也不能尽弃？宜于穴法中，依绳墨以消纳之，控制之，斯为尽善。

关于水很多中细分，如水有吉凶、水分生死、名堂水、雀武龙虎水、界送朝聚水、来去吉凶水、来去水口、向水吉凶、水势证穴、富贵贫贱水、方位吉凶水、星水吉凶、房分年命水。下面只作重点讲解，不一一细说，触类旁通，自得水法。

总体来说：风水之法，得水为上。

消水总歌

真龙落处众水聚，水聚才为是。昔贤何以水为先，水住穴堪扦。入乡先须看水口，留心莫乱走。两山对定似葫喉，真龙在里头。寻龙点穴须仔细，先要看水势。若是龙住水聚堂，不聚乱茫茫。穴落止时水便聚，不止迢迢去。穴居隐怪却难扦，细把水来辨。水本原是龙血脉，二须要得。若见当面去匆匆，便是鬼刦龙。或是随龙来百里，见穴便停止。后来此处分雌雄，得水喜相同。若是阴阳分路明，下后富家兴。东牵西走不湾回，劝君莫轻裁。偏正穴法任君下，两角中心。三叉中取更无疑，失一便为非。

论水发源到局

发源水，明堂中溯观来源之水。水之发源，欲其深长。深长则龙气旺，发福必悠久。若水源短，则龙必短，发福不远大。

水到局，来水入堂之谓。水之到局，欲其入堂，欲其到口为吉。若水远来入局，将及到明堂，却便反挑撇去，称作不到堂。水或到堂，而无下关收水，或不肯流至下砂拦截之处，称作不入口，总为无益。所以水以到堂入口为贵。其水之大小，则不必拘。若水在逆砂之外，前虽不见，也作到堂论。盖大地面前多有横砂，而外明堂水多不能见，此即明朝不如暗拱之说。

惟顺局去水地，可以两水到堂，当面合襟。若非去水地，则只一边到堂。盖两水合襟，乃穴前界脉鰕须水，自龙虎外则不拘之。到堂水最速富。陈九万祖地，葬下即发财巨富，寅葬卯发就是这样。

右地在天台五都，土名张村铺官路侧。其龙乃顺势翻成逆势，气甚旺盛。入首大断，起连气金星，微开钳口。结穴临田蘸水。穴前田源囊聚。近身一掬横砂为案，低伏如眠弓，绕抱有情，以关堂气，使一源之水既到堂又入口。吴景鸾口诀所谓“水要嗑得着，砂要摸得着。”卜应天说“紧夹福不旋踵”，惟此地为然。董公德彰为陈氏扦之，许以速发。果然葬完后，有一天夜里，孝子秉烛夜归，路逢群盗分赃，忽见火光人众，惊疑是捕盗至，弃财走散。陈氏因以得之，遂致骤富。今乡人传谓“寅葬卯发”。还有很多寅葬卯发之地，大至与此相同。

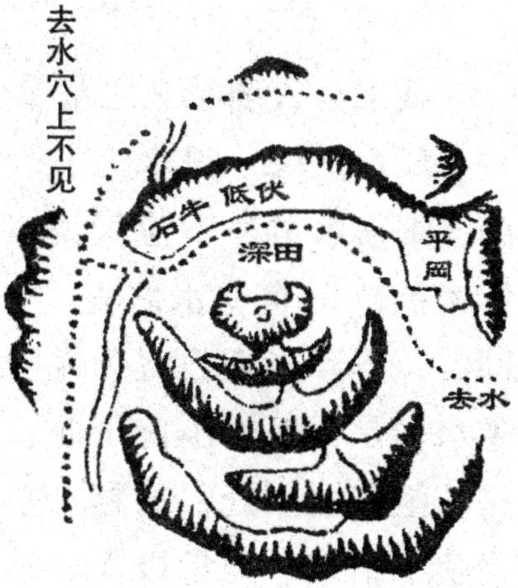

董德彰下寅葬卯发

论水口形势

水口，水既到堂，必有去处，此处称作出口。水之出口，欲其弯环屈曲，迂回深聚。《葬书》云“其去无流”，又说“顾我欲留”为妙。若直而急，浅而峻则凶矣。大致上说宜罗星、游鱼、北辰、华表、捍门关拦重叠之砂，则其出自美。若水直去荡然，决无真气内聚。

论朝水形势

朝水为穴前特来之水。此水至吉最贵，催官水。

风水之法，得水为上。穴既当朝，则得水矣。卜应天说：“求吾所大欲，无非逆水之龙。”逆水龙固美，不若当朝之穴为尤美。一般逆水多是枝龙，不比干龙，两水夹送，至将结作处，却翻身数节，逆当朝水结穴，力量极大。不贵逆水之龙，而贵逆水之穴。但水固以特来当面朝穴为吉，若或直急冲射，湍怒有声，则反为凶。所以来朝之水，又须屈折弯曲、悠扬深缓，才为合法。不可一概以特朝为吉。“九曲入明堂，当朝宰相。”此则以其屈曲有情，水法之至吉。大致上说朝水一勺能救贫，洋洋当面朝，当代出官僚。若想催官催富，必得朝水之地，可取验。

乐平汪氏祖地

凡是特朝之水，皆可称作催官水，所以说龙穴砂水，缺一不可都很重要。试举例乐平汪氏祖地。

上地在乐平十三都，土名洋源。坤申龙，寅甲向，而有寅甲水特朝，乃催富之地。地理名师董德彰所下，课说：“半夜敲门送契来。”葬后周年，汪氏果然得绝户田产，因以骤富云。

传说：汪氏有个表叔，富而无子，俩人居住很近。表叔的侄不孝敬叔。有一年冬天表叔从县里归家，半夜对其侄子说：“吾老无子，田产家业皆汝所有，门户应汝值之。”其侄不高兴说我的家业是你的几倍，你的家产想给谁，给谁我不后悔。于是汪氏的表叔一气之下投奔汪氏。当时已夜半，汪刚睡醒，敲其门。汪起纳之。其人尽以田产家业地契付汪氏，汪氏因此一下骤富起来，果然符合董师“半夜敲门送契来”之课云。

论去水形势

去水为穴前见水之去。此水极凶。

廖金精说“第一莫下去水地，立见退家计”说的就是这个道理。然古代名家也有下去水之穴，不可概以为凶。需要龙真穴的，砂又关拦锁抱，又或小势虽去，大势则逆，非一向直去方可。若小水既去，大势又顺，决无融结，主败绝，不可观看。

大致上说去水地发富贵必迟，如蔡西山先生祖地，在建阳麻沙，九世方出贤贵。又杨文敏公祖地，在欧宁丰乐，三百年后方出宰相。严嵩祖地七世后出阁老，就是例证。

大凡去水地，必须穴低伏。穴低伏则水虽去而平坦，不知其去。又须临穴不见水为善。若临穴见水去不吉。临穴不见水，两畔砂又交结，且龙旺穴暖，此所以葬后即出显贵。

论聚水形势

在风水上聚水最吉。师云“水朝不如水聚”。吴景鸾说：“一潭深水注穴前，不见来源与去源。巨万资财无足羡，贵入朝堂代有传。”所以说凡是穴前水，最宜深聚。因为水本动，妙在静中取。聚则静矣，此其所以为贵。据深凝之水，四季融注，此郭氏所谓“得水为上”。前人曾说“湖有千年不涸之水，家有千年不散之财”，此聚水之所以为至贵。

聚水也有以人工而吉的，如常山詹进士祖地，其塘水之聚，乃筑坝为之。《葬书》所谓“工力之具”说的就是这个道理。

此地在常山西南二十里。其龙来历甚远，不详述。将入局，开大帐。帐中落脉，连起贪狼数峰。磊落穿田过峡即结穴。结穴后，余气山又穿田去七八里，而皆回转为下关水口诸砂。后乐山高帐，前朝清秀，罗城重叠，水口交固，罗星镇塞，真美地。但明堂倾出，水不融聚，筑坝为大塘，以聚水于穴前，此作法之善。葬后出进士，廉宪，知县；后代联登科甲，人文济济，福贵不停止。

常州詹进士祖地

论水形势

穴前水因形势不同，其所应吉凶结果也不同。大致上说以抱身弯曲有情为吉，斜侧反跳无情为凶。所以观水之法，全在于此处，以性情断。

一般水形吉的有朝怀水、聚面水、荡胸水、拱背水、入口水，以及九曲水、腰带水、仓板水、融潴水、回流水、暗拱水、鸣珂水。凶的有瀑面水、冲心水、射胁水、里头水、牵鼻水、穿臂水、反身水、割脚水、漏腮水、淋头水，以及交剑水、卷帘水、流泥水、斜撇水、反挑水、分流水、漏槽水、刑杀水等形状，寻龙点穴，不可不详细辨别。谨以诸格详陈于后。

朝怀水

朝怀水，当面对朝。此水易发，主朝贫暮富。人尝谓“逆砂一尺可致富，朝水一杓能救贫。”然朝水不但发财而且能致贵。杨筠松说：“大水洋洋对面朝，列土更分茅。”青乌说：“大水洋朝，无上之贵。

卫身水，龙身奇异，忽于湖水中突起墩阜，结为形穴。穴之前后左右皆汪洋巨浸，如孤月沈江，江豚拜浪，莲花出水等类，皆以水为护卫。水既澄清，不溢不涸，以为养荫。比之绕流之水，恐有冲刑之势，悲切之声，无如此静卫之最贵。

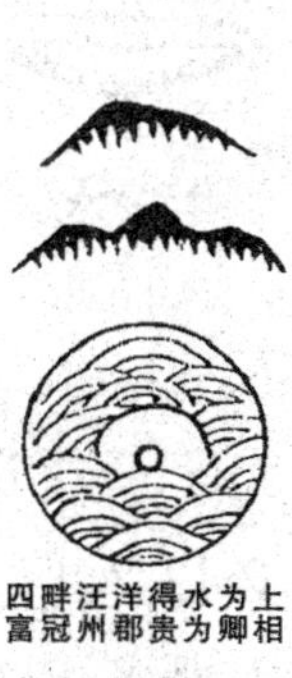

卫身水

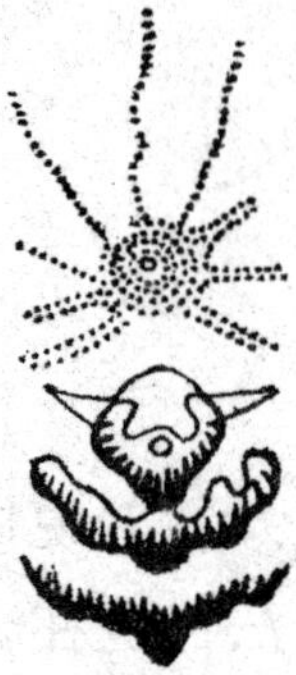

聚面水

聚面水，乃诸水融聚于穴前。《赋》说：“水聚天心，孰不知其富贵?”盖水本动，妙在静中。聚则静矣，静则悠深融潴，无来无去，为水法中之上格。

荡胸水

荡胸水，乃水势囊聚于穴前。其势颇有近于聚面，但彼以诸水团聚而言，此以一水聚来，自小而大，如囊之聚物。主极富。荡左则长房富，荡右则幼房富，至验。

拱背水

拱背水，乃水缠穴后，即水绕玄武。《赋》云“发福悠长，定是水缠玄武”说的就是这个道理。主富贵绵远。盖水能聚龙之气，水缠尤胜山缠，所以尔。

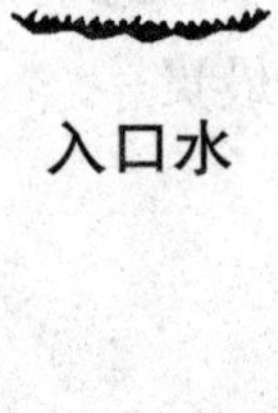

入口水

入水口水，乃水上堂而有逆砂拦收。盖水势纵美而不到堂，或到堂而无拦收，皆未尽善。所以必以入口为贵。若遇此水，主发福最快。但下山既长出收水，而水势至此必小反而去，不可作反背反挑论。

九曲水

九曲水，屈曲之玄也，也名御街水。《经》书上说“直号天心曲御街。”此水极吉，主大富贵。卜应天说：“九曲入明堂，当朝宰相。”“一岁九迁，定是水流九曲。”

仓板水

仓板水，田源之水特朝也，也同御街水，以其田邱坪坦，分级如御街。主贵有资财，富冠乡邦。

此水最吉。董德彰曰：“不冲不割无穿射，惟有田朝胜海朝。”其言田朝之至美。

腰带水

腰带水，绕抱如束带，古代只有当官的才带腰带。腰带水又叫金城水，很吉。卜应天说：“水不乱变则气全。”主显贵鼎盛。但不可误以裹头水为缠腰水。

回流水

回流水，旋转逆回。《葬经》说：“扬扬悠悠，顾我欲留。”又曰“潴而后泄”，皆回流水。盖必有深潭，而又有石山拦截，势态必逆回，就像欲去而复回之意，这种地很吉利。

暗拱水

暗拱水，穴前不见，而水在砂外，或朝、或抱、或聚，皆称作暗拱。《经》书上说："有真龙，无朝水，只看朝山为近侍。朝水案外暗循环，此穴也非中下地。"谚云"明朝不如暗拱"，盖明朝恐或带煞，而暗拱有情，不害其为吉。

融潴水，深水注聚不流，而莫知其来去。此水主巨富显贵且悠久。若龙真穴的，有此吉水，前砂或不静也无害。《赋》云"前案若乱杂，但求积水为奇。"

融潴水

鸣珂水

鸣珂水，水入田窟，或入石窍，滴沥有声，如鸣珂。或如铜壶滴漏，或如磔鼓之声，皆吉。卜应天说："冬冬洞洞响而亮为吉。"此水主贵，但不可有悲切凄楚之声，则又凶矣。

瀑面水，穴星低小，而水势雄欺。廖金精说："欺是洋朝势大雄，穴小最为凶。"主不旺人丁，落水而亡。若后有高山托乐则不忌。

瀑面水

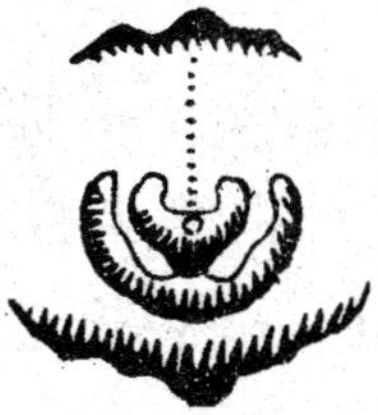

冲心水

冲心水，急流直撞入怀。也称作水破天心。虽曰特朝，实则直射。陶公说：“当面朝入，子息贫寒。”正此水。盖水虽欲朝，也必弯曲悠缓，不可急峻直射。

直射左右

射胁水

射胁水，乃水射左右两胁。直曰射，横曰穿，皆凶，主横死、杀伤、阵亡、刑辟。左应长房，右应幼房。吴景鸾说：“但凡水贵弯环，最怕冲心射胁。”

扣脚绕割

裹头水

裹头水，即裹头城水。乃龙弱孤寒，穴无余气，所以水贴脚洗割周回而裹头。主招瘟、招疫、贫寒、孤弱不振。

斜牵而出

牵鼻水

牵鼻水，元辰之水斜牵而出，一向无拦也，称作牵动土牛。葬之，主退田败产，冷破资财，以及主少亾，孤寡不振。又有龙穴贵，水虽去而前交会，只初年不利，后有富贵，不在此论。

泉水迸裂谓之漏腮水

漏腮水

漏腮水，穴之两旁开发泉窦，而清冷长流。或只一旁泉窍，也是。此乃漏气之龙，全无融结。葬之，主家业退落，劫掠杀戮，男女痔漏。此与真应水不同。盖真龙水融注，澄洁不流，甘美而不冷冽为异。

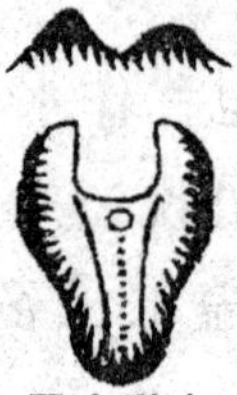
界水淋穴

淋头水

淋头水，穴上无脉，而水淋墓头。水所以界龙之脉，今淋头而下，则无气脉，徒为界水绝穴，葬之不久，而人丁渐以不旺，驯致灭绝。窝钳之穴切须辨此。

两水交流

交剑水

交剑水，穴前二水相交。凡是龙大尽，必有交剑之水以界绝之。此处脉穷气绝，不可求地。《经》书上说“二水相交穴受风”说的就是这个道理。对面二水来交也凶。

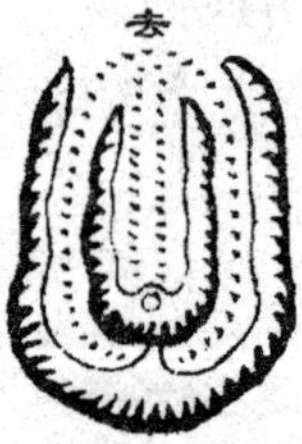

倾流太甚

分流水

分流水，穴前水分八字而流。水既分流，龙则不住，其无结作可知。卜应天说“儿孙忤逆，面前八字水流”说的就是这个道理。惟骑龙虽不拘此，水却重重拦截关锁，不见水势分去，又且四山周密夹从，而穴的龙真，所以不忌。

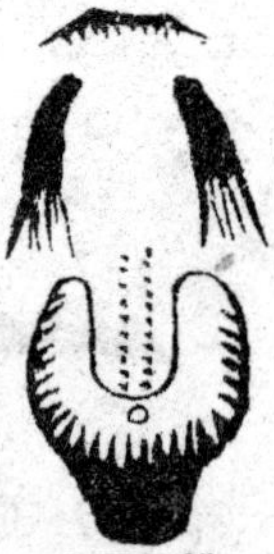
穴下深槽

漏槽水

漏槽水，穴下深漏直倾如槽。不拘有水无水，皆称作漏槽。主倾家退产，少亾败祸。也有真龙，结为钗钳穴，与漏槽相似，不可误认，宜细审之。若果真是融结钗钳之穴，虽然有漏槽，其下有唇毡可证。

明堂倾跌

卷帘水

卷帘水，穴前之水倾跌而去。卜应天说："卷帘水现，入舍填房。"此水极凶，主倒尽家业，少亾孤寡，并主寡母坐堂，招人入舍，渐至绝人。

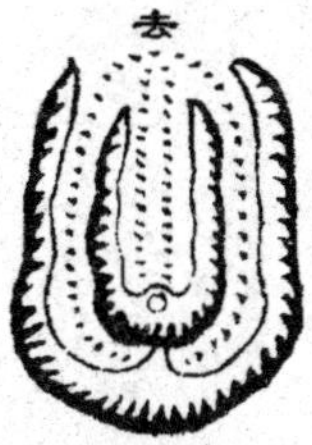

倾流太甚

流泥水

流泥水，穴前之水倾流而去，沙又随水而飞。杨筠松说"一水去，二水去，众水奔出一齐去，山山随水不回头，失井离乡无救助。"

水不入堂

斜撇水

斜撇水，水不到堂，斜撇而去。或逆来斜去，或顺来斜去，皆是与穴无情，所以凶。卜应天说"登穴见一水之斜流，退官失职"说的就是这个道理。

水不安身

反挑水

反挑水，即反身背城。此水极凶，为军为盗，离乡打刦，生离悖逆。卜应天说"水纔过穴而反挑，一文不值"说的就是这个道理。

水中砂射

刑煞水

刑煞水，乱水交流。有一水必有一砂。水送砂尖，或当面直射，或顺水斜飞，皆称作刑煞。轻则败产离乡，重则煞戮军配、阵亡恶死。

第七章：论局篇

地理全局歌

地理由来分四用，皆以龙为重。吉凶祸福此中生，须要察真情。祖龙高顶名楼殿，常有云气现。聚绕名为聚讲山，根本在其间。讲罢龙行有美恶，生死与强弱。顺逆进退切须知，八法要详推。生是低昂多节目，死是无起伏。强是奔走势力宏，弱是瘦棱嶒。顺是开向前往，逆是向后去。进是龙身节节高，退是渐萧条。生强顺进皆为好，富贵兼寿考。死弱逆退最为凶，夭折受贫穷。龙行过峡脉有四，正出左右次。回头顾祖出尤奇，穴状可前知。向首峡中能预定，一峡一穴正。两边遮护喜形成，最怕贼风生。若还穿帐要中出，角落未为吉。两重三重开府衙，一重只富家。若有贵人居帐下，此格真无价。地轴天关左右遮，或垂帐角斜。退卸换剥麄细，凶星变吉气。老龙抽出嫩枝柯，跌断不嫌多。阴山共水难寻脉，石上留踪迹。唤作崩洪有十名，富贵此中生。龙上如生两池水，养荫斯为美。异骨奇毛洲与塘，须定出何方。夹卫护从两旁侍，天以太乙峙。右边武库左文官，队仗贴身安。迎龙先在穴前揖，送龙穴后立。缠龙缠过龙虎前，托龙居背边。欲作穴时看出脉，原有十二格。正偏大小与短长，高低要审详。更有曲直并断续，吉凶皆在目。蜂腰鹤膝最为奇，大忌被风吹。此是行龙诸法度，余详龙格部。凡是寻大地要搜求，逐一究源流。

论明堂

明堂，天子之堂，向明而治，百官考绩之聚所，天下朝献之所归。地理学家以穴前之地借名于此，也以山聚水归比喻，此明堂之所由名。然所谓明堂有二种：内明堂，外明堂，也有说大小明堂。二不可一概而论。内明堂不可太阔，太阔近乎旷荡，旷荡则不藏风；又不可太狭，太狭则气局促，局促则穴不贵显。须要宽狭适中，方圆合格，不卑湿，不欹侧，无流泉滴沥，无圆峰内抱，不生恶石，斯为内明堂之善。凡是山势来急，垂下结穴，龙虎与穴相登，前案远，则当论外明堂。外明堂必须两边宽展，不可窄狭，四山围绕，略无空缺。又见外水曲折，远远朝来，斯为外明堂之善。

我认为大富贵地，必结内外明堂。内明堂欲其团聚，不欲其旷阔；外明堂欲其开畅，不欲其逼窄。盖内堂宽则气不融聚，外堂狭则局不开明。

所以说凡是美穴，必须龙虎内有内堂团聚，收拾元辰，或有低小近案，或横拦之砂，以关束内气，然后外面却有宽畅明堂，罗列远秀，乃为全美。此内外明堂不可不辨别。其于局势大小，又当以龙论之。如百里来龙，结作自有百里规模；千里来龙，结作自有千里气象。小小之龙，结局必小，不可贪大局势。吉凶各九格。苟能于此触类而长之，则也思过半矣。

明堂九种吉格

交锁明堂，明堂中两边砂交锁。《经》书上说：“明堂要如衣领，左纽右纽才为贵。或是山脚与田陇，如此关拦真可喜。”又说：“众水聚处是明堂，左右交牙锁真气。如此明堂方是真，锁结交牙诚可贵。”此堂极吉，主巨富显贵。

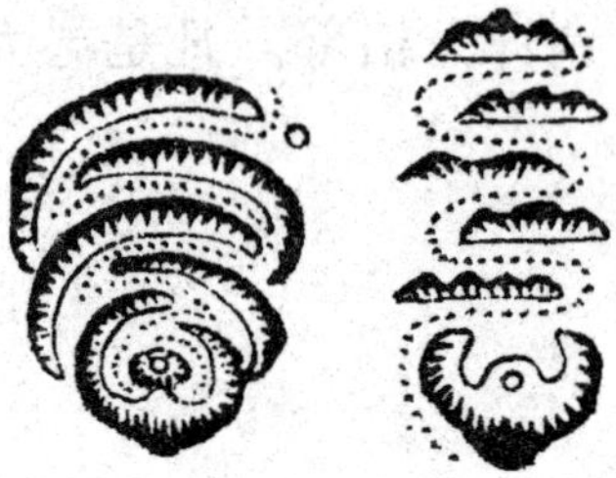

交锁明堂

周密明堂

周密明堂，乃四围拱固而无泄。盖堂气周密，则生气自聚。杨筠松说：“明堂惜水如惜血，堂里避风如避贼。莫令空缺被风吹，莫使溜牙遭水刦。”所以说明堂以周密为贵。若有凹缺，则非周密矣。罗城周密也吉。

绕抱明堂，乃堂气绕抱，使水城全身弯曲，诚有可取。所以曰：“内堂绕，发越极速；外堂绕，富贵悠长。”杨筠松说：“明堂绕曲如绳样，绕向穴前弯内向。内向之水绕身曲，对面抱来弓带象。”

绕抱明堂

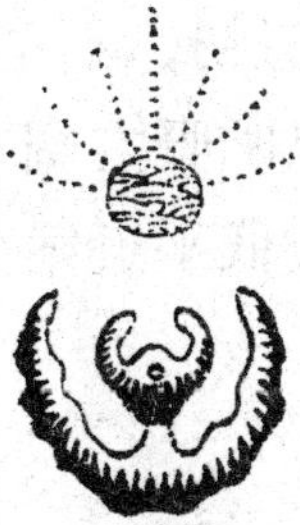

融聚明堂

融聚明堂，明堂之水融潴囊聚也，至贵。卜应天说：“水聚天心，孰不知其富贵？”杨筠松说：“明堂如掌心，家富斗量金。”又说：“明堂如锅底，富贵人难比。”大致上说皆融聚之水。

平坦明堂

平坦明堂，乃明堂中开畅平正，而无杂乱高下之碍。此堂极吉。杨筠松说：“真气聚处看明堂，明堂里面要平畅。”《明堂经》说：“其平如砥，公相基址。”

朝进明堂

朝进明堂，乃特朝之水，汪汪万顷朝入穴。此堂至吉，主巨富冠郡，田连阡陌，位极人臣，满门鼎盛。且主易发财禄，朝贫暮富。田源水自高而下，层层级级朝入穴尤吉。催官之堂。

广聚明堂

广聚明堂，众山众水围聚。《葬书》说：“若怀万宝而宴息，若具万膳而洁齐。”又说：“若览而有。”皆明堂内百物具备之意，此明堂之至贵。要山明水秀，如朝海拱辰为合格。

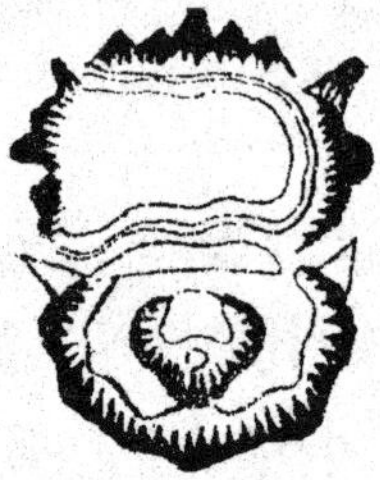

宽畅明堂

宽畅明堂，明堂中开旷明畅，不窄狭，不逼塞。此堂至贵，切不可以旷野空阔不周固为宽畅。要有低砂交结，或低平近案关聚内气，或水融聚为真。

大会明堂

大会明堂，诸龙大尽，众水归堂，犹如万之纳贡，百官朝拜，所以叫做大会。主贵至王侯，富至敌国。杨筠松说："四龙大会，有地必大。"也须诸山自百余里来，至此皆大尽方是。此与广聚不同，广聚，惟山水团聚重叠而已，非有众龙大尽。

上明堂吉格，岂止这些，大致上说明堂之吉，举目之间，形势自然可爱，气象自然可观，都成为吉格，以性情为主。

明堂九种凶格

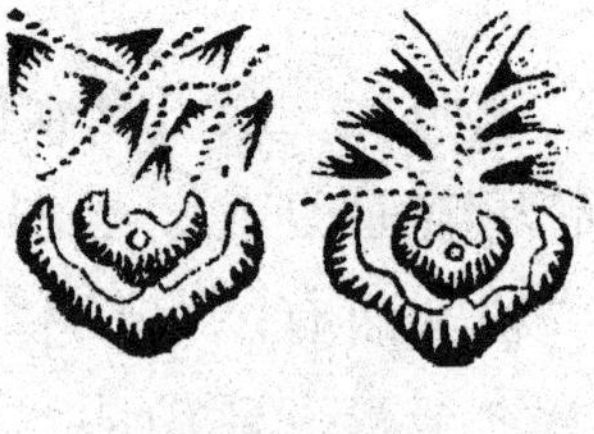

刦煞明堂

刦煞明堂，乃明堂中有砂，尖嘴顺水，或射入穴中。凡是有此皆不可用。盖明堂乃诸水聚处，欲其平正。若有尖砂顺水，则主退财、离乡、军死。尖而射穴，则主刑煞、阵亡、恶死，至凶。吴景鸾说："刦煞照破全无地，顺水斜飞无躲避。若然尖射入穴来，忤逆刑戮须切忌。"

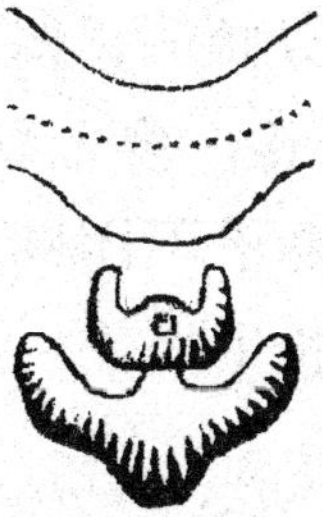

反背明堂

反背明堂，悖逆之象。当穴宜弓抱拱身，而反突拗反背，何凶如之？主逆妻拗子，悖戾之奴，百无一成，岂但门衰户薄已哉！

窒塞明堂

窒塞明堂，堂中有阜窒塞而不舒畅。主出人顽钝。杨筠松说："出人矮小气量狭，只为明堂有案山。"吴景鸾说："明堂塞，人凶顽。"盖穴前宜开明。若有墩阜当前逼塞，不但顽浊，又主产难、目疾、抱养、填房。若两宫齐到，一墩居中，主兄弟不义。也有贵地，有墩阜前塞，终觉开明舒畅。

倾倒明堂

倾倒明堂，明堂水倾，龙虎顺随而去。此堂最有亏损。断诀说："明堂倾倒，休夸穴好。"廖金精说："若是堂倾无落聚，有穴终须弃。"所以说倾倒明堂，纵有龙穴，也须弃置。董氏说："明堂第一嫌倾倒，倾倒有砂随水走。买尽田园走外乡，更主儿孙多寿夭。"

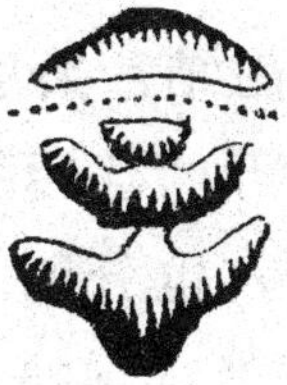

逼窄明堂

逼窄明堂，乃案逼穴前，堂局促狭。若龙穴真，仅可小康。也主出人顽浊凶狠，无足取。杨筠松说："明堂逼窄人凶顽。"廖金精说："逼窄生人必蠢顽，猥锁更贪悭。

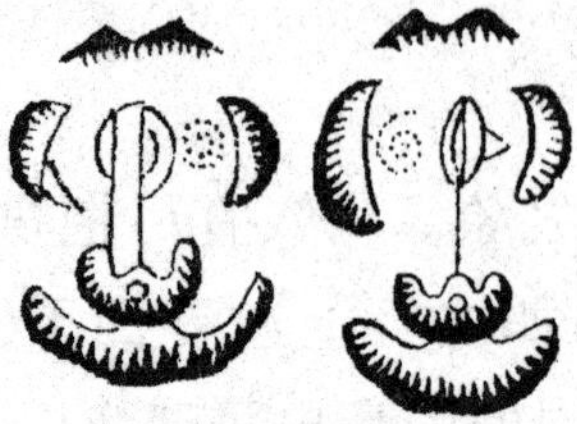

偏侧明堂

偏侧明堂，乃堂势倾侧，偏于一畔，边高边下而不平正。廖金精说："侧势斜来向一边，妻子不团圆。斜是欹从穴边过，岁岁长生祸。"

破碎明堂

破碎明堂，明堂中或突或窟，或尖或石而不净是。主百事无成，祸盗叠出，家道不宁，少亡孤寡之患，以及招图赖人命之非，飞来灾祸，退败产业。此等明堂，最为不吉。

陡泻明堂

陡泻明堂，穴前峻急而水倾泻。此堂极凶，主损人恶死及飞祸，不但退败产业而已。纵是真龙好穴，也退败后始发。邹国师仲容说："倾泻明堂不可安，穴前陡峻不弯环。纵有真龙能发福，卖尽田庐始出官。"

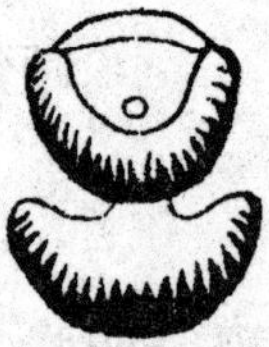

旷野明堂

旷野明堂，穴前一望无涯，荡然宽广，无复关拦之谓。此堂极凶，却能忽悠人，以其宽阔，多见远秀罗列清奇，而古人又有"明堂容万马"之说。不知明堂旷野，则风飘气散，怎能有融结？吴景鸾口诀说："明堂容万马，也忌旷而野。"梁箬溪饶曰："左右周回似有情，来龙落穴也分明。水长无案明堂旷，下后儿孙家计倾。"穴当大逆朝水之局，明堂虽旷不畏。

以上明堂凶格，也不止这些，在这里举例，触类旁通。吉凶祸福，自能心悟，举目洞知。但明堂管初年祸福，关系最紧，务要审择，不可轻忽。

明堂歌诀

寻得真龙与正穴，须把明堂别。明堂气聚始为奇，不聚即非宜。凡是穴前坦夷处，便是明堂位。大致上说明堂原有三，取用必相参。小明堂在圆晕下，立穴辨真假。龙虎里是中明堂，交会要消详。大明堂在案山内，必须四水会。小明堂具作法篇，入式不重宣。中堂不必论形体，妙在雌雄喜。大堂水口要关拦，真气聚其间。关拦若譬为钮锁，钩镰也其类。或是山脚与田垄，锁结喜重重。更有横龙来作穴，背后要堂塞。也要把作三堂看，祸福一般般。明堂本是王制，朝会皆于是。明堂光明照万方，宽阔始为良。好砂好水常聚面，种种皆可见。若还逼窄岂能容，坐井面墙同。宽阔生人也轩豁，聪明更特达。逼窄生人必蠢顽，猥琐更贪悭。古云堂宽容万马，也忌旷而野。外拦若在渺茫间，虽阔也如闲。万山取宽为正统的方法，平洋还要狭。万山若狭平洋宽，此格不须看。前贤于此分公位，左长中居二。右边原是第三房，此理最优长。水居左位长位起，聚中诸子富。若居右位小公兴，经前要分明。龙真穴正堂气聚，富贵原非细。龙穴明堂俱各凶，永世不兴隆。龙穴若凶堂气好，二纪还温饱。龙穴若好明堂凶，初下便贫穷。一纪之余堂气迈，发福依还大。仙踪如此至为多，贫士却登科。我今著此名入式，句句无差忒。若能熟读悟玄微，后代仰名师。

第八章：论阳宅篇

总论阳宅

阳宅之与阴地，大体没有什么区别。但有不同的地方，则阳宅龙必要长，而穴必要阔，水必要大合聚，大弯曲，砂必欲其大交结，远朝拱。

阳宅地基，亦如阴宅之必得龙脉砂水界气，但须来势粗雄阔大，宅基力量大于阴地，所以必是山水大聚会处，然后才可结。聚会愈多，则局势愈阔；局势愈阔，则结作愈大。大为都城、省城，次为县城，又其次为市井乡村基址，莫不各以聚之大小以分别优劣。廖金精说："建都山水必大聚，中聚为城市。坟宅宜居小聚中，消息夺神功。"但是阳宅却有平支、山谷之不同。一般来讲，平支则以得水为美，山谷则以藏风为佳。卜应天说："大山支下水交流，孔林最茂。"此平支之得水。"龙虎山中风不动，仙圃长春。"此山谷之藏风。平夷、山谷，力量没有什么区别，但是所结的方法有不同。此观阳宅之正法秘诀。

阳宅风水讲究也来龙去脉之气势，山局之龙运，砂水之纳配。靠山稳固，龙虎相辅护卫，宽阔明堂内增气势，水城得聚生旺之外气，所以说吉。若又得元运之当令，自能吉上加吉，吉中生旺。

阳宅以龙气山局为体，砂水元运为用，形局理气两全为福地。阳宅地基，到作宅之地，宽平端正，前面有关拦，左右有拥卫，阳气氤氲，团聚在城市，则邻舍里廛，云连雾列，在乡村，则比户接庐，树木浓茂，在山谷，则山环水抱，收局开阳，皆为吉地，纵局宅之得运失运，前后不同，苟内外六事，有得无失，居之总可平康，丁财常有。

论阳宅结穴

阳宅之龙，它的起祖、出身、行度、过峡、枝脚，与穿落传变、台屏帐盖诸格，以及入首等法，与阴地龙格没有什么区别。其所不同的地方在长短远近。

一般阴地虽数节龙就有结作，阳宅非大龙旺盛长远不能结作。廖金精说："干龙住处分远近，千里为大郡。二三百里可为州，过此则封侯。百里只堪为县治，下此为市镇。"凡是结宅地，其龙比阴地必长数倍。所以有三四百里龙，尽头决然结宅地，为郡、邑、市镇。稍短或为大村"说的就是这个道理。

至于穴法，则阳宅与阴地不同。阴穴虽千里来龙，入首结作，不过寻三尺五尺之地。阳穴大为省城，必周数十里；次为郡县，也二三十里；又次也十数里；再小为乡村市井，也不下数里。所以其铺展愈阔，则力量愈大。此阳宅所以必龙力大方能结的原因。

若砂法，其朝应、护从、水口等山，也须放开眼界宽大察之，不像阴地取近穴砂为用。谢双湖说："宅地到头，朝应、护从往往减省，不如葬地周密富丽。一般宅地之用恒久，所以成其体而可以享用长久；葬地之用暂，所以盛其用而可以取效一时。"此可以见体用之轻重，乘除之理，消息之机。但是阳宅的砂也需要重叠拱朝，关锁交结。大致上说罗城宽大，又要朝对端尊，下关环抱有力为上。《宅经》书上说："要知居址何为贵，水抱山回必有气。忽然陡泻朝对头，破碎斜飞非吉地。下手回环朝揖正，卫主端严无反柄。纵然不大也安和，住得百年家业盛。"阳宅的水则以数源数溪相汇合，朝曲绕抱、大转湾、大汇聚为美。

所以说凡是郡邑，未有不是大河大溪绕抱；虽小邑市井，也必可通舟楫，可见水之会处，方可结阳宅。也有两水夹送，入首翻身逆朝一水而结穴；有两水来送交会，就顺水而作穴；有一边大河绕抱，一边小水相合而结穴；有坐水后合襟而结穴；有据水深聚而结穴；有四面皆水。虽数等不同，然皆以得水为贵，此阳宅结作与阴地龙穴砂水不同之大概如此。可是阳宅结作又分平支、山谷两等格局而论，融结规模，尽其山川情性。

论平地阳宅

平地一望无际，必以龙之来历，穴之结作处，高于众地，才能算为真。所谓高，只尺许，或数寸，皆称作高。但中原平阳，祖宗起处，在数百里外，撒于平坡，而变作平地旷野，或只高一寸，也是龙身，水流不过，便为骨脉。

杨氏说："凡是到平洋莫问踪，只看水绕是真龙。"盖大龙之尽处，必是被大河大江拦截无去处，方得他住。及到此田地，必皆是平原旷野，非常人所能收拾。望之无限，不见所际；据之无凭，不见所倚。然其百十里间，皆是环卫，无一山不顾盼，无一水不萦回。虽别处数百里外山水，莫不来此交会。气象堂局，最广阔舒畅为藩镇省城，次为大郡大州，又次为小郡，又次为大邑、小县、镇、场、堡、寨，愈降愈煞。此等平夷处，只看水交会，以及水绕曲环抱处为有结作，而最高处为穴场。虽千言万语，不能外是诀矣。

平地之龙，穴以最高处为贵。《经》曰：“地有吉气，土随而起。”诚确论矣！又有一种平支中之高阜，却是护卫照应，不是正气所钟，虽高也不吉，多是梵宫神宇之地，以为神庙则多感应，以为宅第则不可居，又不可不审乎此。

论山谷阳宅

凡是山谷阳居，一般是来龙脱落平地，宽广平夷，四面拱卫，无空缺凹陷，下手有力，水口交固，明堂开畅。据溪据河为上等地，虽在山谷也如平洋为善，若窄狭则不吉。

《经》曰：“大凡阳宅怕穴小，穴小只宜安坟妙。小穴若为输奂居，气脉伤残俱凿了。况且是子孙必众多，渐次分别少比和。一穴裂而为四五，正偏前后岂无讹?”又曰：“大凡阳宅安穴大，宽阔连绵又平快。前朝横正面前宽，可为百井于内外。如此才为阳宅居，窄小难容君莫爱。”又要高明，切忌四水高压，阴幽迫逼室塞，三阳不照。廖金精说：“四山高压宅居凶，人口少兴隆。阴幽室塞号天牢，住宅决萧条。三阳不照名阴极，妖怪多藏匿。”又忌卑下污湿，以及水冲宅背，回风射胁，水声潺湲。廖金精说：“卑下污湿不相宜，人口必多疾。流水若还冲屋背，人散家财退。凹风射胁最为凶，孤寡与贫穷。宅边常有水潺湲，丧祸日连绵。”且山谷阳宅，最要藏风，乘得龙气为吉。切不可妄用穿凿。廖金精说：“若还穴小凿教宽，气脉便伤残。横龙最忌凿穿脉，家财是消歇。”

凡是阳宅入首处，须要垂脉平铺，撒落平洋，来历明白。大势则有大水合聚，细微则有小水界合。若居在界水内，无不败绝，岂可乘借坐之虚势，而不论脉乎？此阳宅之至要的，不可忽视。

立宅歌诀

居民立宅最为先，宅吉福绵延。古称坟宅理无异，还须分气势。安坟死骨埋土中，乘气子孙隆。立宅生人居地上，乘气财丁旺。所以横冈也可居，只要势来趋。市井乡都原有二，龙住方成市。市居必要傍街衢，向首理难拘。乡居必要龙神落，向首随龙作。市居地气有推迁，世代岂能延？乡居龙脉若来远，世代常平稳。大凡乡落看来龙，平原总隆隆。若是高山寻顿伏，升高皆在目。撒落平洋阔最奇，四顾忌倾危。左右高低势环拱，前迎并后拥。朝山有意宅前横，一水抱身行。出面星辰逢五吉，此宅为第一。四凶入首实堪憎，扦后绝人丁。朝若斜飞堂陡泻，立见家衰谢。若还穴小凿教宽，气脉便伤残。横龙最忌凿穿脉，家业易消歇。面前水去最难当，定主外州亡。过穴水返也同忌，纔发即陵替。后龙仓库两边排，富家积钱财。忽然文笔左右现，读书膺举荐。献花露裯乱衣形，家内有风声。因甚频频遭贼盗？天罡脑倾倒。因甚频频见火灾？燥火势崔嵬。因甚频频见瘟疫？孤曜带黄赤。因甚频频入讼庭，扫荡眼中横。龙如上格砂如下，虽贵无声价。后龙如弱好前砂，只荫外甥家。水凶穴吉金盆格，虽坏可从革。水吉穴凶如玉盘，一破永无完。神前佛后最为忌，废址犹当避。更嫌古狱古战场，必定有余殃。启坟平塚最不可，居人多坎坷。道路冲门也不宜，常有是和非。流水若还冲屋背，人散家财退。宅边常有水潺湲，丧祸自连绵。三阳不照名阴极，妖怪多藏匿。蛟潭龙窟莫相邻，阴盛必孤贫。其余全局歌中备，此篇言大意。龙穴砂水与明堂，专部好消详。天机妙诀启群蒙，石破驾天龙。

作法秘旨歌

龙穴砂水与堂气，生成自天地。于中作用本由人，有术验如神。第一传与点穴法，仔细去看踏。前后左右要端详，切记莫慌忙。第二传与开茔诀，阔狭依师说。若还锄开太极图，水蚁便侵棺。第三穿圹要详悉，浅深须用术。个中造化极精微，莫许众人知。第四作堆各有例，不可左右易。五行相克便为凶，灾祸更重重。第五放水宜步位，起卦用天辅。先量坐下后朱雀，阴阳有凶吉。第六取路贵迂曲，要合水星局。莫挨白虎避黄泉，犯着祸连连。第七喝形须相像，当把九星相。只论形穴误人多，星体没偏颇。第八画图要法度，笔笔休教误。看图富贵便能知，纸上露玄机。第九课验宜真实，仙踪从此出。莫谈怪异使人疑，祸福去详推。第十传授休轻泄，德人方可说。仙翁说戒鬼神知，后学请遵依。惟此十传名秘旨，尽是廖公语。虽然语句不成诗，字字泄天机。

第九章：至宝经

元　谢觉济　谢子敬

倒杖三十论诗歌

葬法真机有几多，先师不肯与玄歌。有人会得阴阳诀，便是杨曾复出磨。阴阳二字乃葬法之真机，学者若能洞达二字之义，则地理之能事毕矣。准曾杨二公之复世亦不外乎是。

总要章第一

地理千经万卷机，阴阳二字少人知。仙人妙诀无多语，口口相传腹记之。自古仙人藏秘诀，于今小子露玄微。得法得文并得诀，详在其中三十诗。地理虽有千经万卷之多，亦不出乎阴阳二字之义。故天之象覆，名之曰阳。地之象仰，名之曰阴。在人之夫妇，其象亦因之而已矣。在地理之说，地气上升为阳，天气下降为阴。故有阴阳之分，刚柔之别。故杨公云：阳来阴受，阴来阳捉。又，邵子云：立地之道，刚柔尽之矣。乃合一阴一阳之道，反此则生生之道息矣。今谢公泄地理之真机，发阴阳之玄妙，其千经万卷之义，一一包含总括，悉具于三十之诗，学者宜玩索而有得焉。

倒杖章第二

阴阳倒杖若能明，开井放茔立葬绳。要识准标深与浅，休抛后接与前迎。接迎若误难荣旺，顺逆如差有废兴。学者能明饶减法，先从脉路认来情。上言阴阳二字及地理之极机也，此言倒杖一诀，发阴阳之妙用也。故倒杖之法，入手处先立一标准，次于明堂合水处立一标准，将绳牵定，以后接前迎之。趋舍饶减者，挨借之法，放送生死之理，看其何边长，何边短，将棺枕居短处一十分，则倒杖放棺，准绳饶减之道定矣。否则饶减不明，分合不辨，尖圆莫分，废兴所系尖是乎。

气脉章第三

大凡看地上看下，先从顶上分一个。两边随脉水来缠，三合送来到穴也。上无分水下无合，入穴模糊名曰假。细详绳路要分明，水止脉尽球檐下。察气脉之法，先从顶脊上看，有大小八字，上分有无如何。次随脉路而下，详察两边绳脉水路，须要水止脉尽，须寻气珠、球檐以定界限。若得上分下合，个字明白，即是真也。否则分合不明，入穴模糊，即是假也。故学者不可不察。

三阴脉章第四

气从天降脉浮阴，饶减之中造化深。交气穴中如露脊，节包硬块并为全。独阴露脊如葱尾，两股虾须抱在心。开井放棺如会得，若知升？值千金。交气穴中，其来露脊，或节包硬块者，俱属阴也。其气浮，自上生下，法宜架折葬之。如独阴来似葱尾者，宜看左右虾须水，弯抱处以立穴就向，避球凑檐，移掇放送之法而葬，则升降之法毕矣。若不能饶减，则伤龙烂尸可知。术者不可不慎。

三阳脉章第五

阳气原从地下升，下头生上是真形。或窠或仰分消息，前缩后迎有重轻。若是纯阳阴脉取，当从地气上升腾。纵寻珠乳应深细，迎接工夫要请明。其脉隐微，或坪结、窠结、仰结者，皆自下生上。作穴法宜避檐凑球而葬，最要迎接工夫，须寻珠乳，若迎不来则当饶，此放棺以挨借迎接之法，以待其气是也。

强弱章第六

穴中若问敢为强，强者阴兮性最刚。强字与阴同一理，若差饶减动瘟皇。弱脉原来气属阳，见阳便可穴寻强。如若龙阳必脱气，要知迎接始为良。强脉者阴也，势来雄急形如剑脊。宜避球就檐，可用饶减，以架折放送之法，寻阳处扦之，乃得阳嘘阴吸之理，法中谓：阴来阳捉是也。其阴乃小人之性，刚宜饶凑檐，否则撞阴硬杀，主有绝嗣之患。弱脉者阳也，脉来平缓，形如仰掌，宜避檐以寻阴处葬之，乃得阴吸阳嘘之理，法中谓：阳来阴受是也。其阳乃君子之性，柔可问而不可饶，饶则脱脉之，子孙有消乏之病机，公灵：望势寻龙易，登山点穴难，若然差一指，如隔万重山。正此之说欤。

阴阳相受章第七

阳来须要受阴胎，阴若来时阳内裁。若是纯阴纯得取，空将葬法穴中培。纯阳纯阴名曰死，若借阳嘘阴吸回。到此若然差下手，恰如枯树望花开。此以龙穴而互言也，若得阳来而阴受，阴来而阳受者，此乃阴阳交合之处，牝牡相乘之所，得阳嘘阴吸之理，移花接木之法，可使生气凝注，遗体受荫，否则失法犹枯木之望花，以见希福之难可知矣。

半阴半阳章第八

阴变阳兮合就阳，阳来阴内穴堪藏。强阴露脊如葱尾，饶减之中仔细详。此等阴阳何处取，化生脑下定中央。水来送到三叉处，明暗当寻那股长。此言结穴之脉有半阴半阳，结穴者，当从化生脑下寻之，要看左右送龙之水到三爻合处，认取何边明何边暗，那股长那股短为的。强者得阴之体，其脊露如葱尾之状是分也。法用饶减，以义推裁，加减好乘除之意，阴阳两行其宜，则生气得矣，阳而弱者推此。

明倒杖立向章第九

脉来尽处已成穴，倒杖明堂前后别。后头标准在中央，前面看水何处合。若处便是立标竿，挂定线兮为正脉。断然不用使罗经，天地生成一定法。此言立向之法，于明堂水合处装标准，又于穴中央装标准，再用线一牵，则天地生成之向自不容移。故不必罗经而自然默乎其者也。

辨尖圆口鼻章第十

立穴尖圆切要和，好从界水下寻之。若将口鼻都锄破，纵是曾杨也有疑。前有后无休下手，前无后有莫轻为。看他四应皆分晓，方取阴阳仔细推。尖圆口鼻，在于个字下寻之，是分合之事也。不可锄破口鼻出此界限，若阴脉入首可饶而不可开，若阳脉入首可缩而不可饶。再看四应，前后左右分明，即用阴阳前定之理，缩者正球，紧者架折，口鼻即生气结作之处。否则锄破生气，纵是曾杨亦无如之何也。若前面有合，后面无分皆非地也。

定球帘界限章第十一

不褒阴阳莫乱埋，葬其所止串其来。乘风则散界水止，界断些儿休过裁。上面有分下面合，球檐切莫破其腮。更看偏左并偏右，莫把球檐一样堆。此言阴阳定法，前缩即葬口也。串其来，即郭氏云“乘其所来葬其所止”是也。如脉来既有分合，若葬出球檐乃气乘风散，则谓之破腮。更看偏左偏右，以葬口比定其中而取之。如阳脉来短，则用缩葬。阴脉来，则用饶葬。阳来缓，乘胎葬。若扦穴破腮，则风水不成矣。阴来急，则用架折葬之。若破脉气不出球檐，过入界限，则地亦不成矣。

论浅深阴阳二气章第十二

露而不隐天阴降，隐而不露地阳升。不浅不深依葬法，能教富贵有声名。合浅葬深气上过，断然白蚁底中生，阳若葬深阴葬浅，纵然吉地也无成。阴脉之气浮急，自上而下，故曰露而不隐，故宜深葬，可取第一合之水以定其浅深。若合深而葬浅，则气从下过，使放棺在上不得生气之注也，主白蚁自底而食。阳脉之气沉缓，自下而生上，故曰隐而不露，故宜浅葬，可取第二合水以定其浅深。若合浅而葬深，则气从上过，使放棺在下，亦不得生气之中也，主白蚁自盖而食。浅深之法，不可不慎。故郭氏云：浅深得乘，风水自成。又曰：穴吉葬凶，与弃尸同。正谓此也。

论孤阴脉阳章第十三

阴阳交后始成形，强弱之中要解明。阴降阴裁气不纳，阳来阳受脉无情。强来便把棺饶退，弱至须当进步迎。明得二分饶减半，朝贫暮富术非轻。夫孤阴孤阳乃阴阳不交，即纯阴纯阳无化气之谓也，故曰裁气不纳受脉无情。如强脉急来者，即便将棺饶退放送而葬。如弱脉缓来者，须当将棺撞进迎接而葬。凡术者明得阴阳强弱之义，欲求富贵何难哉。

论正求架折章第十四

折架正求是两端，先明前缩紧和宽。看他偏左并偏右，莫把正球一例看。若是正球须正葬，若然折架改边安。正球架折如明得，穴穴仙纵总一般。正求者，正落正裁也。折架者，偏左偏右也。饶减者，挨借之法也。若阴脉来急者，宜以粘宽架折之法葬之。阳脉来缓者，宜以缩紧正球之法乘之。凡术者能明正球架折紧宽之法，虽曾杨郭廖所葬之法，亦不过克克明乎是而已矣。

明聚散真假章第十五

真聚上分下抱腮，散须无合下分开。上分下合为真穴，枕对分明方可裁。上面有分下无合，阴阳失度不成胎。模糊误尽人多少，真假无从聚散来。上分下合谓之龙，水荫鱼腮乃藏风。得水真气而内外聚也，故曰真穴。上无分而合谓之雌雄不交度，乃不蓄之地，真气外散也，故曰假穴。心目模糊而不知聚散之分，则误人甚矣，故曰真假之分，聚散决之矣。

论脉双章第十六

双飞教君枕短边，两边齐到那边扦。看他一脉微微小，枕归小处是牛眠。若逢单脉如何葬，放棺挨实便为先。向阳近水柳先绿，不得明师挨那边。双脉也有长短、相齐、大小之异。如双脉者即枕其短。齐脉者即取其小。单脉者即单股脉也，有厚薄、虚实、生死之气，如单脉者，即挨其实处，即挨其生也，故曰向阳近水柳先绿，乃得生气之融结故也。

论生死二路章第十七

穴来隐隐始为生，脉小微微是正形。隐隐微微方是穴，麁麁蠢蠢死无情。寂然不动昝休取，脉路来粗总不成。惟葬其生休葬死，好从生死定枯荣。脉来隐隐微微，势体悠然活动踊跃者谓之生，故吉在其中矣。脉来麁麁蠢蠢，势体寂然不动无起伏者谓之死，故与弃尸同也。龙得活动为生，必世而荣。脉得麁蠢为死，必世而枯。故曰好从生死定荣枯。

论明暗章第十八

接脉串珠似剥花，先寻灰线草中蛇。两边明暗来交会，相合雌雄水到爻。若是阴来阳处枕，阳来阴处可寻他。譬如窝有鸡心泡，直凑球檐认正斜。串珠，乃葬口之生气也。草蛇灰线，脉之微小也。阴来为明肩，法宜枕居阳最处。阳来为暗翼，宜就枕居阴处，故秘云：暗翼如从阳处寻，明肩出处在子阴。若生大小八个字，点穴好看四应铁。正此之谓也。如譬窝中之结，有鸡心鱼泡者，穴宜凑入正球，以看强弱定其斜正，再看左右砂水来，见者为明，不见者为暗，两边明暗交会明白，即水到三叉，雌雄交度之说也。故曰：相合雌雄水到爻。学者不可知。

田塍坎背章第十九

田塍坎背穴相逢，倒杖工夫架不同。认取禾锹丫口出，短长横阔穴居中。若是三丫并合角，六情看此合仙踪。禾锹口出禾锹取，莫脱阴阳造化功。田塍坎背者，俱在平洋出脉。平洋之脉亦有阴阳之分，与山微异，故曰倒杖工夫全不同。故平地多出禾锹丫口，其体属阳，合居中正凑球扦之。三丫合角，其象属阴，法为凶金，合架折倒棺葬之。否则平洋之地，阴阳不明，必脱造化之气，故学者不可不辨。

论前缩推枕章第二十

前亲看水那边来，后倚交情莫放开。交得太深防倒了，三分差接便生穴。紧来葬口宜抛出，宽处球檐凑??。推枕葬埋皆有法，杨曾实会巧安排。前观者，看落穴水合处，那边水先到是也。倚者，看到头脉来处，从何边而至是也。切不可大放倒，真气恐脱失其正脉，要挨尽二三分。交法，若紧来则抛出，前粘作穴，若缓来则缩入，正球而扦。若阴阳不明，不能迎接，则后倚前观，抛接之功随矣。故学者不可不察。

明放送章第二十一

放送时师皆道会，放时入穴将棺对。惟有送字少人知，饶减二分真骨髓。井中垂线全皆知，如何晓一不晓二。学者到此值千金，不得千金休指示。放送二字，葬法中之秘要也。放者，乃入穴将棺头以对其脉是也。送者，乃入穴将棺脚拔转二分是也，即饶减出煞之义。今术者惟知穴中垂线，以向之中正，实不知中正之中，而有饶减分数之法。故曰晓一不晓二，误杀人命少死。凡学者放送二字义，不可以不加诸意欤。

隐露胎息第二十二

露而不隐穴难安，胎息玄微别一般。好向阳中寻妙诀，莫都饶字便粘宽。隐而不露人难下，又曰乘胎阴内看。乘息乘胎如会得，千金莫泄其端。隐而不露为阳升，此指窝中突，水中金之类，切不可饶减，宜凑入正球而葬。露而不急为阴降，此指突中窟，金中水之义，宜饶减脱杀，凑檐而执。胎者，如妇人怀胎，要受气肥满，下片是息，生气止聚，上片静，分娩之际，下片动，是子离腹之时。其息有男有女之分，窝窟乳凸似之，若是乳凸当避杀硬，窝窟莫下虚腐。人有乘胎就息之说，凑窝窟乘胎气也。下乳凸，就息脉也。胎息之辨不可不究。

四暗十字章第二十三

千张楠机共一较，阴阳逆顺无人晓。恰似一个木马儿，不得明师翻开了。看他十字水分明，来到三叉人识少。边明边暗棺如何，历代仙师也一穷。阴阳顺逆，乃葬法之纲领也。阴来法宜逆受，阳来法当顺受。否则四字不明，如匠人之木马。反关无咸先看十字水分到三叉之处，得何山何水先到，先到而见者为明，不见者为暗。明者趋之，暗者舍之。故历代仙师皆同此穷此。

论太阳正侧破面水穴章第二十四

要识太阳金水穴，又无珠乳离分别。水来破面聚人中，水若行时脉歇。歇时须要到三易，气止水交方是结。淋头割脚要消详，离枕球檐寻口诀。凡太阳出面，有正有侧，宜金水珠乳结穴。水来破面者，即水穴也。无珠乳之说也。气聚人中，须要三易合角分晓，气止水交方是结穴。反此则穴不结也。淋头割脚，杨公秘云：或有尽阴者或，有尽阳者，或有片阴片阳者，脉如剑脊，为强。此乃是小人之相也。放棺要饶二分，避球凑檐，下放出五七寸下棺，不可关脉，此谓之割脚。或是尽阳者，其脉来如仰掌，为弱，此乃君子之相也，却要凑球避檐，个字上放棺，不可饶减，以接其气，为之淋头不割脚。或有阴阳冲和者，要得中平，不可饶减，球檐两就，谓之不淋头不割脚。

论生肌死肉章第二十五

顽金打破水中裁，葬在土皮气不来。这般硬面穴难开，有龙气尽砂回抱。切莫差开太损胎，有穴有龙方取用。葬须大作墓墙堆，顽面硬面乃不生。顽金必须打破球檐以作水穴，须大开明堂鞠水，取两边明暗鱼水应腮，切不可大伤龙脉，以损元气，须要有龙有穴方可裁剪。葬须大作金堆为吉。

论斜脉正章第二十六

斜脉教君正放棺，直来斜放穴堪安。且看坐下三叉水，何居此延时牛眠。曲脉来者宜正放棺，正脉来者宜斜放棺，但看三叉水合处定向，易如曲脉，穴粘曲脉，以宽紧定其前缩，不问斜闪侧，俱要棺枕尖圆，寻实处坐向为则比。

定伤冲离章第二十七

二分饶减定宽丽，差了些儿气理表。脉离棺烂生虫蚁，离撞伤冲会者稀，饶与小人从耳入，接迎君子脑冲之。阴来小人则气从耳入，阳来君子则气从脑入，以二分饶减之法葬之，否则失法。撞脉烂棺白蚁尸食，伤脉泥水骨黑，离脉烂棺蚁入冷退田产，冲穴则伤龙也。此四字工夫切须详辨停当。人多不识，故曰会者稀。如来急葬紧，凑入正球，主杀人败绝。缓来缓授，迎宽凑檐，主人财俱退。此务要先明迎接饶减之法

论雌雄虾须蟹眼章第二十八

到头一诀少人知，八字分明为定期。看取到头砂正落，两边绳路要来齐。两股虾须交气脉，雌雄相会是根?。切认到头随身水，有明有暗不须疑。雄雄者，指左右砂水交度是也。蟹眼者，指穴前滴水是也。凡看到头，先从大八字头上看，定左右砂水有无分合。次看到头砂之正落，及两边绳路虾须合交齐，名曰雌雄相会。若得砂水交合，龙钟穴的，趋向不差，更察十字之水明暗何如，及龙脉生死厚薄，方可取之。

论前新后倚脉生死厚薄章第二十九

入穴先看水到头，入字分来个下求。细认阴阳分厚薄，前亲后倚有来由。厚边取用寻生气，薄处舒死即休。多少真龙并正穴，墓中穴葬几春秋。到头十字落穴，须看水分个字，下察定阴阳性情，则前亲后倚得矣。如阴来以薄处为生，阳来以厚处为生，舍死从生则真气得矣。反此与弃骸者何异。

论葬法玄微宽紧章三十

若问葬法有玄微，宽紧之中仔细推。虚实阴阳分造化，到头

十字少人知。若无十字君休葬，开井放棺气顶吹。强弱更兼分逆顺，时师明得达天机。葬法者，先看宽紧以定前缩，次看到头十字人中以定趋向，则知何边虚实宽紧。出凑球檐以定其穴，如紧则饶退些子，避球而凑檐。缓则迎进，凑球而避檐。凡学者若能明此玄微宽紧之义，始可与言地理矣。

第十章：葬经八篇

晋 郭璞 蔡元定删改

《葬书》博大精深，蕴奥无穷，是一部闪耀着古代民族文化光芒的风水经典著作。《葬书》成书以后，深受学者和术数家的高度重视，喜爱和推崇，遂改称为《葬经》，并确定为风水书的权威，并把本书增加了一些内容，最多时有二十篇。朱熹的一位学生，一代风水名师蔡元定，他认为这二十篇的《葬书》有些芜杂，进行了整理，删去了十二篇，留下八篇。但我们现在常见的是元朝著名的易学家吴澄，又进一步整理为三篇版，今天我们赏析蔡元定删改版《葬经八篇》。郭璞所著的《葬书》不是一部简单的经典，它的哲学思想和科学性不会亚于《周易》。《周易》的阴阳学是《葬书》乘生气的指导纲领，《葬书》乘生气是《周易》阴阳学的具体实践。如此重要的经典，我们怎能错过。

一、气感篇

葬者，乘生气也。五气行乎地中，发而生乎万物。人受体于父母，本骸得气，遗体受荫。经曰：气感而应，鬼福及人。

是以铜山西崩，灵钟东应。木华于春，木芽于室。夫阴阳之气，噫而为风，升而为云，降而为雨，行乎地中而为生气。经曰：

气乘风则散，界水则止。古人聚之使不散，行之使有止。故谓之风水。

风水之法，得水为上，藏风次之。何以言之，气之盛虽流行，而其余者犹有止。虽零散而其深者犹有聚。故藏于涸燥者宜浅，藏于坦夷者宜深。经曰：浅深得乘，风水自成。

夫土者，气之母，有土斯有气。气者，水之母，有气斯有水。经曰：外气横行，内气止生，盖言此也。

丘垄之骨，冈阜之支，气之所随。经曰：土形气行，物因以生。盖生者，气之聚。凝结者成骨，死而独留。葬者，反气纳骨，以荫所生之法也。

二、因势篇

夫气行乎地中，其行也，因地之势，其聚也，因势之止。葬者，原其起乘其止。地势原脉，山势原骨，委蛇东西，或为南北。千尺为势，百尺为形。气来形止是为全气。全气之地当葬其止。宛委自复，回环重复，若踞而候也，若揽而有也。欲进而却，欲止而深来，积止聚冲，阳和阴工，土高水深，郁草茂林，贵若千乘，富如万金。经曰：形止气蓄，化生万物，为上地也。

三、平支篇

地贵平夷，土贵有支，支之所起，气随而始，支之所终，气随而钟。观支之法，隐隐隆隆，微妙玄通，吉在其中。经曰：地有吉气，随土而起，支有止气，随水而比。势顺形动，回复始终，法葬其中，永吉无法。

四、山势篇

山者，势险而有也。法葬其所会，乘其所来，审其所废。择其所相，避其所害，祸福不旋日。是以君子夺神功改天命。经曰：葬山法，若呼谷中，言应速也。

山之不可葬者五，气以生和，而童山不可葬也。气因形来，而断山不可葬也。气因土行，而石山不可葬也。气以势止，而过山不可葬也。气以龙会，而独山不可葬也。经曰：童断石过独，生新凶而消已福。

占山之法，以势为难，而形次之，方又次之。上地之山，若伏若连，其原自天，若水之波，若马之驰，其来若奔，其止若尸。若怀万宝而燕息，若具万膳而洁斋，若橐之鼓，若器之贮，若龙若鸾，或腾或盘，禽伏兽蹲，若万乘之尊也。天光发新，朝海拱辰，四海端明，五害不亲，十一不具是谓其次。

五、四势篇

夫葬以左为青龙，右为白虎，前为朱雀，后为玄武。玄武垂头，朱雀翔舞，青龙蜿蜒，白虎顺俯，形势反此，法当破死。故虎蹲谓衔尸，龙踞谓之嫉主，玄武不垂头者拒尸，朱雀不翔舞者腾去。

夫以支为龙虎者，来止迹乎冈阜，要如肘臂，谓之环抱。以水为朱雀者，衰旺系乎形应。忌乎湍激，谓之悲泣。朱雀源于生气，派于未盛，朝于大旺，泽于将衰，流于囚谢，以返不绝。法每一折，潴而后泄，扬扬悠悠，顾我若留。其来无源，其去无流。经曰：山来水回，贵寿丰财，山囚水流，虏王灭候。

六、贵穴篇

夫外气所以聚内气，过水所以止来龙，千尺之势，宛委顿息，外无以聚内，气散于地中。经曰：不蓄之穴，腐骨之藏也。夫噫气为能散生气，龙虎所以卫区穴。叠叠中阜，左空右缺，前旷后折，生气散于飘风。经曰：腾漏之穴，败椁之藏也。夫土欲细而坚，润而不泽，裁肪切玉，备具五色。夫干如聚粟，湿如割肉，水泉砂砾，皆为凶宅。

盖穴有三吉，葬有六凶，天光下临，地德上载，藏神合朔，神迎鬼避，一吉也。阴阳冲和，五土四备，二吉也。阴阳差错为一凶，岁时之乖为二凶，力小图大为三凶，凭恃福力为四凶，僭上逼下为五凶，变应怪见为六凶。经曰：穴吉葬凶，与弃尸同。

七、形势篇

经曰：势止形昂，前涧后冈，龙首之藏，鼻颡吉昌，角目灭亡，耳致候王，唇死兵伤，宛而中蓄，谓之龙腹，其脐深曲，必后世福，伤其胸肋，朝穴暮哭。

夫人之葬盖亦难矣，支垄之辨，眩目惑心。土圭测其方位，玉尺度其遐迩。乘金相水，穴土印木，外藏八风，内秘五行。龙虎抱卫，主客相迎，微妙在智，触类而长，玄通阴阳，功夺造化。夫鸾舞凤飞，螣蛇委蛇，鼋鼍鳖龟，以水别之。牛富凤贵，螣蛇凶危，形类百动，葬皆非宜，四应前按，法同忌之。

八、取类篇

夫重冈叠阜，群垄众支，当择其特，大则特小，小是特大，参形杂势，主客同情，所不葬也。夫支欲伏于地中，垄欲峙于地上，支垄之止平夷如掌。故支葬其巅，垄葬其麓，卜支如首，卜垄如脚。形势不经，气脱如逐。

形如仰刀，凶祸伏逃。形如卧剑，诛夷逼僭。形如横几，子灭孙死。形如覆舟，女病男囚。形如灰囊，灾舍焚仓。形如投算，百事昏乱。形如乱衣，妒女淫妻，形如负扆，有垄中峙，法葬其止。王候崛起，形如燕窠，法葬其凹，胙土分茅。形如侧垒，后冈远来，前应回曲，九棘三槐。势如万马，自天而下，其葬王者。势如巨浪，重岭叠嶂，千乘之葬。势如降龙，水绕云从，爵禄三公。势如重屋，茂草乔木，开府建国。势如惊蛇，屈曲歌斜，灭国亡家。势如戈矛，兵死刑囚。势如流水，生人皆鬼。

夫势与形顺者吉，势与形逆者凶。势凶形吉，百福希一，势吉形凶，祸不旋日。